Redes sem Fio

Instalação, Configuração e Segurança

Fundamentos

Alexandre Fernandes de Moraes

Redes sem Fio
Instalação, Configuração e Segurança
Fundamentos

1ª Edição

érica | Saraiva

Dados Internacionais de Catalogação na Publicação (CIP)
(Câmara Brasileira do Livro, SP, Brasil)

Moraes, Alexandre Fernandes de

Redes sem fio: instalação, configuração e segurança: fundamentos / Alexandre Fernandes Moraes. -- São Paulo: Érica, 2010.

Bibliografia.
ISBN 978-85-365-0315-8

1. Redes de computadores - Medidas de segurança 2. Redes locais sem fio - Medidas segurança 3. Segurança de computadores I. Título.

10-11296 CDD-005.8

Índice para catálogo sistemático:
1. Redes sem fio: Segurança: Computadores 005.8

Coordenação Editorial: Rosana Arruda da Silva
Capa: Maurício S. de França
Editoração e Finalização: Rosana Ap. A. Santos
Marlene Teresa S. Alves
Carla de Oliveira Morais

1ª Edição
7ª Reimpressão: 2015

Editora Érica Ltda. | Uma Empresa do Grupo Saraiva
Rua Henrique Schaumann, 270
Pinheiros - São Paulo - SP - CEP: 05413-010
Fone: (11) 3613-3000
www.editoraerica.com.br

Dedicatória

Às duas pessoas que mais trazem alegrias à minha vida, que não seria tão feliz sem elas: minha esposa Márcia e meu filho Augusto.

O conhecimento dos mandamentos do Senhor
é uma instrução de vida; os que fazem o que a
Ele agrada colherão da árvore da imortalidade.

Eclo 19, 19

Agradecimentos

À Editora Érica, na figura da Rosana Arruda, pela oportunidade de transformar em realidade um projeto antigo de desenvolver um livro de redes sem fio.

A meu amigo e antigo gerente Ric Rojas pela oportunidade de fazer treinamentos e de crescimento profissional que tanto auxiliaram na elaboração deste livro.

À minha família pela compreensão em virtude dos finais de semana e feriados dedicados à elaboração deste livro.

A todos os meus alunos e ex-alunos do UNIFIEO pela oportunidade única de compartilhar conhecimentos ao longo destes últimos cinco anos.

Sumário

Prefácio

Este livro é fruto de um trabalho desenvolvido nos cursos de Redes de Computadores e Segurança e Auditoria, cujo intuito é preparar o profissional para a teoria fundamental e a aplicação de segurança em redes sem fio.

É indicado a estudantes de cursos técnicos e tecnólogos (redes e telecomunicações), engenharias, computação e profissionais de redes e telecomunicações interessados em redes sem fio.

Inicialmente aborda conceitos de redes sem fio, os padrões das famílias IEEE 802.11a, b, g, n, i, além das Personal Area Networks, destacando as tecnologias Bluetooth e ZigBee. O livro dedica um capítulo especial as atividades de projeto de Redes Sem Fio, destacando-se a atividade fundamental do Site Survey.

Traz os fundamentos de segurança da informação, integridade, disponibilidade e confidencialidade. Aborda criptografia e princípios de gerenciamento de riscos, comentando a ISO 1.7799. O livro apresenta ainda dados reais do CERT.br sobre as ameaças registradas no Brasil para traçarmos o cenário de segurança e das ameaças.

A segurança em redes sem fio é introduzida com os algoritmos criptográficos utilizados, bem como os padrões de criptografia e autenticação WEP, WPA e WPA2, os quais trabalham com o AES para transformar a rede sem fio em um ambiente seguro.

As ameaças às redes sem fio são detalhadas, incluindo os principais ataques e vulnerabilidades. Um capítulo é dedicado à configuração da rede sem fio sempre com base no resultado do Site Survey. Princípios de projeto, como performance e segurança, são utilizados nas configurações apresentadas dos três fabricantes de redes sem fio: Cisco/Linksys, Netgear e D-Link.

Cada capítulo possui uma lista de exercícios que contribuem para a fixação das tecnologias e do conteúdo.

Boa leitura!

O autor

Sobre o Autor

Alexandre Fernandes de Moraes é engenheiro de computação, mestre em Segurança da Informação e pós-graduado pela FGV-SP em Administração e em Redes pelo LARC-USP.

Atua há 17 anos em grandes projetos de redes corporativas, wireless e segurança. Desenvolveu sua experiência profissional em grandes empresas nacionais e multinacionais, como na HP TippingPoint, McAfee do Brasil, Lucent Technologies e Anixter do Brasil. Atualmente é Team Leader do grupo de Engenheiros de Sistemas da HP TippingPoint para a América Latina e docente dos cursos de graduação do UNIFIEO (Fundação Instituto de Ensino para Osasco). Autor dos livros *Redes de Computadores - Fundamentos* e *Redes de Computadores - da Ethernet à Internet* publicados pela Editora Érica. Possui vários cursos de especialização em redes e segurança nos Estados Unidos, é profissional certificado pelo ISC2 como CISSP e Giac pelo SANS Institute. Atua em projetos no Brasil, Chile, Argentina, Equador, Colômbia e Venezuela e já palestrou em eventos de segurança nos Estados Unidos, México, Venezuela, Chile, Colômbia e Brasil.

Sobre o Material Disponível na Internet

O material disponível na Internet contém as respostas dos exercícios do livro. Para utilizá-lo é necessário instalar em sua máquina Acrobat Reader 9.

Respostas_exercícios.exe - 574 KB

Procedimento para Download

Acesse o site da Editora Érica Ltda.: www.editoraerica.com.br. A transferência do arquivo disponível pode ser feita de duas formas:

- **Por meio do módulo pesquisa.** Localize o livro desejado, digitando palavras-chave (nome do livro ou do autor). Aparecem os dados do livro e o arquivo para download. Com um clique o arquivo executável é transferido.
- **Por meio do botão "Download".** Na página principal do site, clique no item "Download". É exibido um campo no qual devem ser digitadas palavras-chave (nome do livro ou do autor). Aparecem o nome do livro e o arquivo para download. Com um clique o arquivo executável é transferido.

Procedimento para Descompactação

Primeiro passo: após ter transferido o arquivo, verifique o diretório em que se encontra e dê um duplo clique nele. Aparece uma tela do programa WINZIP SELF-EXTRACTOR que conduz ao processo de descompactação. Abaixo do Unzip To Folder há um campo que indica o destino do arquivo que será copiado para o disco rígido do seu computador.

C:\Redes sem Fio

Segundo passo: prossiga a instalação, clicando no botão Unzip, o qual se encarrega de descompactar o arquivo. Logo abaixo dessa tela, aparece a barra de status que monitora o processo para que você acompanhe. Após o término, outra tela de informação surge, indicando que o arquivo foi descompactado com sucesso e está no diretório criado. Para sair dessa tela, clique no botão OK. Para finalizar o programa WINZIP SELF-EXTRACTOR, clique no botão Close.

Capítulo 1

Introdução

Nos últimos 15 anos temos observado um crescimento exponencial da utilização de tecnologias baseadas em redes sem fio, computadores móveis, telefones celulares, acesso à Internet por redes 3G e smarphones.

No Brasil já possuímos mais de 180 milhões de celulares e com a popularização dos sistemas de acesso banda larga a utilização de roteadores de redes sem fio domésticos explodiu. Já é possível a compra de um roteador de rede sem fio por menos de R$ 120,00, permitindo assim maior universalização dessas tecnologias.

O avanço da mobilidade permitiu a criação de trabalhadores remotos, além de ser um meio de disponibilizar rede e acesso à Internet rapidamente a ambientes de difícil instalação de cabeamento, como ambientes industriais.

Se de um lado essas tecnologias trazem todo o benefício e a facilidade da mobilidade, de outro lado as vulnerabilidades de um sistema mal configurado podem representar riscos.

Este livro descreve as principais tecnologias de rede sem fio e como evitar que cometamos erros que tornem as redes inseguras. O avanço do submundo dos hackers, também conhecido como "lado negro da força", torna a infraestrutura de rede doméstica ou empresarial alvo de uma invasão, ou mesmo pode utilizá-la para desfechar um ataque na Internet que pode alcançar grandes proporções.

Para começar, é necessário compreender como funcionam as tecnologias de rede sem e fio e como as características podem ser exploradas de forma errada, possibilitando ataques.

Qualquer administrador de rede de segurança que queira se proteger das ameaças precisa inicialmente compreender os riscos envolvidos, e principalmente como funcionam os ataques à infraestrutura de redes sem fio.

Para entender esse processo, são apresentados detalhadamente os principais ataques, as ferramentas utilizadas e as técnicas que devemos utilizar para proteção.

Após compreender os ataques e as ameaças, criam-se as bases necessárias para o projeto de segurança de redes sem fio. Essa parte do livro apresenta cenários e técnicas de projeto seguras para minimizar ao máximo o risco de tornar-se alvo de um ataque, garantindo os princípios básicos da segurança, como integridade, confidencialidade e disponibilidade.

Integridade

A integridade consiste na garantia de que a informação permaneceu íntegra, o que significa dizermos que ela não sofreu nenhuma espécie de modificação durante a sua transmissão ou armazenamento, sem a autorização do autor da mensagem.

Por exemplo, quando realizamos uma transação bancária pela Internet, devemos garantir que os dados cheguem íntegros até o destino (o banco). Se fizermos, por exemplo, uma transferência de R$ 100,00 e por algum motivo ilícito a mensagem perder a integridade, o responsável pela ação pode alterar tanto a conta de crédito como colocar um zero a mais, e uma transação de R$ 100,00 poderia se transformar em R$ 1.000,00. Portanto, em aplicações bancárias a integridade das informações é essencial.

Confidencialidade

A confidencialidade é o processo no qual a mensagem permanece protegida de forma que usuários não autorizados não possam ter acesso a ela, permitindo que apenas o originador e os destinatários autorizados possam conhecer o conteúdo da mensagem.

Este é um dos serviços de segurança mais importantes e que é implementado na maioria das vezes por sistemas e técnicas de criptografia.

Disponibilidade

A disponibilidade de um sistema está relacionada à implementação de mecanismos de segurança que permitam impedir que o sistema saia "fora do ar". Em geral para aumentar a disponibilidade de um sistema utilizamos equipamentos, aplicativos e servidores redundantes, que no caso de falha do principal existe um sistema backup que pode atuar.

Tecnologias Wireless

Definição

As redes wireless ou redes sem fio são um sistema de comunicação de dados extremamente flexível, que pode ser usado como uma extensão ou uma alternativa a redes locais (LANs cabeadas). É uma tecnologia que combina conectividade de dados com mobilidade através de tecnologia de radiofrequência (RF). As redes sem fio são hoje largamente utilizadas devido principalmente à facilidade de uso e de instalação.

A tecnologia wireless vai ao encontro das necessidades que os usuários possuem de mobilidade. Apenas no Estados Unidos por volta de um terço da força de trabalho fica 20% do tempo longe do escritório. Além disso, é crescente a utilização de equipamentos de computação móveis como notebooks, smartphones e PDAs.

As redes locais sem fio (wireless lan) são uma alternativa altamente flexível às redes cabeadas. A rede sem fio utiliza-se de ondas eletromagnéticas para transmitir e receber dados de seus dispositivos ou estações. A facilidade da independência dos sistemas cabeados simplifica a instalação e permite a mobilidade.

Por que Wireless?

A resposta a esta pergunta está baseada nos seguintes fundamentos:

- Quando existe a necessidade de mobilidade.
- Quando não é possível instalar os cabos tradicionais.
- Quando não existe viabilidade na instalação dos cabos.

Benefícios

As redes wireless apresentam uma série de benefícios se comparadas às redes tradicionais, entre eles mobilidade, rápida e simples instalação, escalabilidade, redução de custo na instalação, uma solução completa para grandes, médias e pequenas empresas.

Essa tecnologia possui um leque grande de aplicações em quase todos os mercados:

- Hospitais, consultórios médicos;
- Universidades;
- Fábricas, armazéns, centros de distribuição;
- Lojas, seguradoras;
- Bancos e instituições financeiras;
- Ambiente de escritório, indústrias;
- Advogados, consultores;
- Conferências, reuniões de negócio;
- Emergências/desastres;
- Instalação em ambientes em que o cabeamento é difícil ou mesmo impossível, como ambientes industriais ou edifícios tombados.

Alguns fatores críticos que devemos analisar quando da escolha de uma rede wireless são apresentados em seguida:

- **Imunidade a interferências:** o ambiente possui fontes de interferência na faixa de operação do wireless?
- **Segurança dos dados:** estamos implementando os mecanismos de segurança necessários?
- **Conectividade com redes locais existentes:** existe uma rede cabeada para fazermos a integração?
- **Mobilidade/portabilidade/compatibilidade:** a nova rede é compatível com as aplicações existentes?
- **Performance:** a performance é adequada às aplicações?
- **Gerenciamento de redes:** é possível gerenciar a rede wireless com a plataforma de gerência?
- **Sistemas para desktops e laptops:** existem placas para desktops e notebooks?
- **Facilidade de instalação:** é fácil instalar a rede?

- **Custo acessível**: qual o custo?
- Qual quantidade de estações de redes sem fio pretendemos instalar?
- Qual quantidade de células (pontos de acesso) suficientes?
- Existe gerenciamento na rede sem fio?

Tipos de Redes sem Fio

Existem basicamente três tipos de redes sem fio:

- Baseadas em infravermelho;
- Baseadas em radiofrequência: WiFi e Bluetooth;
- Baseadas em laser.

Infravermelho

As redes wireless em infravermelho possuem como característica a não necessidade de licença para operação. Os produtos possuem cobertura mundial, portanto sem requerimentos específicos de cada país. Em geral são equipamentos de baixo custo e usam a mesma tecnologia que os sistemas de controle remoto que temos em casa, com baixa taxa de erros.

O infravermelho pode ser em visada, emitindo o sinal do infravermelho em uma faixa relativamente estreita, ou difuso quando o sinal é transmitido em uma faixa maior, não necessitando de visada entre os equipamentos. A Figura 1.1 apresenta as formas de transmissão do infravermelho.

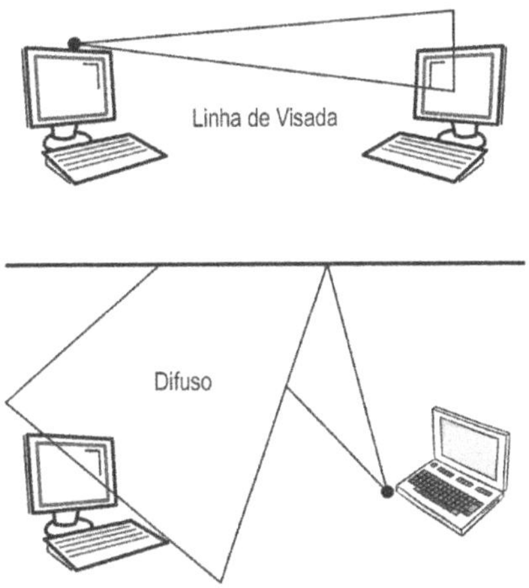

Figura 1.1 - Formas de transmissão do infravermelho.

É uma solução tipicamente indoor, ou seja, para uso interno. Devido à faixa de frequência em que opera não ultrapassa paredes, entretanto ele pode ser usado como solução outdoor, ou seja, uso externo, desde que para isso exista visada entre os elementos.

O alcance do infravermelho em visada vai de cinco a 30 metros. Em uma rede interna a capacidade é pequena, de cinco a 15 participantes.

O infravermelho trabalha em uma frequência acima das micro-ondas e abaixo da luz visível. As transmissões com infravermelho são padronizadas pelo IrDA (*Infrared Data Association*) e a comunicação é muito semelhante à serial.

O infravermelho consiste em uma onda eletromagnética de frequência acima da faixa das micro-ondas e abaixo da luz visível. Na Figura 1.2 podemos observar a faixa de frequência do infravermelho. A transmissão de sinais usando infravermelho é padronizada pelo IrDA (Infrared Data Association).

O IrDA padroniza a comunicação entre PDAs, notebooks, impressoras e dispositivos e está presente no padrão 802.11 que será apresentado em detalhes no capítulo 2.

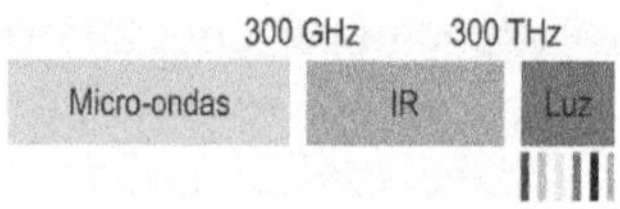

Figura 1.2 - Espectro de onda do infravermelho.

Radiofrequência (Micro-Ondas)

Os sistemas baseados em radiofrequência utilizam micro-ondas para transmitir o sinal através do ar. Geralmente eles utilizam faixas de frequências conhecidas como ISM (Industrial Scientific Medical), que são abertas porque não existe a necessidade de autorização para transmitir sinais nessas frequências.

O ISM foi padronizado na maioria dos países em três faixas de frequência, sendo 900 MHz, 2.4 GHz e 5 GHz. A Figura 1.3 exibe o ISM dentro do espectro de frequências.

As faixas de 900 MHz (902 MHz) são bastante utilizadas por todo mundo justamente por ser uma faixa completamente livre, o que acaba gerando normalmente um grande nível de interferência.

As primeiras redes Wireless criadas nos anos de 1990, antes mesmo da padronização, faziam uso dessa faixa de frequência.

Atualmente as tecnologias de redes sem utilizam a frequência de 2.4 GHz, principalmente devido à restrição que existe em muitos países da faixa de 5 GHz.

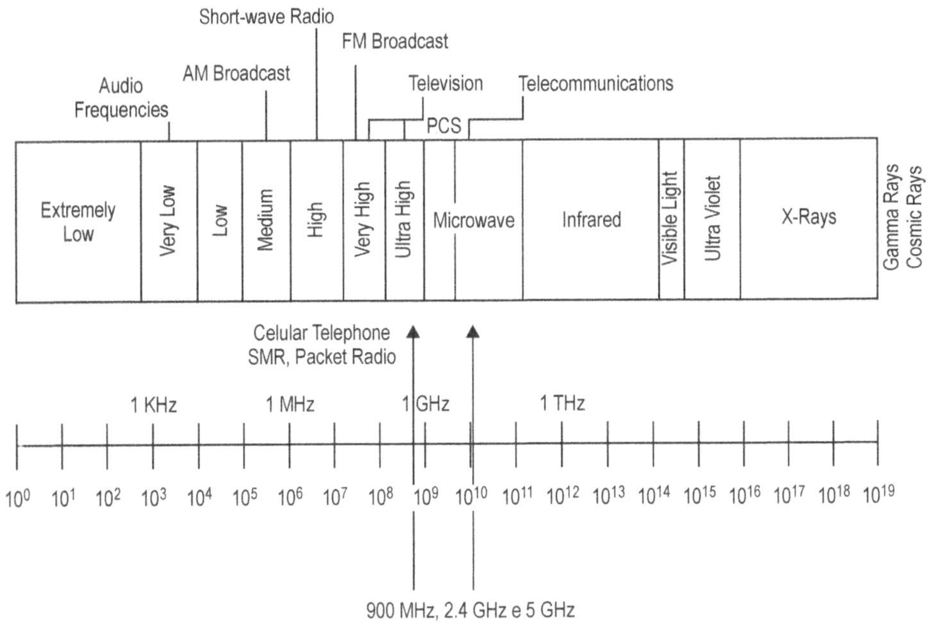

Figura 1.3 - Espectro de frequência ISM.

Na Figura 1.4 observam-se a alocação de banda permitida em diversos países e as respectivas faixas de frequências.

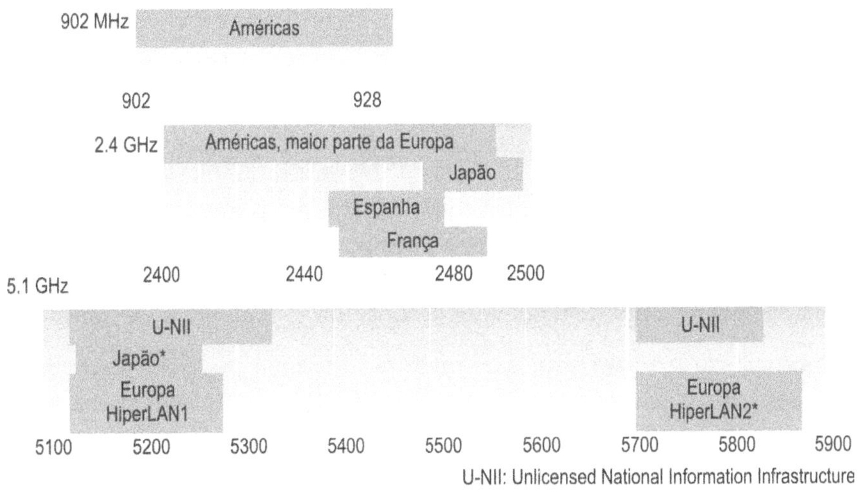

Figura 1.4 - Faixas de frequência de uso do ISM nos países.

No caso de wireless Lan na frequência de 2.4 GHz foram especificados 13 canais. Em alguns países, no entanto, alguns desses canais não são liberados. No Brasil, como exemplo, está permitido o uso de 11 canais. A Figura 1.5 apresenta os canais da faixa de 2.4 GHz.

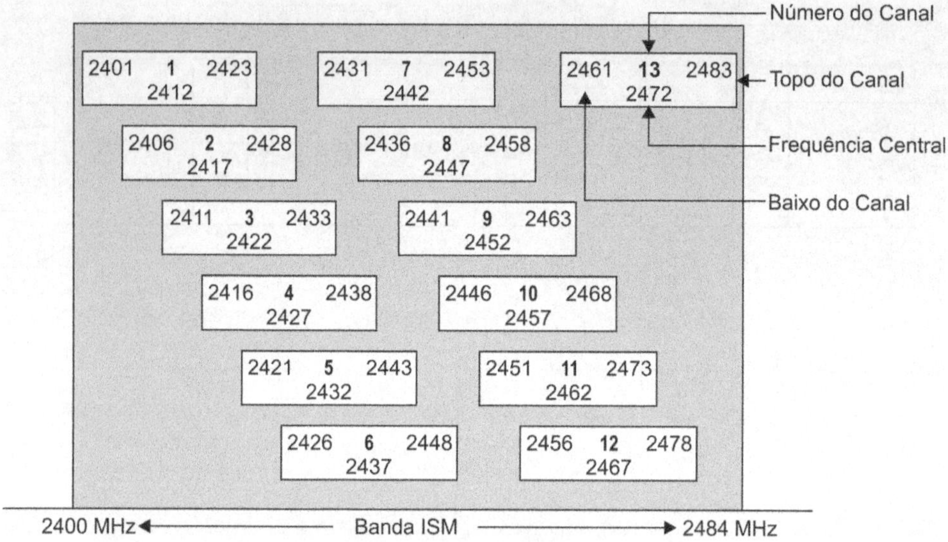

Figura 1.5 - Banda ISM.

O ar apresenta algumas vantagens se comparado a outros meios de transmissão. A principal e que não pode ser facilmente interrompida, não obstante as ondas por ele transmitidas, está sujeita à absorção, reflexão e atenuação, além de interferência e ruído.

Outro ponto importante está relacionado com a segurança, uma vez que o sinal da rede wireless é facilmente sintonizado.

Os principais fatores que afetam a propagação dos sinais são:

- **Frequência:** as características de propagação podem variar muito com a frequência, entretanto algumas frequências são melhores do que outras. A frequência de 2.4 GHz apresenta um bom nível de propagação. Geralmente quanto maior a frequência maior o consumo de energia e menor o alcance.
- **Potência de transmissão:** o alcance de um sinal pode ser estendido se for transmitido com uma potência maior, é claro que limitada à regulamentação do País; caso contrário, estaríamos poluindo o espectro. Um ponto que devemos lembrar é que quanto maior a potência maior é o consumo da bateria.

- **Antenas:** o tipo e a orientação das antenas são críticos. É comum a existência de problemas em uma rede wireless pelo mau posicionamento da antena ou mesmo pelo uso de uma antena errada.
- **Tipo de construção:** dependendo do tipo da construção, ele pode afetar diretamente a propagação do sinal. Por exemplo, o excesso de ferro e de outros metais afeta diretamente a propagação do sinal, em muitos casos obrigando a colocação de mais rádios.
- **Sinais refletidos:** um sinal de rádio pode tomar vários caminhos do transmissor ao receptor, é o que conhecemos como multipath. Sinais refletidos podem tornar o sinal fraco e com interferência dele mesmo. Na Figura 1.6 podemos observar o problema dos sinais refletidos.
- **Fontes de interferência:** vários dispositivos trabalham na mesma faixa de frequência da rede sem fio, por exemplo telefones sem fio ou mesmo aparelho de micro-ondas, que interferem diretamente na transmissão de sinais da rede sem fio.

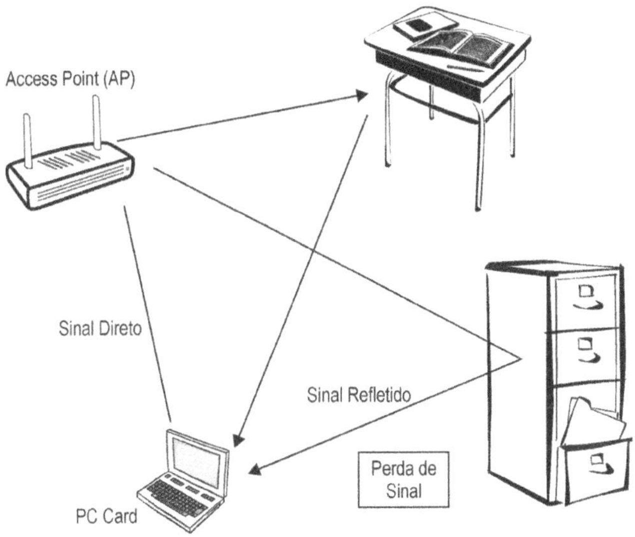

Figura 1.6 - Sinais refletidos.

Sistemas Baseados em Laser

Os sistemas baseados em laser utilizam a luz para a transmissão do sinal digital e não precisam de nenhum tipo de outorga ou autorização para o uso. Esses sistemas trabalham com alta largura de banda, chegando em alguns casos a até 2.5 gigabits por segundo e um alcance médio de dez quilômetros.

Essas tecnologias trabalham normalmente com dois feixes de lasers direcionais de forma a possibilitar redundância. Por utilizar a luz para propagação, o laser exige que exista visada entre os dois pontos que estão interconectados. Outra característica importante é que, quando se utiliza essa tecnologia, os enlaces são sempre ponto a ponto, não existindo a topologia ponto multiponto.

A Figura 1.7 mostra um enlace ponto a ponto utilizando a tecnologia de laser.

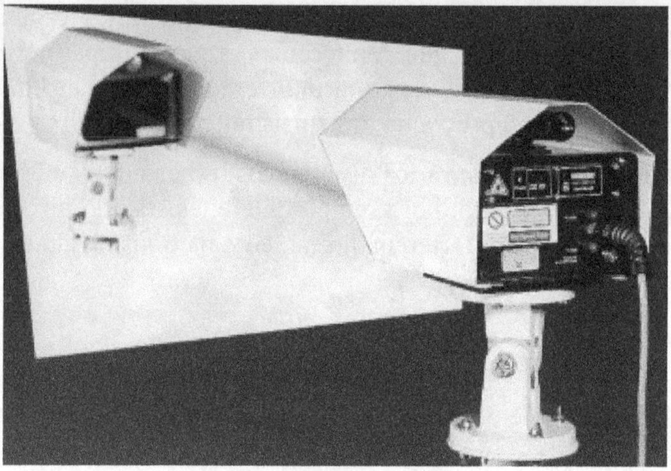

Figura 1.7 - Enlace ponto a ponto utilizando tecnologia de laser.
Fonte: site www.silcomtech.com

Esse tipo de tecnologia é afetado por condições atmosféricas como neblina, chuvas torrenciais e neve e pode inclusive causar a interrupção do sinal. Nos sistemas baseados em dois feixes, caso o feixe principal seja interrompido por um obstáculo, como um pássaro, o sinal é transmitido pelo feixe secundário.

Uma das maiores vantagens dessa tecnologia é a segurança, uma vez que o sinal de laser é praticamente impossível de ser interceptado. Recentemente quadrilhas de "hackers" que realizavam fraudes bancárias foram presas no Brasil. Foi descoberto que eles usavam equipamentos com essa tecnologia, o que dificultava inclusive localizar a posição exata desses criminosos.

Essa tecnologia ainda é muito pouco utilizada, principalmente devido aos altos custos dos dispositivos (lasers) e à sua manutenção. No Brasil existem poucas operadoras e empresas que adotaram essa tecnologia.

Métodos de Acesso

As redes wireless LAN geralmente utilizam o spread spectrum como tecnologia de acesso. O spread spectrum, ou técnica de espalhamento espectral -SS, garante a segurança na comunicação, trabalhando com baixa relação sinal/ruído e com a utilização de uma banda maior que a necessária.

O spread spectrum possui três modos de operação:

- Frequence Hopping;
- Direct Sequence;
- OFDM.

Frequency Hopping

O Frequency Hopping Spread Spectrum (FHSS) usa múltiplas frequências de forma pseudoaleatória, dificultando a sintonização do sinal. Ele usa uma portadora de banda estreita que muda a frequência, acompanhando uma sequência conhecida tanto pelo transmissor como pelo receptor. Sincronizado corretamente, o objetivo é manter um único canal lógico. Para um receptor não conhecido, o FHSS aparece como um ruído de pulso de curta duração. A norma IEEE 802.11 padroniza a velocidade de 2 Mbps para o Frequency Hopping. Na Figura 1.8 observa-se a alternância dos canais do Frequency Hopping.

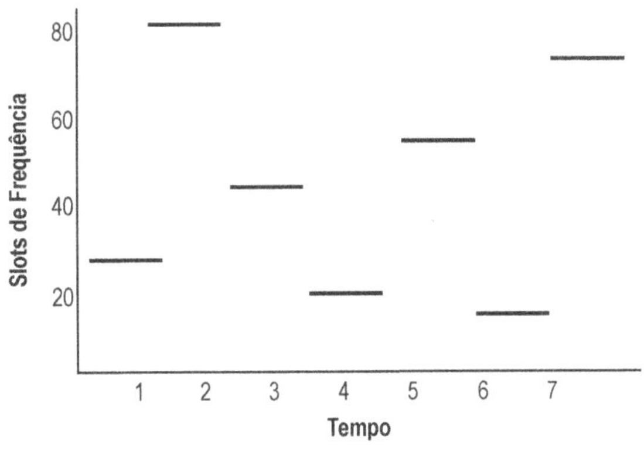

*Figura 1.8 - Alocação de frequências pseudoaleatórias **Frequence Hopping**.*

Direct Sequence

O Direct Sequence Spread Spectrum (DSSS) gera um bit redundante para cada um transmitido. Esse bit é chamado de chip. Mesmo que um ou mais bits em um chip sejam danificados durante a transmissão, as técnicas estatísticas do rádio podem recuperar os dados originais sem a necessidade de retransmissão. O dígito 1, ao ser transformado em um chip, pode ser explodido por um fator de 16 (exemplo: 1100110010101010).

Para um receptor não intencional, o sinal do DSSS aparece como uma fonte de ruído de baixa potência e é descartado pela maioria dos receptores de banda curta.

Essa tecnologia é muito eficiente. Apresenta pouco overhead e, além disso, garante maior velocidade quando comparada ao Frequency Hopping a uma mesma distância. O sistema permite a utilização de uma quantidade grande de canais.

O IEEE 802.11 DSSS é padronizado para 2 Mbps, já o 802.11b trabalha com velocidade de 11 Mbps. A Figura 1.9 mostra a alocação de banda no Direct Sequence.

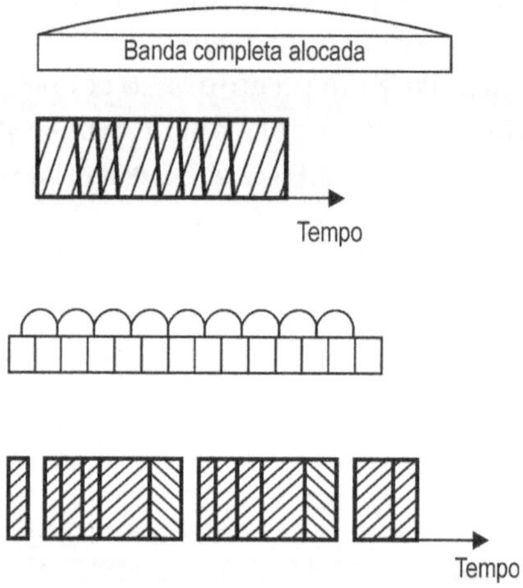

*Figura 1.9 - Alocação de banda no **Direct Sequence**.*

OFDM

O OFDM (Orthogonal Frequency Division Multiplexing) é uma técnica de modulação de sinais baseada em multiplexação por divisão de frequência, que permite o envio de múltiplas portadoras (subportadoras) de sinal digital. Um número ortogonal de subportadoras é utilizado para o envio do sinal digital. Os dados são divididos em múltiplos fluxos ou canais, cada um com uma subportadora.

O OFDM permite o envio de dados de forma paralela. Cada uma das subportadoras modula o sinal, fazendo uso de um esquema tradicional como modulação de onda por fase ou amplitude, porém com a mesma banda.

A agregação das subportadoras permite um sinal transmitido com uma banda superior aos métodos de acesso anteriores.

Existe ainda uma série de vantagens do OFDM sobre um esquema de única portadora. A principal é a capacidade de trabalhar com condições de problemas de propagação, por exemplo, ambiente de alta atenuação e alta interferência. O ODFM tem a capacidade de transmitir sinais a baixa velocidade em cada canal e mantendo um distanciamento dos canais suficiente que minimiza o efeito de interferência ISI (intersymbol interference).

Principais vantagens do OFDM:

- Rapidamente se adapta às más condições de transmissão, como interferência sem a necessidade de uma equalização do sinal complexa.
- Baixa sensibilidade a erros de sincronismo de sinal (clock).
- Não existe a necessidade de filtros dos subcanais como o OFDM.
- Excelente robustez à interferência de sinal tanto em banda larga como entre canais.
- Alta eficiência de espectro se comparado a esquemas de modulação convencionais como o SpreadSpectrum.

O OFDM tem como principais desvantagens o alto consumo de energia, o que afeta diretamente dispositivos móveis e problemas de sincronização das frequências transmitidas. A Figura 1.10 exemplifica a transmissão, fazendo uso do OFDM e das respectivas subportadoras.

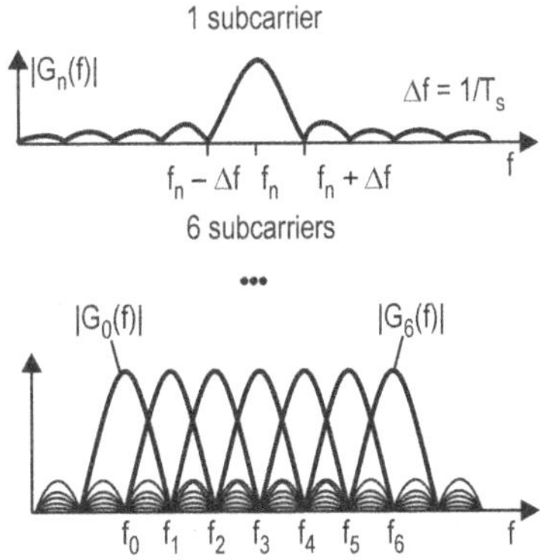

Figura 1.10 - Transmissão com o uso de subportadoras do OFDM.
Foto extraída de http://infowimax.blogspot.com/2008/05/un-panorama-de-ofdm.html

Alcance

A distância com que as ondas RF podem se comunicar está relacionada basicamente com a potência de transmissão, a sensibilidade do receptor e o caminho por onde a onda se propaga, especialmente em ambientes indoor. O tipo do material de construção, as paredes, o metal e principalmente as pessoas podem afetar diretamente a propagação do sinal e, consequentemente, o alcance.

A vantagem do uso da radiofrequência é que pode penetrar em paredes e obstáculos. O alcance, ou seja, o raio de cobertura de um sistema wireless LAN em ambiente indoor vai de 35 a 100 metros, e pode ser estendido via roaming.

Interferências e antenas inadequadas são outros fatores que afetam a transmissão. Os sistemas wireless LAN trabalham com o conceito de fall back, da mesma maneira que ocorre nos modems. Quando o sinal fica fraco em determinado local, a placa wireless baixa o sinal para uma velocidade menor. O inverso também ocorre. Caso o sinal se restabeleça, a placa pode então trabalhar com uma velocidade maior.

Na Figura 1.11 podemos observar esse efeito. Quanto mais longe do access point, ou ponto de acesso, menor é a velocidade de transmissão.

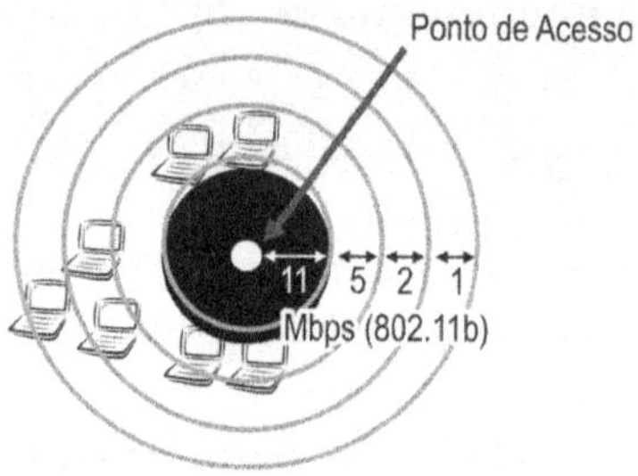

Figura 1.11 - Alcance do sinal wireless.

Propagação

A propagação dos sinais em ambientes fechados está sujeita às barreiras dos materiais utilizados. A presença de metais, como muito ferro utilizado em colunas de concreto, acaba impedindo a propagação dos sinais da rede sem fio pelas paredes. Outro exemplo seria uma porta de metal que também impediria a propagação do sinal.

Além disso, a propagação está relacionada com a frequência do sinal utilizada, a potência da transmissão, o tipo e orientação das antenas, os sinais refletivos, além do tipo de construção.

Paredes de madeira ou gesso geralmente não apresentam um obstáculo que atenua muito o sinal, entretanto a presença de múltiplas barreiras desses materiais acaba afetando e impedindo a propagação. As áreas em que o sinal de rede sem fio não tem cobertura são chamadas de áreas de sombra. Na Figura 1.12 observam-se as áreas de sombra criadas por múltiplas barreiras, como paredes de concreto ou pedra, múltiplas paredes de gesso ou madeira e portas de metal.

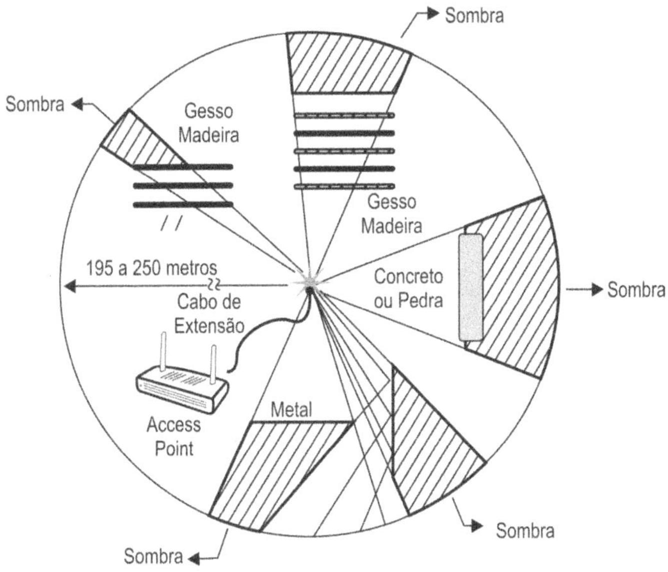

Figura 1.12 - Áreas de sombra do sinal de redes sem fio.

As áreas de sombra são identificadas em uma atividade conhecida como Site Survey, na qual se identificam os pontos em que não haja cobertura e se definem os melhores locais para instalar os equipamentos de acesso à rede sem fio (Acess Point).

Na Figura 1.13 observamos como ficaria a mesma área de cobertura com a adição de mais um dispositivo de acesso de redes sem fio, eliminando assim as áreas de sombra.

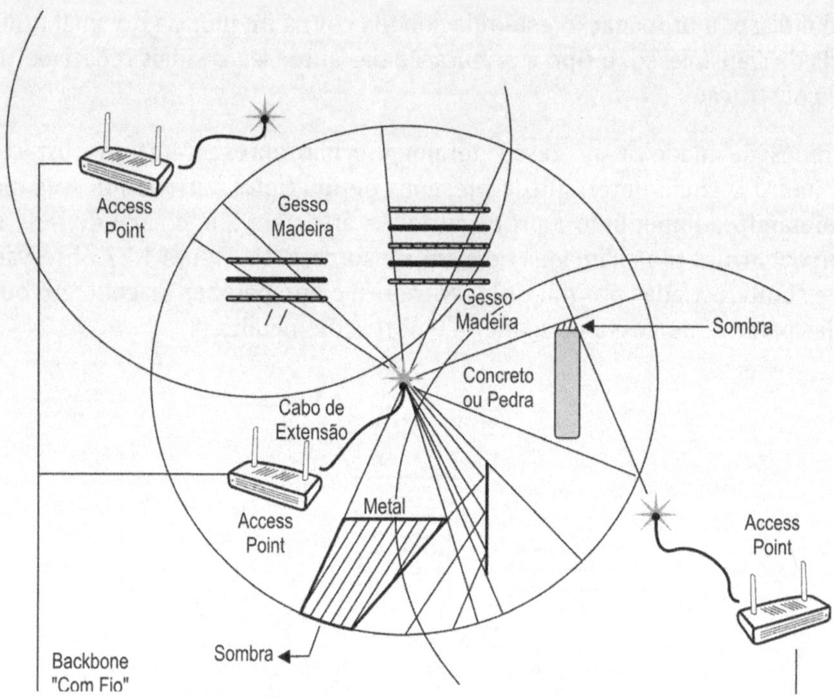

Figura 1.13 - Eliminação das áreas de sombra após adicionar ponto de acesso.

Performance

Os sistemas wireless LAN trabalham baseados no conceito de rede Ethernet. Na verdade, o ar acaba sendo o hub em que as estações encontram-se conectadas. Vários fatores afetam a performance desse sistema, entre os quais podemos citar:

- Número de usuários na mesma célula;
- Volume de dados trafegado;
- Taxa de erro do rádio (por isso a diferença entre fabricantes de rádio).

Algumas medições empíricas de uma rede wireless a 54 Mbps, com 14 estações (número máximo recomendado) usando as aplicações comuns de e-mail, Internet etc., apresentaram uma banda nominal entre 10 e 20 Mbps. Isso ocorre devido aos overheads dos protocolos e das colisões existentes no protocolo de acesso CSMA/CA.

Existem alguns fatores que é preciso analisar quando se projeta uma rede wireless. São eles:

- **Distância x banda:** quanto maior a distância, maior a atenuação e menor a banda passante.
- **Distância x custo:** o custo da solução não aumenta necessariamente com a distância que desejamos cobrir.
- **Potência de transmissão:** quanto maior a distância que desejamos cobrir, maior a potência necessária e, consequentemente, o tempo de bateria.

CSMA/CA

As redes sem fio não utilizam o mesmo CSMA/CD (Carrier Sense Multi Access/ Carrier Detection) devido à incapacidade de detecções de colisões no meio sem fio por portadora.

O padrão 802.11, que será apresentado no capítulo 2, utiliza uma variação do CSMA/CD conhecida como CSMA/CA "Carrier Sense Multiple Access and Colision Avoidance". A Figura 1.14 apresenta o quadro Ethernet utilizado no CSMA/CA.

Nesse mecanismo a estação que deseja transmitir envia inicialmente um pacote de RTS (Request to Send), que o receptor responderá com um pacote de CTS (Clear to Send). Após o recebimento desse sinal a estação pode transmitir por um período definido pelo envio do pacote VCS. Na Figura 1.14 observa-se o processo de transmissão normal do CSMA/CA. A máquina A envia um RTS para B, solicitando o envio. A máquina B envia um CTS para todas as máquinas que conhece, dizendo que fiquem quietas, pois ela vai receber os dados de A. Os dados são enviados de A para B. Quando B recebe os dados com sucesso, envia um ACK, dizendo que a transmissão foi bem-sucedida.

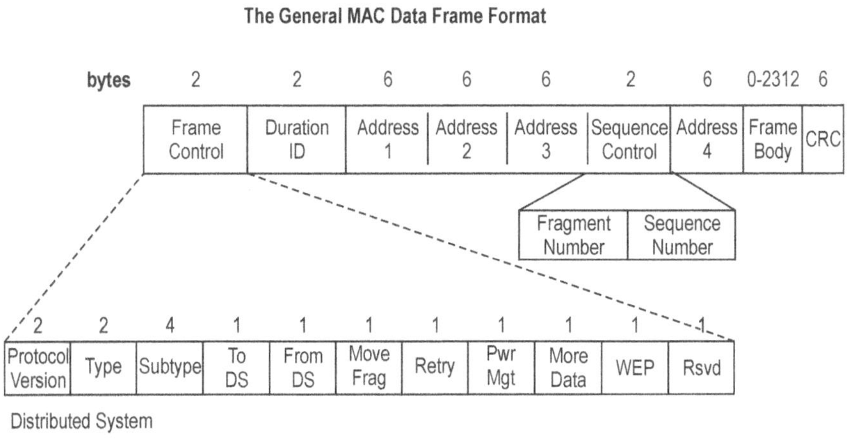

Figura 1.14 - Quadro Ethernet do CSMA/CA.

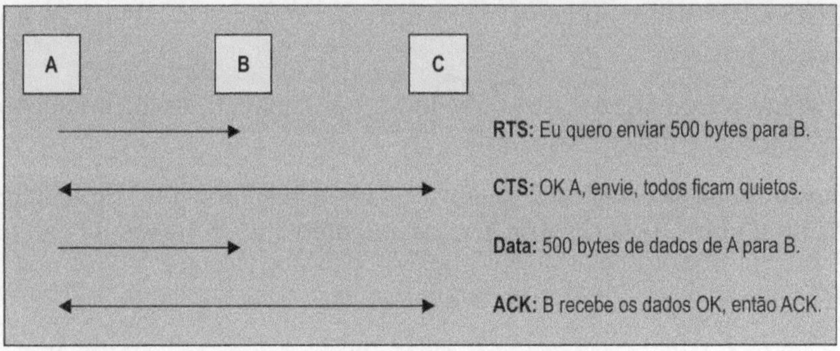

Figura 1.15 - Transmissão no CSMA/CA.

Nesse protocolo ocorrem as colisões, uma vez que o ar é um ambiente compartilhado. Quando ocorrer um erro de transmissão, existe um protocolo de baixo nível de confirmação de mensagens baseado em reconhecimento "ACK".

O reconhecimento via "ACK" funciona da seguinte maneira: cada mensagem recebida com sucesso o receptor envia o "ACK"; caso o "ACK" não seja recebido pelo transmissor, a mensagem é retransmitida.

No CSMA/CA colisões podem ocorrer, uma vez que quem está enviando uma mensagem desconhece todos os nós que estão conectados no meio. Na Figura 1.16 exemplifica-se esse estado. A máquina A envia para B, no entanto C que também é uma estação da rede sem fio não detecta a transmissão de A e também envia uma mensagem para B no mesmo instante, gerando assim uma colisão.

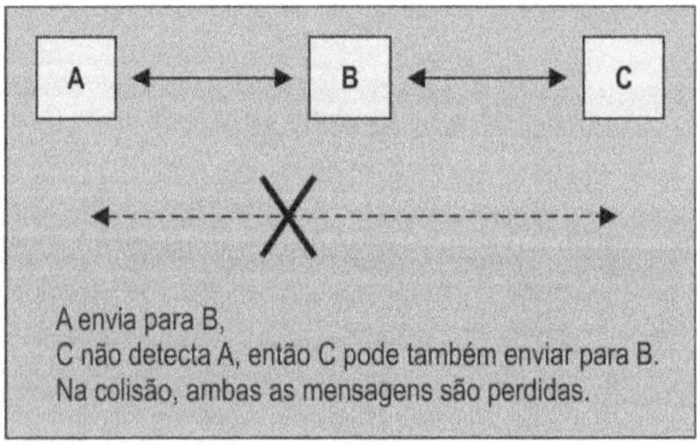

Figura 1.16 - Colisões no CSMA/CA.

A Figura 1.17 mostra os quadros de controle do CSMA/CA.

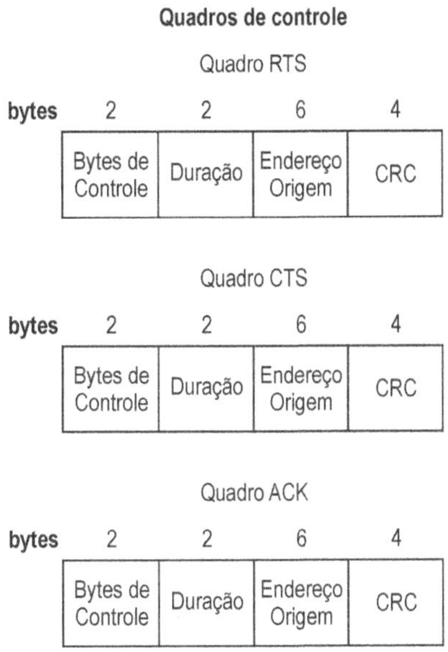

Figura 1.17 - Quadros de controle do CSMA/CA.

Fragmentação

O CSMA/CA permite que grandes quadros sejam quebrados em quadros menores. A principal vantagem é que no caso de ocorrência de erros durante a transmissão, quadros menores podem ser retransmitidos, levando menos tempo o processo de retransmissão.

Esse recurso pode ser desabilitado em ambientes com baixas taxas de interferência. A Figura 1.18 exibe os fragmentos criados pelo CSMA/CA.

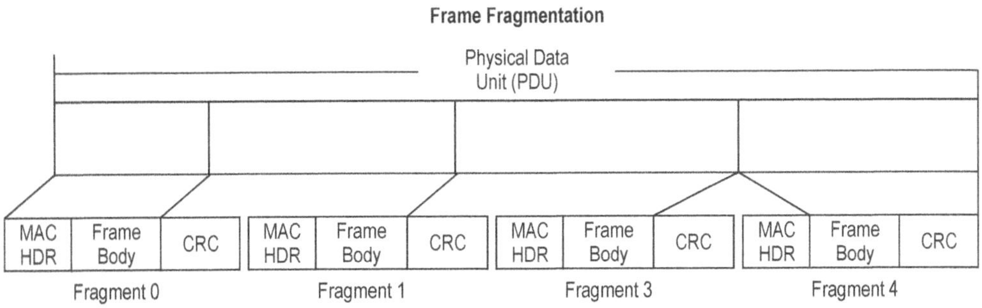

Figura 1.18 - Fragmentação dos quadros CSMA/CA.

Roaming

Os sistemas de redes sem fio suportam roaming multicanal, muito parecido com o roaming do sistema de telefonia celular. Consiste na mudança automática e transparente para o usuário quando este sai de sua célula e vai para outra célula adjacente. Cada célula contém o seu ponto de acesso e por este motivo o roaming multicanal dá maior abrangência e mobilidade ao sistema.

As estações não necessitam estar configuradas numa faixa fixa de frequência.

A mudança da frequência ocorre quando as estações são comutadas de uma célula para outra. A regra do roaming é relativamente simples. A estação (terminal do usuário) sempre realiza o roaming quando verifica que existe um ponto de acesso com melhor sinal, realizando o roaming para essa nova célula, alternando a frequência de operação.

Normalmente em um processo de roaming os access points adjacentes devem ser programados para usar diferentes canais e estes podem ser reusados em outros pontos da rede para disponibilizar uma cobertura não limitada. Na Figura 1.19 podemos observar este cenário.

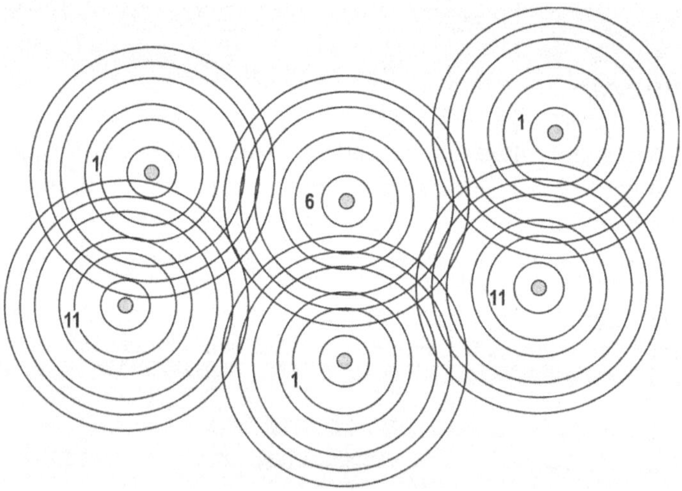

Figura 1.19 - Utilização dos canais entre access points adjacentes.

A Figura 1.20 mostra o funcionamento do roaming com uma estação móvel fazendo roaming entre células vizinhas.

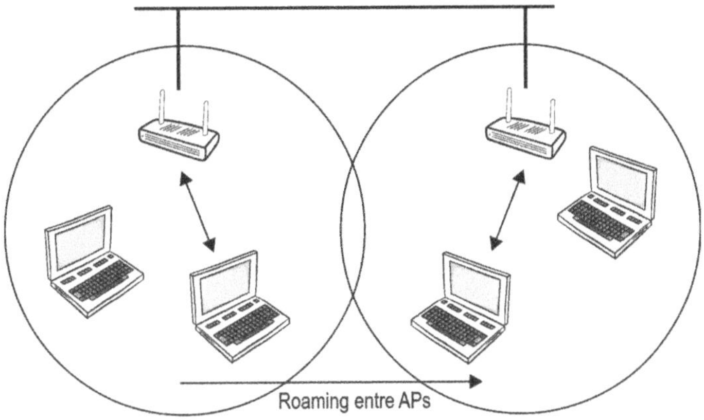

Figura 1.20 - Funcionamento do roaming.

O roaming pode ocorrer quando:

- Uma estação desconectada tenta se conectar ou reconectar ao access point disponível.
- A largura de banda suportada se altera ou a estação de rede sem fio encontra uma taxa de transmissão melhor em outro access point.
- A qualidade do sinal de outro access point da rede excede a qualidade do sinal do access point a qual esteja conectado.
- A taxa de erro na conexão com um access point sobe acima do aceitável.

Dispositivos da Rede sem Fio

Os elementos da solução de wireless LAN incluem:

- **Placas de rede wireless:** são os adaptadores usados nas estações, os quais possuem barramento PCI, PCMCIA e USB, podendo ser instalados tanto em notebooks como em computadores desktops. A Figura 1.21 apresenta uma placa wireless da 3Com.

Figura 1.21 - Placa wireless. Fonte: Foto extraída do site www.3com.com

- **Access point**: ou ponto de acesso é uma estação na rede wireless responsável por gerenciar as conexões entre usuários e a rede, além de ser o ponto de conexão da rede wireless com a rede cabeada. Cada access point pode atender a vários usuários na mesma rede. A área de cobertura de um access point fica em torno de 100 metros de raio. Para atender principalmente aos usuários que se deslocam mais que 100 metros, é necessária a colocação de mais access point no mesmo escritório.

Figura 1.22 - Access point. Fonte: Foto extraída do site www.3com.com

- **Antenas**: são um ponto primordial para o bom funcionamento do sistema de redes sem fio. Elas irradiam os sinais da rede sem fio. Existem basicamente antenas internas e externas, dos tipos direcional e omnidirecional. As antenas direcionais concentram e irradiam o sinal em uma única posição. São exemplos: Yagi, Grade e semiparabólica. A Figura 1.23 exibe antenas direcionais. As antenas omnidirecionais propagam ao longo do eixo em um ângulo de 360 graus. Na Figura 1.24 podemos observar uma antena omnidirecional.

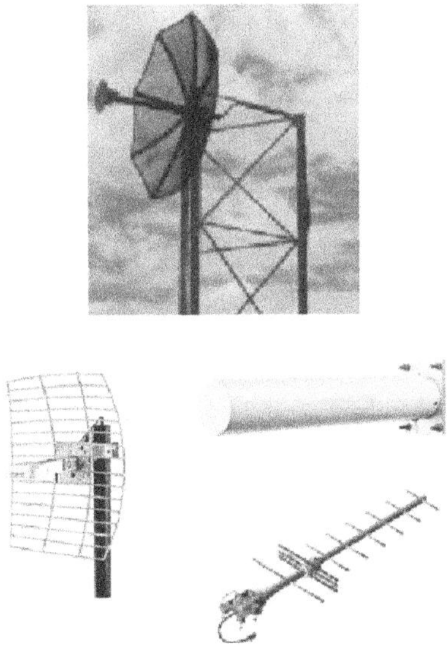

Figura 1.23 - Antenas direcionais. Fonte: Foto extraída do site www.orinoco.com

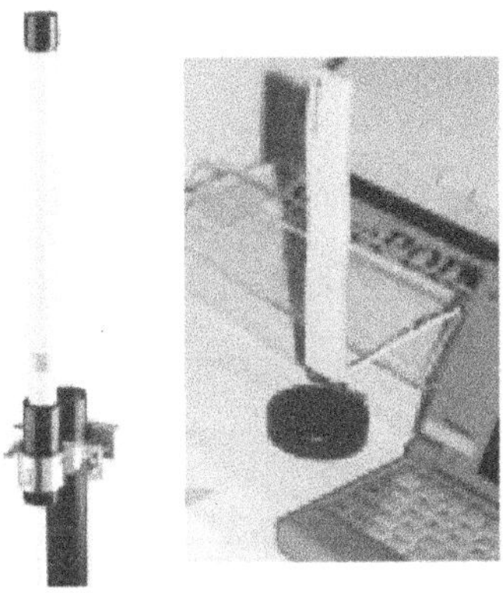

Figura 1.24 - Antenas omnidirecionais. Fonte: Foto extraída do site www.lucent.com

Resumo do Capítulo 1

Este capítulo abordou os princípios básicos de redes sem fio, como definições; benefícios; tecnologias de redes sem fio como wireless, laser e infravermelho; as faixas de operação; os principais métodos de acesso FH, DS e OFDM; o CSMA/CA, relação entre alcance e performance e os dispositivos de redes sem fio.

O próximo capítulo apresenta os padrões das tecnologias de redes sem fio.

1. Qual dos itens seguintes não corresponde a aplicações de redes sem fio:
   a. Pequenos escritórios
   b. Residências
   c. Supermercados
   d. Hospitais
   e. Backbones corporativos de empresas
2. Qual a distância máxima permitida de um usuário de rede sem fio a um access point?
   a. 10 m
   b. 20 m
   c. 50 m
   d. 100 m
3. Qual é o número máximo de usuários recomendado em um acess point?
   a. 5
   b. 10
   c. 14
   d. 20
4. Qual é o protocolo da camada MAC para redes wireless?
   a. CSMA/CD
   b. CSMA/CA
   c. HDLC
   d. NDA
5. O que é roaming?
   a. Processo de troca de mensagens.
   b. Processo de migração entre células do sistema.
   c. Mecanismo usado para acessar o sistema.
   d. NDA

6. Qual é o relacionamento entre o tamanho da célula e a banda?
    a. Quanto maior a banda maior o alcance da célula.
    b. Quanto menor a banda menor o alcance da célula.
    c. Quanto maior a banda menor o alcance da célula.
    d. NDA

7. Quais seriam os melhores canais adjacentes no caso de roaming ?
    a. 2 - 4 - 8
    b. 1 - 6 - 11
    c. 1 - 3 - 9
    d. 1 - 2 - 3
    e. NDA

8. Qual o quadro usado no CSMA/CA para liberar o canal para transmissão?
    a. RTS
    b. CTS
    c. ACK
    d. VCS
    e. NDA

9. Qual o quadro usado no CSMA/CA para solicitar o canal para transmissão?
    a. RTS
    b. CTS
    c. ACK
    d. VCS
    e. NDA

10. Quanto ao OFDM:
    a. É baseado na multiplexação por código.
    b. É baseado na modulação por amplitude.
    c. Estipula subportadoras usadas para transmitir o sinal e ampliar a banda.
    d. Não é adequado para o uso de redes sem fio.
    e. NDA

11. Quanto maior a frequência...

    a. Maior o alcance.
    b. Maior a banda e menor o alcance.
    c. Maior a quantidade de estações.
    d. Menor a quantidade de estações.
    e. NDA

Capítulo 2

Padronização de Redes Sem Fio - Padrão 802.11

Padrão IEEE 802.11

Este padrão é baseado numa arquitetura do tipo célula, muito parecido com o sistema de telefonia celular. O diâmetro das células é definido como a distância entre duas estações.

Na verdade, o padrão 802.11 é um conjunto de normas e padrões de transmissão em redes sem fio, sendo os principais padrões utilizados 802.11a, 802.11b, 802.11g e 802.11n.

Ponto Básico de Serviço (Basic Service Set)

Cada célula chama-se Ponto Básico de Serviço ou Basic Service Set e é controlada por um equipamento denominado ponto de acesso (access point), como observamos na Figura 2.1.

Um BSS (Basic Service Set) possui a função de controlar quando cada uma das estações pode transmitir ou receber.

Em geral, um ponto básico de serviço pode acomodar de 10 a 20 clientes com qualidade de acesso, dentro de um raio de 100 metros.

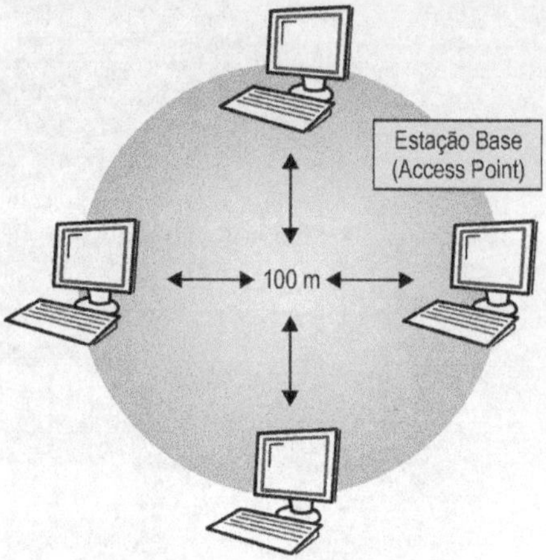

Figura 2.1 - Ponto básico de serviço.

Sistema de Distribuição (Distribution System)

Um Sistema de Distribuição ou Distribution System é o local da topologia em que os pontos de acesso (access points) se interconectam numa rede cabeada, podendo ser numa rede local padrão Ethernet ou num backbone. Observe a Figura 2.2.

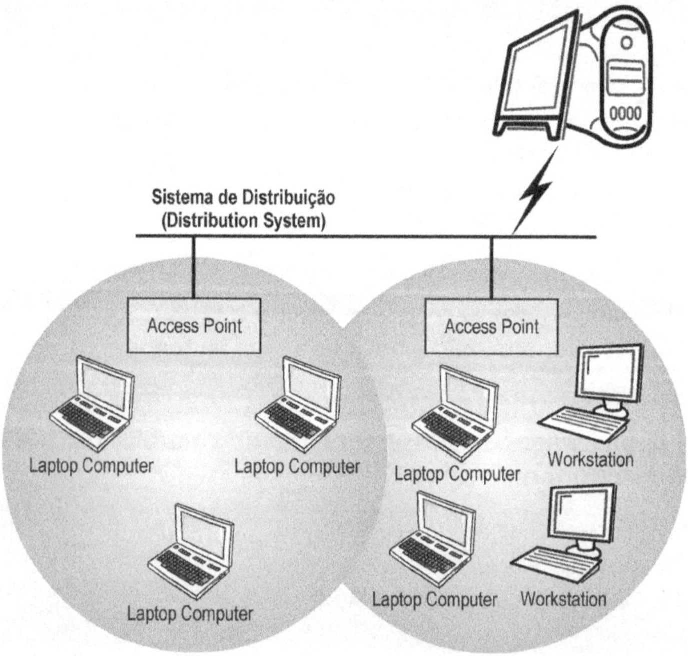

Figura 2.2 - Sistema de distribuição.

Ponto de Serviço Estendido

Ponto de Serviço Estendido (Extended Service Set) é um ponto ou um grupo de pontos básicos de serviço interconectados por um sistema de distribuição. Veja a Figura 2.3.

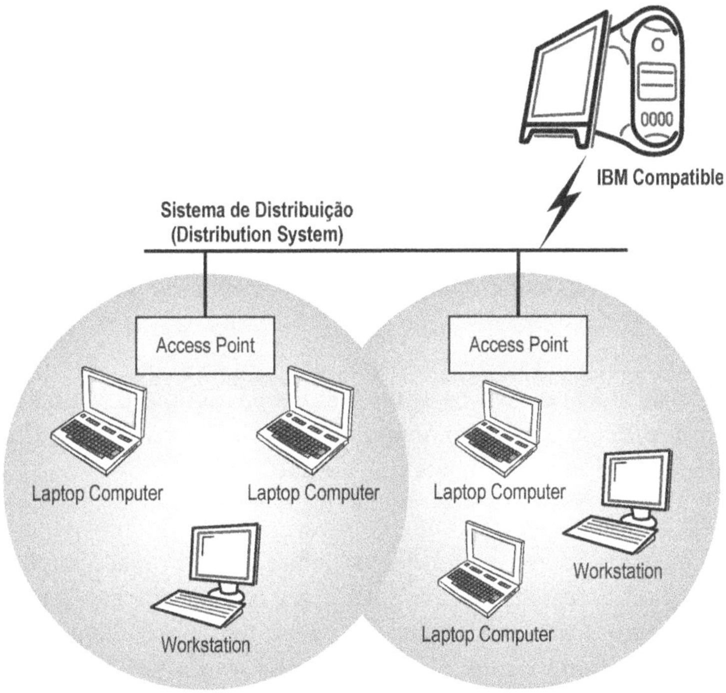

Figura 2.3 - Ponto de serviço estendido.

Ponto Básico de Serviço Independente

É um ponto básico de serviço em que não existe acesso a um sistema de distribuição disponível. Uma das estações no IBSS (ponto básico de serviço independente) pode ser configurada para iniciar a rede e coordenar as funções de rede, ou seja, executar as funções de servidor.

Cada ponto básico de serviço independente (IBSS), pelo padrão, pode suportar até 127 dispositivos, Figura 2.4.

O primeiro padrão de redes sem fio nasceu com o IEEE 802.11 e estabelece tanto os protocolos de acesso ao meio (MAC) como os protocolos da camada física (PHY). Esse padrão definiu como tecnologia de transmissão o Spread Spectrum Frequency Hopping, o Spread Spectrum Direct Sequence e o infravermelho.

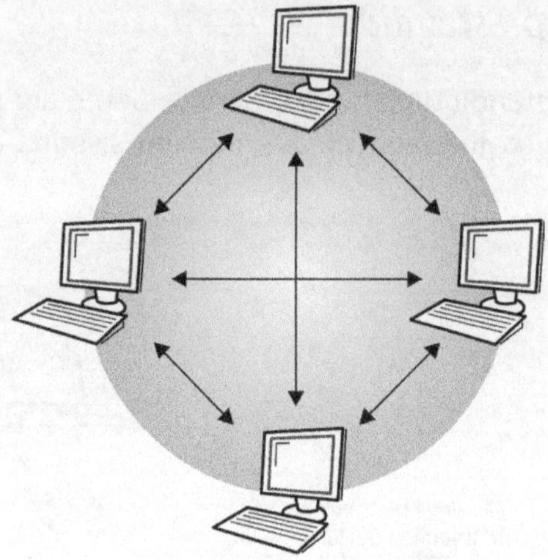

Figura 2.4 - Ponto básico de serviço independente.

O IEEE 802.11 trabalha nas velocidades de 1 ou 2 Mbps, na frequência ISM de 2.4 GHz. Os canais alocados são os apresentados na Figura 10.3. Esse padrão especificou ainda o protocolo de acesso ao meio, o CSMA/CA, que é muito parecido com o CSMA/CD da Ethernet, sujeito inclusive à colisão.

No caso da existência de uma rede com vários access points, devemos levar em consideração que cada access point deve trabalhar em um canal distinto, o que evita problemas como a sobrecarga dos canais. Para que isso ocorra, é necessário fazermos um reaproveitamento dos canais, e para isso geralmente escolhem-se os canais 1, 6 e 11. As escolhas ocorrem porque esses canais não sofrem sobreposição (overlay). A Figura 2.5 apresenta o reaproveitamento dos canais no Brasil e nos Estados Unidos.

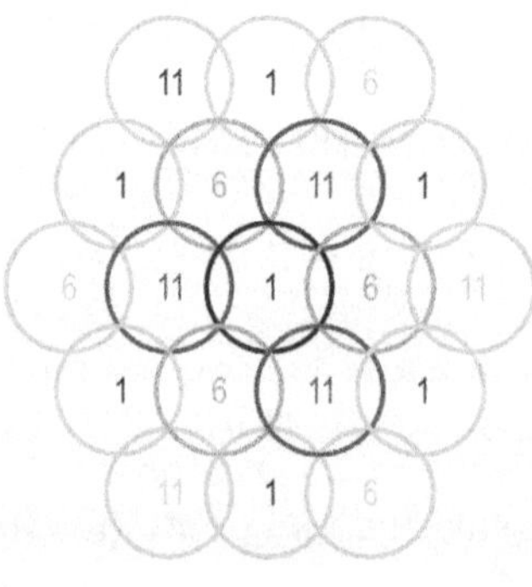

Figura 2.5 - Reaproveitamento dos canais.

Roaming

Processo pelo qual conseguimos aumentar a abrangência da rede wireless LAN. Permite que múltiplas redes coexistam na mesma área física. Os canais de RF mudam durante o processo, devido a múltiplos canais permitirem mais banda. Quando um usuário móvel passa por um processo de *roaming* de uma AP para outra, a interface de rede automaticamente reassocia o usuário à AP com melhor performance. Na Figura 2.6 podemos observar o processo do *roaming*.

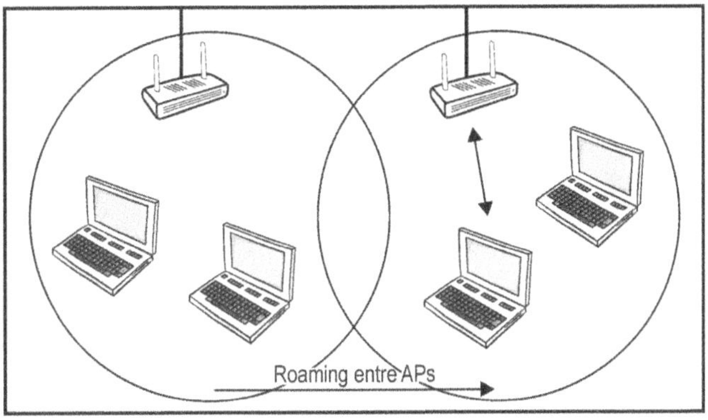

*Figura 2.6 - **Roaming**.*

Topologias da Rede sem Fio

As redes sem fio podem trabalhar nas seguintes topologias:

- Topologia estruturada;
- Topologia *ad hoc*.

Topologia Estruturada

Nessa topologia as estações estão dispostas em uma célula, as quais são controladas por um access point. Os limites da célula são definidos pelo alcance do access point. Nessa arquitetura a rede possui uma topologia fixa definida pelo posicionamento do access point, que neste caso é responsável por alocar os recursos, além de gerenciar o consumo de energia das estações.

Topologia Ad Hoc

Nessa topologia vários dispositivos móveis estão interconectados entre si, formando uma rede. Nesse caso não existe uma topologia predefinida, uma vez que os participantes podem se mover, alterando a topologia da rede. Não existe um ponto central de controle, portanto os serviços são gerenciados e oferecidos pelos participantes. Na Figura 2.7 podemos observar as topologias.

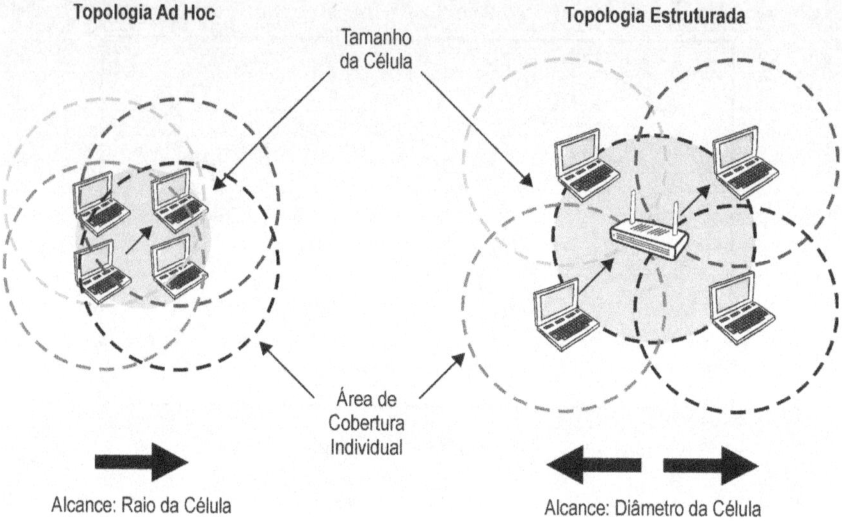

Figura 2.7 - Topologias de redes sem fio.

802.11b

O padrão IEEE 802.11b foi criado em julho de 1998 e aprovado em setembro de 1999. É considerado um anexo da especificação do IEEE 802.11, estendendo a mesma faixa de 2.4 GHz com o Direct Sequence Spread Spectrum para trabalhar com taxas de até 11 Mbps. O padrão especifica ainda taxas de fall back em 5.5, 2 e 1 Mbps.

Adicionalmente ao Direct Sequence Spread Spectrum, o 802.11b usa uma técnica de modulação baseada em código conhecida como CCK (Complementary Code Keying) que permite o aumento da performance para 11 Mbps.

O 802.11b usa o mesmo método de acesso do CSMA/CA (capítulo 1) definido na norma original. Devido ao overhead de cabeçalho desse protocolo, na prática o CSMA/CA alcança velocidades de 5.9 Mbps usando TCP e 7.1 Mbps usando UDP.

Este padrão baseia-se na comunicação ponto multiponto, em que um access point se comunica com uma antena omnidirecional com um ou mais clientes da rede sem fio, que estejam localizados no alcance desse access point. O 802.11 estabelece um alcance médio de 30 metros a 11 Mbps e 90 metros a 1 Mbps. Fator que afeta diretamente a performance é o número total de usuários que utilizam determinado canal.

Em ambientes externos de configuração ponto a ponto com antenas de alto ganho e amplificadores, podem ser alcançadas distâncias de até oito quilômetros.

A Tabela 2.1 apresenta os valores dos canais.

Canal	Frequência média	Largura da frequência	Sobreposição de canais
1	2.412 GHz	2.401-2.423 GHz	2-5
2	2.417 GHz	2.406-2.428 GHz	1,3-6
3	2.422 GHz	2.411-2.433 GHz	1-2,4-7
4	2.427 GHz	2.416-2.438 GHz	1-3,5-8
5	2.432 GHz	2.421-2.443 GHz	1-4,6-9
6	2.437 GHz	2.426-2.448 GHz	2-5,7-10
7	2.442 GHz	2.431-2.453 GHz	3-6,8-11
8	2.447 GHz	2.436-2.458 GHz	4-7,9-12
9	2.452 GHz	2.441-2.463 GHz	5-8,10-13
10	2.457 GHz	2.446-2.468 GHz	6-9,11-13
11	2.462 GHz	2.451-2.473 GHz	7-10,12-13
12	2.467 GHz	2.456-2.478 GHz	8-11,13-14
13	2.472 GHz	2.461-2.483 GHz	9-12,14
14	2.484 GHz	2.473-2.495 GHz	12-13

Tabela 2.1 - Canais do 802.11b.

WiFi - Wireless Fidelity

O consórcio criado por fabricantes, conhecido como WiFi, testa e realiza testes de confiabilidade e interoperabilidade com dispositivos aderentes a esse padrão.

O consórcio WiFi foi criado pelo Wireless Ethernet Compatibility Alliance (WECA). O WECA certifica a interoperabilidade do 802.11b. Para receber essa certificação, os produtos devem passar por severos testes de interoperabilidade e performance. O WECA possui mais de 70 membros, incluindo 3Com, Symbol, Alcatel-Lucent, Enterasys, Cisco/Aironet, Dell e Intersil.

São elegíveis para o teste apenas produtos de rede sem fio wireless fabricados segundo as especificações do 802.11b e que contenham encriptação de 40 bits. Os testes verificam a conectividade a 1 Mbps, 2 Mbps, 5,5 Mbps e 11 Mbps. A encriptação é testada e o roaming entre access points.

A certificação WiFi é obtida a partir do momento em que o equipamento passa nos testes e interopera com outros access points certificados. Além disso, um access point certificado deve interoperar com outras estações WiFi certificadas. O produto deve também suportar o roaming de estações em uma rede formada por access points WiFi compostos por múltiplos fabricantes.

A grande vantagem da certificação WiFi é a garantia de que o usuário da tecnologia não ficará mais preso a uma solução de um único fabricante, aumentando assim a concorrência e baixando os preços.

A Figura 2.8 mostra o logotipo utilizado em redes WiFi Zone para identificar locais onde está disponível a rede WiFi.

Figura 2.8 - WiFi Zone.

IEEE 802.11a

O padrão IEEE 802.11a foi aprovado em conjunto com o 802.11b, permitindo a operação em faixas de até 54 Mbps. Ele não trabalha com o Spread Spectrum, mas com o OFDM que é outra técnica de transporte. Como o OFDM é mais eficiente que o Spread Spectrum, as redes 802.11a trabalham com taxas de até 54 Mbps. Esses equipamentos fazem fall back nas taxas de 48, 36, 24, 18, 12, 9 e 6 Mbps.

O padrão 802.11a usa o mesmo CSMA/CA, porém opera na faixa de 5 GHz e utiliza 52 subportadoras baseadas no OFDM (capítulo 1), permitindo assim uma velocidade máxima de 54 Mbps. Na verdade, devido a todo o overhead de pacotes, a transmissão real fica em torno de 20 Mbps. Originalmente o 802.11a definiu 12 ou 13 canais sem sobreposição para uso exclusivo em ambiente in door e quatro ou cinco canais para configurações ponto a ponto.

Não existe interoperabilidade entre o 802.11a e o 802.11b porque eles trabalham em duas faixas de frequência distintas, exceto se o equipamento possui a capacidade de trabalhar no modo dual band, ou seja, duas bandas.

Faixa de Frequência de 5 GHz

A frequência de 5 GHz traz uma vantagem significativa, visto que a banda de 2.4 GHz é extremamente utilizada e está muito sobrecarregada. É comum verificar degradação do sinal e interrupção das conexões de redes sem fio na faixa de 2.4 GHz pela alta utilização dessa faixa de frequência.

A frequência de 5 GHz, no entanto, traz algumas desvantagens também. Como a frequência é mais alta, o alcance diminui, principalmente porque o sinal é mais absorvido por paredes e outros objetos sólidos. As vantagens estão na capacidade de trabalharmos com um número de canais de quatro a oito vezes maiores, dependendo do país, e a inexistência de interferência dos principais dispositivos geradores de interferência, como micro-ondas, telefones sem fio, babás eletrônicas, o que acaba tornando o 802.11a muito mais eficiente.

A faixa de frequência ISM 5 GHz não tem o uso liberado sem licença em alguns países. Apenas recentemente a Anatel padronizou o uso da frequência de 5 GHz no Brasil, uma vez que ela já vinha sendo utilizada por alguns sistemas militares. Por trabalhar nessa faixa de frequência, está menos sujeita à interferência e coexiste com sistemas 2.4 GHz.

Por trabalhar com a frequência maior com o mesmo nível de potência de um dispositivo 802.11 b, o alcance do 802.11a acaba sendo 50% menor. Além disso, o consumo de energia é maior, o que para dispositivos móveis não é muito adequado. A Tabela 2.2 apresenta as diferenças entre 802.11a e 802.11b.

	802.11a	**802.11b**
Banda	até 54 Mbps (54, 48, 36, 24, 18, 12 e 6 Mbps)	Até 11 Mbps (11, 5.5, 2 e 1 Mbps)
Alcance	50 metros	100 metros
Frequência	UNII e ISM (5 GHz range)	ISM (2.4000 - 2.4835 GHz range)
Modulação	OFDM	DSSS

Tabela 2.2 - 802.11a x 802.11b.

Os dispositivos 802.11a são mais caros, difíceis de produzir e não são compatíveis com o 802.11b. Com a chegada dos dispositivos 802.11g mais baratos e compatíveis houve uma redução significativa de mercado para os sistemas baseados em 802.11a.

IEEE 802.11g

O padrão IEEE 802.11g é uma extensão do IEEE 802.11b. Na verdade existe uma compatibilidade entre os padrões porque os dois trabalham na mesma faixa de frequência. Basicamente o que diferencia um do outro é o fato de o 802.11g trabalhar com OFDM e não com Spread Spectrum. Como o OFDM é mais eficiente no que diz respeito à utilização de banda passante, chegamos nas mesmas velocidades encontradas no 802.11a 54 Mbps ou uma banda efetiva de rede de 19 Mbps, só que agora atingindo o mesmo alcance do IEEE 802.11b por trabalhar em idêntica faixa de frequência.

A compatibilidade com o IEEE 802.11b apresenta algumas desvantagens ao IEEE 802.11g. A existência de estações trabalhando com o IEEE 802.11b acaba por reduzir sensivelmente a velocidade de comunicação dos usuários a 802.11g.

Como o 802.11g trabalha com o OFDM, ele permite as mesmas taxas de fall back do IEEE 802.11a, ou seja, 6, 9, 12, 18, 24, 36, 48, e 54 Mbits/s, adicionando-as às velocidades do CCK do padrão 802.11b, ou seja, 5.5 e 11 Mbits/s, e às velocidades do 802.11 de 1 e 2 Mbps. Com o barateamento dos dispositivos, hoje é possível comprar um adaptador de rede wireless 802.11b/g por volta de trinta dólares.

O padrão 802.11g foi rapidamente adotado por consumidores logo após o seu lançamento em 2003, principalmente pelo ganho da velocidade e redução dos custos de fabricação. No final de 2003 já estavam disponíveis adaptadores dual band que trabalham nos três modos, sendo 802.11a, 802.11b e 802.11g, porém com um custo mais elevado.

Embora a aceitação do padrão 802.11g tenha sido muito grande, essa tecnologia está sujeita às mesmas interferências do 802.11b, relacionadas à alta utilização da banda de 2.4 GHz. Os dispositivos que trabalham nessa faixa de frequência estão susceptíveis a interferências provenientes de dispositivos Bluetooth, telefones sem fio, fornos de micro-ondas, entre outros. Adicionalmente já se observa no Brasil, principalmente nos grandes centros, uma alta densidade de dispositivos na frequência de 2.4 GHz, o que contribui para alta interferência e problemas de interrupção de conexão.

Existem apenas três canais que não estão sujeitos à sobreposição de frequência, sendo 1, 6 e 11, com um espaçamento de 22 MHz entre eles. Na Europa, como mais canais estão ainda liberados, é possível o uso de quatro canais, sendo 1, 5, 9 e 13, com espaçamento de 20 MHz. A Figura 2.9 apresenta o espaçamento dos canais com o uso da frequência de 2.4 GHz.

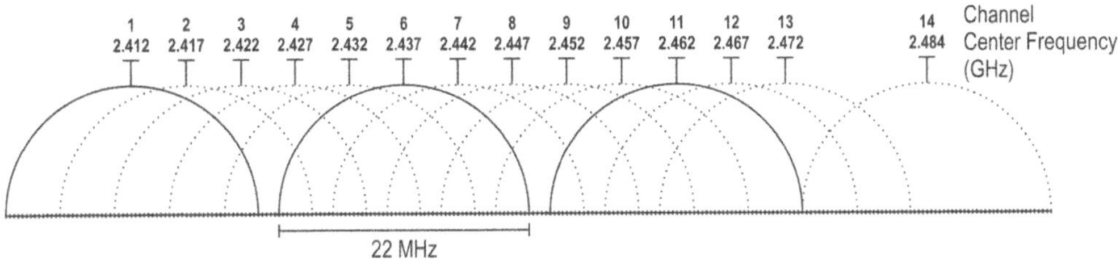

Figura 2.9 - Espaçamento dos canais na frequência de 2.4 GHz.

Ainda, se compararmos o consumo, uma rede com IEEE 802.11g gasta menos energia que a IEEE 802.11a, o que representa uma economia de bateria para dispositivos móveis.

Existem ainda outras tecnologias que estão em fase de padronização, como o Super G, cuja ideia é aperfeiçoar a transmissão de frames, permitindo alcançarmos taxas de 108 Mbps. Espera-se a padronização para essa tecnologia em breve. A Tabela 2.3 mostra uma comparação entre o IEEE 802.11a e o IEEE 802.11g.

IEEE 802.11a	IEEE 802.11g
5 GHz, 54 Mbps	2,4 GHz, 54 Mbps
Não é compatível com 802.11b	Compatível com 802.11b
Necessita de mais APs para cobrir a mesma área 25% a mais	Mesma cobertura do 802.11b
802.11b e 802.11a podem ser usados juntos	802.11g opera na mesma frequência do 802.11b

Tabela 2.3 - Comparação entre o IEEE 802.11a e o IEEE 802.11g.

IEEE 802.11e

O IEEE 802.11e, também conhecido como P802.11 TGe, tem o objetivo de melhorar a camada MAC (Medium Access Control) do IEEE 802.11 de forma a incorporar QoS (Qualidade de Serviço). Esse anexo ao padrão 802.11 foi incorporado e publicado em 2007.

Esse padrão é de relevância a aplicações que são sensíveis ao atraso como VoIP (Voz Sobre IP) e streaming de vídeo.

Como as redes 802.11 utilizam-se do CSMA/CA, o único controle para a transmissão das estações é o RTS/CTS tradicional, entretanto para a garantia de qualidade de serviço, essa tecnologia traz uma série de limitações. São elas:

- O CSMA/CA não possui nenhum tipo de garantia de Qualidade de Serviço, não existe nenhum tipo de classificação entre tráfegos de baixa e alta prioridade.
- Quando uma estação consegue ter acesso ao meio de transmissão, ela se mantém com acesso monopolizado ao meio o tempo necessário para a transmissão do quadro. Se imaginarmos que a estação pode transmitir a 1 Mbps, isso pode ser um tempo bem considerável.
- Caso múltiplas estações tentem comunicar ao mesmo tempo, muitas colisões vão ocorrer, o que reduz a banda efetiva e pode levar a um estado de colisão.

O 802.11e incrementa uma funcionalidade de coordenação de tráfego, criada no padrão 802.11 e conhecida como PCF (Point Coordination Function). A PCF permite que os access points, pontos de acesso da rede sem fio, implementem períodos de contenção de tráfego conhecidos como CP (Contention Period) e períodos de liberação de tráfego chamados CFP (Contention Free Period).

Esse processo de permitir ao access point conter ou enviar tráfego por um certo período é o primeiro passo para a implementação de um sistema de Qualidade de Serviço, embora não exista nenhum tipo de categorização de classes de tráfego ou serviço, como ocorre nos padrões de QoS: 802.1p e DiffServ.

O 802.11 implementa um avanço ao DCF e PCF incorporando uma nova função de coordenação de tráfego conhecida como HCF (Hybrid Coordination Function). O HCF permite criarmos categorias de tráfego com classes de priorização. O tráfego que chega ao access point pode estar categorizado, o qual prioriza o envio desses quadros baseado nas filas e nos controles de contenção e liberação de tráfego do PCF.

Por exemplo um tráfego de voz pode ser categorizado com uma prioridade maior que o tráfego de dados, por isso será liberado (CFP), enquanto um tráfego de FTP de baixa prioridade usa o mesmo access point (CP) por um determinado período até que o tráfego de maior prioridade seja entregue.

O IEEE 802.11e define sete classes de prioridade, sendo a classe 1 a de menor prioridade e a classe 7 a de maior.

IEEE 802.11f (Inter-Access Point Protocol)

Esse padrão é também conhecido como P802.11 TGf e tem como objetivo desenvolver um conjunto de requisitos para Inter-Access Point Protocol (IAPP), incluindo aspectos operacionais e de gerenciamento. Foi aprovado em fevereiro de 2006.

A ideia desse padrão é criar um subset mínimo que permita aos access points interoperarem entre si, e sendo capazes de ser gerenciados de uma forma centralizada.

Algumas características que estão sendo avaliadas vão desde técnicas de *roaming* avançado a gerenciamento de energia entre APs.

O padrão 802.11 não especifica a comunicação entre access point para roaming ou mesmo balanceamento de carga. A ideia do 802.11f foi padronizar o processo de troca de informação entre dois access points durante o período de transição de uma estação de um access point para outro. Para isso é utilizado um servidor radius que distribui as chaves criptográficas de sessão entre um access point e outro. Além disso, disponibiliza o mapeamento do endereço Mac e IP das estações em roaming.

IEEE 802.11i - Security

O IEEE802.11i foi criado em 2004 para atender as demandas de segurança não mais atendidas pelo 802.11. O 802.11 definiu o WEP (Wired Equivalent Privacy) como algoritmo de criptografia com uma chave de 40 bits. Essa tecnologia foi facilmente quebrada em poucos anos após a publicação do padrão.

Vale lembrar que o WEP foi criado com uma chave fraca justamente devido à pouca capacidade de processamento do hardware existente na época (placas de rede sem fio).

O padrão foi publicado em 2007 e traz uma série de inovações que buscam solucionar problemas relacionados à autenticação e privacidade dos dados transmitidos via redes sem fio, utilizando criptografia de chave forte.

As redes wireless IEEE 802.11 baseiam sua segurança no uso de alguns mecanismos considerados fracos, além disso boa parte das redes wireless não adota esses mecanismos. Especificam-se os seguintes padrões de segurança:

- **SSID**, que é o nome de uma rede sem fio, usado para identificar a rede, é necessário para acessar o access point. Em redes sem o mínimo de segurança é comum observarmos produtos WLAN com o SSID default como 101 para 3COM e tsunami para Cisco. Quanto mais pessoas conhecerem o SSID maior a chance de ser mal utilizado. A mudança do SSID requer a mudança em todos os usuários da rede.
- **WEP (Wire Equivalent Privacy)**, usado para criptografia dos dados, o WEP criptografa o tráfego entre o cliente e o access point. A criptografia é realizada na camada enlace, usando o algoritmo criptográfico RC4 da RSA (40-bits secret key + 24-bits Vetor Inicialização). A chave criptográfica do WEP pode ser quebrada em questão de minutos. Além disso, todos os usuários de um mesmo access point compartilham a mesma chave de criptografia.

- **Padrão 802.1x**, que pode ser usado tanto em redes cabeadas como em redes sem fio, utiliza o protocolo EAP (Extensible Authentication Protocol), RFC 2284, que é baseado na autenticação do usuário pelo endereço MAC do seu adaptador wireless. Utiliza ainda RADIUS e autenticação forte. O EAP pode ainda prover troca dinâmica de chaves, eliminando alguns dos problemas do WEP.
- **WPA**, que elimina as vulnerabilidades do WEP e estende o algoritmo RC4 do WEP em quatro novos algoritmos:
  - Aumento da quantidade de bits do vetor de inicialização IV para quarenta e oito bits, o que equivale a mais de quinhentos trilhões de chaves.
  - Message Integrity Code (MIC) chamado Michael, empregado via hardware troca de números iniciais aleatórios para anular ataque man-in-the middle.
  - Derivação e distribuição de chaves.
  - TKIP (Temporal Key Integrity Protocol) que gera chaves por pacote.

O 802.11i representa um avanço porque resolve as vulnerabilidades do WEP a partir da implementação do WPA2, que melhora a autenticação, encriptação e integridade das mensagens. O WPA2 acrescenta ao WPA tradicional um algoritmo criptográfico extremamente seguro conhecido como AES (Advanced Encryption Standard). É um algoritmo criptográfico simétrico baseado em uma cifra de bloco com chaves criptográficas de 128, 192 e 256 bits.

O capítulo 7 trata com mais detalhes dos mecanismos de segurança em redes sem fio.

IEEE 802.11n

O IEEE 802.11n foi publicado em 2009 com o objetivo de aumentar a velocidade obtida nos padrões tradicionais 802.11g e 802.11a dos 54 Mbps para até 600 Mbps, usando para isso quatro canais de dados com espaçamento de 40 MHz entre eles.

A ideia é utilizarmos uma tecnologia conhecida como MIMO (Multiple Input Multiple Output), fazendo agregação dos quadros transmitidos em múltiplos canais na camada MAC (camada de enlace do Ethernet).

É necessário o uso de múltiplas antenas, que podem agregar mais informações que uma única antena. O 802.11n faz uso de uma técnica de multiplexação conhecida como SDM (Spatial Division Multiplex).

O SDM multiplexa múltiplos fluxos de dados, transmitidos simultaneamente em um único espectro de transmissão. Para cada fluxo de dados transmitido faz se necessário incorporar uma antena tanto no transmissor como no receptor. Além disso, é necessário uma sequência de frequências e conversores analógicos digitais para cada antena, o que aumenta consideravelmente o custo se comparado aos sistemas tradicionais.

Diferentemente dos padrões 802.11a e 802.11g que operam com canais de 20 MHz, os canais do 802.11n operam com uma faixa de frequência de 40 MHz por canal, o que praticamente dobra a taxa efetiva de transmissão. Normalmente o 802.11n opera a 5 GHz, podendo também operar a 2.4 GHz, entretanto o usuário necessita avaliar o impacto causado em outras redes 802.11b/g e mesmo em sistemas Bluetooth, caso opte pelo uso da frequência de 2.4 GHz.

Antenas

O número de antenas é o mesmo da quantidade de fluxo de dados enviado pelo access point 802.11n. O rádio do access point pode, por exemplo, transmitir com duas antenas e receber com três. Normalmente um access point 802.11n possui entre quatro e seis antenas.

Na Figura 2.10 podemos observar um access point 802.11n.

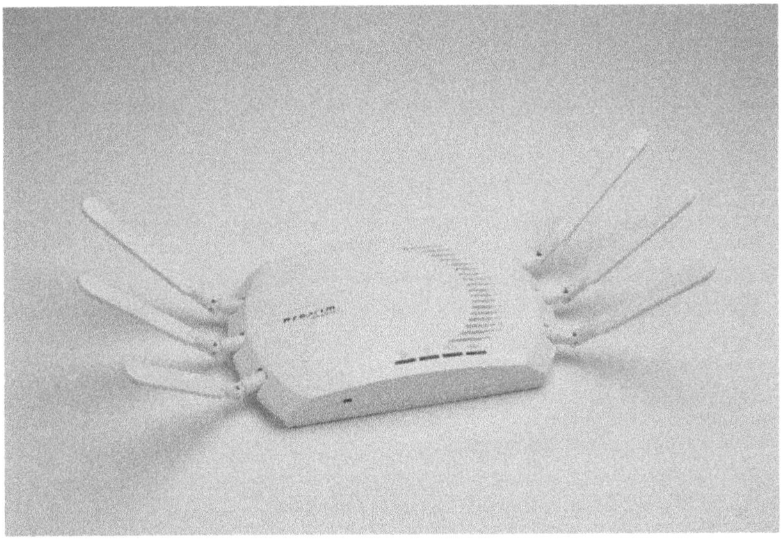

Figura 2.10 - Access point 802.11n com seis antenas. Foto extraída do site www.proxim.com

Velocidade

O IEEE 802.11n pode trabalhar com velocidades de até 600 Mbit/s. Vários esquemas e técnicas de modulação são utilizados nessa tecnologia. A Tabela 2.4 apresenta os tipos de modulação definidos pelo padrão e as taxas de transmissão alcançadas tanto para canais de 20 MHz como para canais de 40 MHz.

MCS Índice	Fluxo de Dados	Tipo de modulação	Taxa de codificação	Velocidade Mbps			
				Canal 20 MHz		Canal 40 MHz	
				800ns GI	400ns GI	800ns GI	400ns GI
0	1	BPSK	1/2	6.50	7.20	13.50	15.00
1	1	QPSK	1/2	13.00	14.40	27.00	30.00
2	1	QPSK	3/4	19.50	21.70	40.50	45.00
3	1	16-QAM	1/2	26.00	28.90	54.00	60.00
4	1	16-QAM	3/4	39.00	43.30	81.00	90.00
5	1	64-QAM	2/3	52.00	57.80	108.00	120.00
6	1	64-QAM	3/4	58.50	65.00	121.50	135.00
7	1	64-QAM	5/6	65.00	72.20	135.00	150.00
8	2	BPSK	1/2	13.00	14.40	27.00	30.00
9	2	QPSK	1/2	26.00	28.90	54.00	60.00
10	2	QPSK	3/4	39.00	43.30	81.00	90.00
11	2	16-QAM	1/2	52.00	57.80	108.00	120.00
12	2	16-QAM	3/4	78.00	86.70	162.00	180.00
13	2	64-QAM	2/3	104.00	115.60	216.00	240.00
14	2	64-QAM	3/4	117.00	130.00	243.00	270.00
15	2	64-QAM	5/6	130.00	144.40	270.00	300.00
...	3	...	...	...	...	...	...
23	3	64-QAM	5/6	195.00	216.60	405.00	450.00
...	4	...	...	...	...	...	...
31	4	64-QAM	5/6	260.00	288.90	540.00	600.00

Tabela 2.4 - Velocidades extraídas do site www.wikipedia.org/.

Agregação dos Quadros

Na camada física não ocorre efetivamente um aumento de velocidade, justamente devido às características de espaçamento de quadros, overheads e reconhecimento de mensagens do IEEE 802.11n. O avanço ocorre mesmo na camada MAC (enlace), em que os quadros são agregados entre os diferentes fluxos de dados (antenas), reduzindo os overheads, realizando mensagens de reconhecimento por blocos conhecido como Block Ack, possibilitando o aumento da taxa média de transmissão.

No processo de agregação, múltiplas MSDUSs (MAC Service Data Units), as chamadas mensagens de controle, e MPDUs (MAC Protocol Data Units), mensagens com dados, são transmitidas simultaneamente, elevando assim a taxa efetiva do usuário.

Compatibilidade

Quando foi criado o padrão 802.11n, pensou-se em garantir a compatibilidade com padrões preexistentes de forma a preservar o investimento realizado com dispositivos 802.11g, 802.11b e 802.11a.

Assim a tecnologia possui mecanismos de proteção que permitem trabalharmos com canais tradicionais de 20 MHz e os canais do 802.11n de 40 MHz. As proteções estão relacionadas aos sinais de RTS/CTS do CSMA/CA.

Mesmo com as proteções, existe uma perda significativa de performance quando trabalhamos em ambientes mix, em que coexistem redes 802.11g, 802.11b e 802.11a com redes 802.11n.

A maior parte dos dispositivos que interoperam e trabalham com 802.11b/g/n mantém a banda de 2.4 GHz para a comunicação 802.11 b/g, e o tráfego 802.11n é enviado com a frequência de 5 GHz, gerando o menor impacto possível aos sistemas já existentes.

Como a banda de 2.4 GHz já está muito congestionada em algumas regiões, fica impraticável o uso do 802.11n nessa frequência, uma vez que ele dobra a faixa de frequência do canal de 20 MHz para 40 MHz.

WiFi e EWC

Em 2007, o consórcio WiFi iniciou a certificação de produtos 802.11n Draft 2, a qual estabelece um conjunto de características a serem testadas de forma a garantir a interoperabilidade de vários fabricantes.

A certificação para equipamentos 802.11n cobre a verificação da largura dos canais em 20 e 40 MHz, com dois fluxos de dados a 144.4 Mbps a 20 MHz e 300 Mbps a 40 MHz.

A nova certificação está sendo elaborada por um novo consórcio conhecido como EWC (Enhanced Wireless Consortium), fazendo uso de um novo conjunto de testes para testar os sistemas baseados em 802.11n.

O padrão 802.11n possui uma patente de uma organização australiana conhecida como CSIRO (Commonwealth Scientific and Industrial Research Organisation). O IEEE tem tentado obter autorizações da CSIRO para que os fabricantes possam produzir os equipamentos sem licença. Apenas em abril de 2009 a CSIRO liberou as seguintes companhias para produzir os equipamentos com 802.11n: Hewlett-Packard, Asus, Intel, Dell, Toshiba, Netgear, D-Link, Belkin, SMC, Accton, 3Com, Buffalo Technology, Microsoft e Nintendo.

Resumo do Capítulo 2

Este capítulo apresentou o grande avanço que a certificação IEEE 802.11 trouxe para a indústria de redes sem fio. O avanço que se observou da primeira padronização a 1 e 2 Mbps (IEEE802.11), passando pelo IEEE802.11b a 11 Mbps, o IEEE802.11a e IEEE 802.11g a 54 Mbps e concluindo com o novo padrão 802.11n certificado até 300 Mbps, mas pode chegar a 600 Mbps.

Os novos padrões acompanham o avanço de tecnologias de modulação mais eficientes como o OFDM e utilização de múltiplos canais como a tecnologia MIMO.

1. Qual padrão 802.11 apresenta segurança máxima adicional para aplicações WLAN?
    a. 802.11e com QoS
    b. 802.11i com AES
    c. 802.11b com WPA
    d. 802.11h com UPC
2. Quando falamos de Qualidade de Serviço, estamos nos referenciando a:
    a. Tipo de banda da conexão
    b. Taxa máxima de transferência de dados
    c. Probabilidade de o pacote passar pela rede
    d. Velocidade da conexão de rede
3. Quando surgiram as primeiras redes locais sem fio (Wireless LAN)?
    a. 1980
    b. 1990
    c. 1993
    d. 1999
4. Quem criou o padrão 802.11?
    a. WiFi Alliance em 1997
    b. 3COM em 1997
    c. IEEE em 1997
    d. IEEE em 1994
5. Qual a taxa de transferência real do padrão IEEE 802.11g com velocidade de 54 Mbps?
    a. 20-25 Mbps
    b. 15-20 Mbps
    c. 10-15 Mbps
    d. 25-30 Mbps

6. Sobre o padrão 802.11b:

   a. Foi publicado em 2002.

   b. Não ganhou muito mercado devido ao alto custo dos dispositivos.

   c. Usa OFDM como técnica de multiplexação.

   d. Foi introduzido antes do 802.11a.

7. A área coberta por uma rede sem fio é conhecida por:

   a. Enquadramento

   b. Ponto de Serviço Estendido

   c. Ponto de Serviço Básico

   d. Sistema de Distribuição

8. Como é conhecido o modo de conexão na rede sem fio no qual os computadores estão conectados a um access point?

   a. Modo Hoop

   b. Modo Infraestrutura

   c. Modo Ad hoc

   d. Modo Nativo

9. Qual o significado do termo WiFi?

   a. É uma abreviação de "wided widelity".

   b. Foi criado por um consórcio de fabricantes e é a abreviação de "wireless fidelity".

   c. Termo criado pelo IEEE.

   d. Foi criado pelo WiFi Alliance.

10. Qual a tecnologia usada pelo 802.11n que garante a mais alta velocidade?

    a. AES

    b. MIMO com canais de 20MHz

    c. MIMO com canais de 40MHz

    d. OFDM puro

11. Qual a tecnologia que tem maior cobertura (alcance)?
    a. 802.11 a
    b. 802.11 b
    c. 802.11
    d. 802.11g

12. Qual a tecnologia mais adequada para locais com alta interferência de micro-ondas, telefones sem fio e Bluetooth?
    a. 802.11 a
    b. 802.11 b
    c. 802.11
    d. 802.11g

13. Qual tecnologia o EWC certifica?
    a. 802.11 a
    b. 802.11 b
    c. 802.11
    d. 802.11g

Anotações

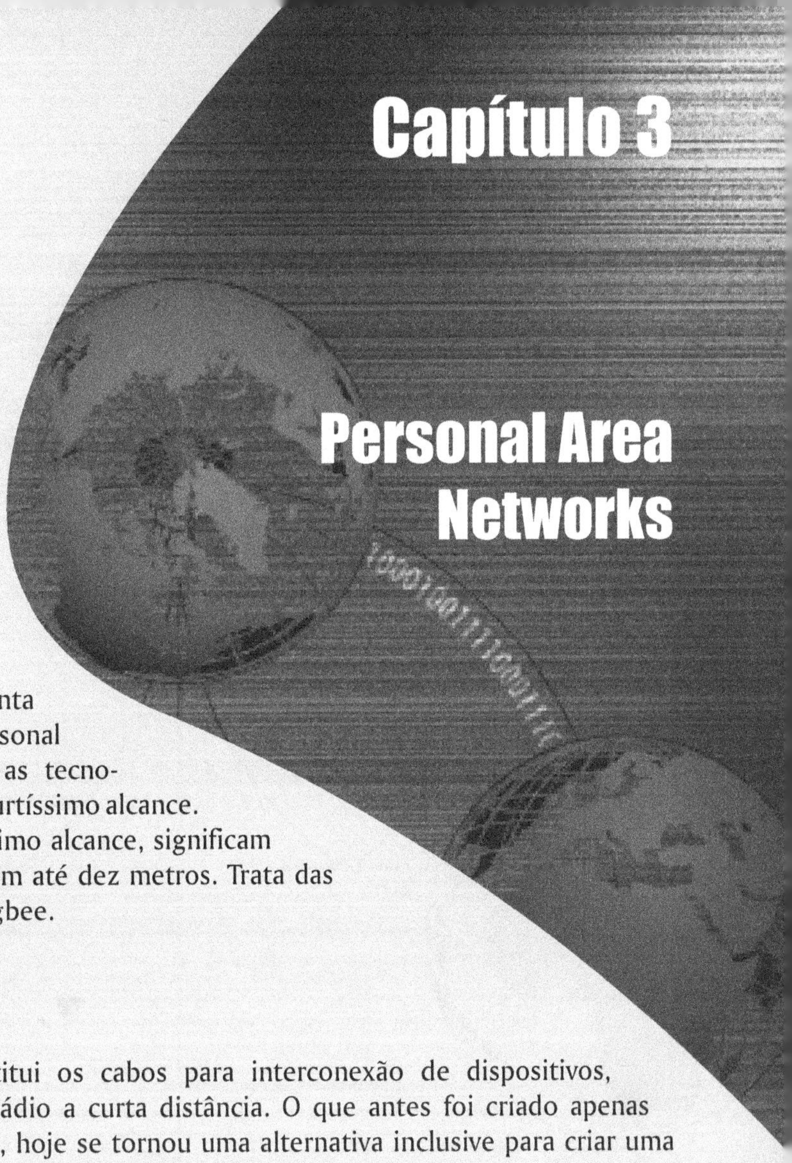

Capítulo 3

Personal Area Networks

Este capítulo apresenta as redes PAN (Personal Area Networks), que são as tecnologias de redes sem fio de curtíssimo alcance. Quando falamos de curtíssimo alcance, significam conexões de dispositivos em até dez metros. Trata das tecnologias Bluetooth e Zigbee.

Bluetooth

Essa tecnologia substitui os cabos para interconexão de dispositivos, usando uma conexão de rádio a curta distância. O que antes foi criado apenas para substituição de cabos, hoje se tornou uma alternativa inclusive para criar uma pequena rede sem fio.

O Bluetooth praticamente substitui o infravermelho como tecnologia alternativa de conexão de dispositivos, com a grande vantagem de não requerer visada e permitir a conexão a até dez metros.

As principais vantagens dessa tecnologia estão relacionadas ao tamanho dos dispositivos, baixo custo, baixo consumo de energia e grande disponibilidade de interfaces para a mais ampla gama de dispositivos. Na Figura 3.1 observa-se a comparação do tamanho de uma interface Bluetooth com um palito de fósforo.

Figura 3.1 - Interface Bluetooth para dispositivos. Foto extraída do site www.bluetooth.com

A Tabela 3.1 apresenta um comparativo entre o uso da tecnologia Bluetooth e o uso de cabos para interconectar dispositivos.

Característica	Bluetooth	Conexão cabeada
Topologia	Suporte a até sete conexões simultâneas	Cada conexão requer um novo cabo
Flexibilidade	Atravessa paredes	Sinal em linha
Velocidade	1 Mbps	Varia com a tecnologia usada
Potência	0.1 watt de potência ativa	0.05 watt de potência ativa ou superior
Tamanho/peso	25 mm x 13 mm x 2 mm, alguns gramas	Peso varia com o tamanho do cabo
Custo	USD 5.00 por dispositivo	~ USD3-100/metro (depende do tipo de cabo; alguns cabos HDMI podem custar mais de USD 100.00)
Alcance -------- Universal	Dez metros ou mais até cem metros --------- Pode ser usado em qualquer parte do mundo (ISM)	Tipicamente entre um e dois metros --------- Cabos precisam ser homologados por regulações locais dos países
Segurança	Segurança na camada MAC	A segurança está no próprio cabo

Tabela 3.1 - Comparação entre o uso de Bluetooth e de cabos.

Criação

A tecnologia surge de um estudo da Ericsson Mobile Communications, em 1994, para encontrar uma interface de baixo consumo e baixo custo para a comunicação entre telefones e acessórios. O estudo chega à conclusão de que era factível criar essas interfaces para comunicação a curtas distâncias. O próximo passo foi chamar outros fabricantes de computadores pessoais, notebooks, câmeras, PDAs para participar do projeto para que fosse possível criar a conexão via rádio entre os dispositivos.

Em 1998, a Ericsson cria um grupo especial chamado SIG (Special Interest Group), do qual participavam importantes companhias como a Intel, IBM, Toshiba e Nokia com o objetivo de testar e avançar no desenvolvimento dessa tecnologia. O objetivo principal desse grupo era formar uma padronização de fato entre os principais fabricantes de forma a criar uma interface de software aberta.

O nome Bluetooth nasceu de um rei viking dinamarquês conhecido como " Harald Blatand", ou em inglês Bluetooth. Esse rei, que viveu no século X, foi responsável pela unificação e controle da região que hoje constitui a Dinamarca e a Noruega. Ele trouxe o Cristianismo para a Escandinávia.

O SIG (Special Interest Group) possui mais de 1.400 companhias que desenvolvem interfaces a seus dispositivos, segundo a especificação Bluetooth.

O Bluetooth começou com o objetivo de substituir a conexão entre os celulares e seus acessórios, porém ao longo do tempo a mesma tecnologia foi se adequando a milhares de dispositivos que hoje utilizam essas tecnologias.

Apenas como exemplo, imagine que você trabalha em um ambiente em que o computador móvel, o telefone, as caixas de som, o teclado, o monitor estejam conectados via Bluetooth.

Esse ambiente oferece uma série de vantagens. A CPU do desktop não precisa mais estar próxima do teclado e do monitor. Ela pode utilizar o serviço de dados do celular via conexão Bluetooth para enviar correios eletrônicos, ou mesmo acessar a Internet. Uma impressora Bluetooth pode também ser adicionada e utilizada para imprimir documentos. Tudo isso sem nenhuma conexão por cabo entre os dispositivos.

Frequência de Operação

Por questões regulatórias, a Ericsson e o ISG optaram por usar uma faixa de frequência baseada no ISM (Industrial Scientific and Medical), que são faixas liberadas em todo o mundo. Desta maneira optou-se pelas faixas de frequência entre 2.400 e 2.500 GHz, que oferecem a vantagem da não necessidade de regulamentação, entretanto estão sujeitas a fontes de interferência de outros dispositivos que trabalham nessa faixa, como telefones sem fio, micro-ondas, além de sistemas de redes sem fio (IEEE 802.11b/g/n).

Existem três classes de dispositivos Bluetooth quanto à potência de transmissão:

- **1 mW:** classe 3, com alcance de 10 metros.
- **2.5 mW:** classe 2, com alcance de 20 metros.
- **0.1W:** classe 1, com alcance até 100 metros.

Os equipamentos componentes de uma rede Bluetooth criam entre si o que se conhece como uma piconet. Em cada piconet podem coexistir até oito dispositivos.

A Figura 3.2 apresenta um comparativo entre alcance, potência, velocidade do Bluetooth em relação a outras tecnologias de redes sem fio 802.11.

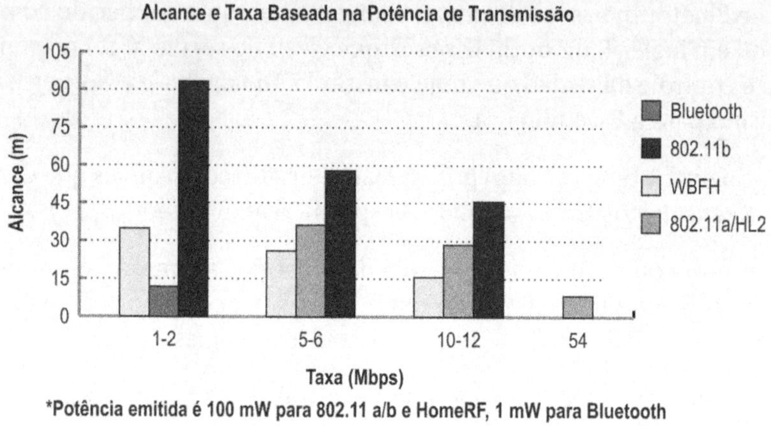

Figura 3.2 - Alcance, velocidade e potência do Bluetooth e Wireless LAN.

Profiles

Os profiles definem como cada aplicação e cada dispositivo deve se adequar à infraestrutura Bluetooth. No profile são definidas as mensagens e especificações do uso do rádio e dos serviços Bluetooth pelo dispositivo. O profile serve como uma interface mandatória entre o dispositivo e a infraestrutura de rádio e a comunicação Bluetooth. Desta maneira o profile reduz a complexidade, criando uma interface transparente e que permite a interoperabilidade de diferentes fabricantes.

Os primeiros profiles criados e os mais utilizados são:

- **GAP (Generic Access Profile):** define como dois dispositivos dentro da rede Bluetooth descobrem a si mesmos. Esse profile é usado para criar na rede Bluetooth um par, ou seja, uma comunicação ponto a ponto entre dois dispositivos. O GAP garante que o pareamento seja criado independente do fabricante da tecnologia, ou seja, garante a interoperabilidade.
- **Emulação de Porta Serial (Serial Port Profile):** permite criarmos uma porta serial virtual entre os dispositivos. É como se houvesse a conexão de um cabo serial entre os dois dispositivos na velocidade de até 128 Kbps.

- **SDAP (Service Discovery Application Profile):** serve para que um dispositivo consiga verificar os serviços disponíveis no dispositivo com o qual ele esteja pareado, ou seja, os serviços disponíveis do dispositivo ao qual está se conectando.
- **GOEP (Generic Object Exchange Profile):** define um conjunto de protocolos e procedimentos usados para a troca de objetos entre os dispositivos. Normalmente esse profile é utilizado para a sincronização entre os dispositivos, ou mesmo troca de arquivos entre eles. O GOEP depende de que uma conexão já esteja pareada pelo GAP. Além disso, depende do tipo de comunicação que a emulação de porta serial (Serial Port Profile) já tenha estabelecido.

Existem ainda profiles para alguns serviços como:

- Emulação de fax/modem
- Suporte a TCP/IP através do protocolo PPP
- Emulação de interface serial infravermelha (IrDA)
- Telefone sem fio
- Fax
- Conexão discada
- Acesso à rede local
- Transferência de arquivos
- Impressão básica
- Hands Free
- Processamento de imagens
- Distribuição de áudio
- Controle remoto áudio/vídeo
- Hardcopy

Principais Usos do Bluetooth

Ponto de Acesso à Internet

Um telefone móvel com acesso à rede 3G pode servir de ponte para que outros dispositivos Bluetooth tenham acesso à Internet.

Transferência de Arquivos

Essa aplicação é muito utilizada para troca de vCard (cartões virtuais) e transferência de fotos e vídeos, por exemplo de uma câmera digital para uma impressora ou mesmo para um notebook. Na Figura 3.3 observamos esse cenário.

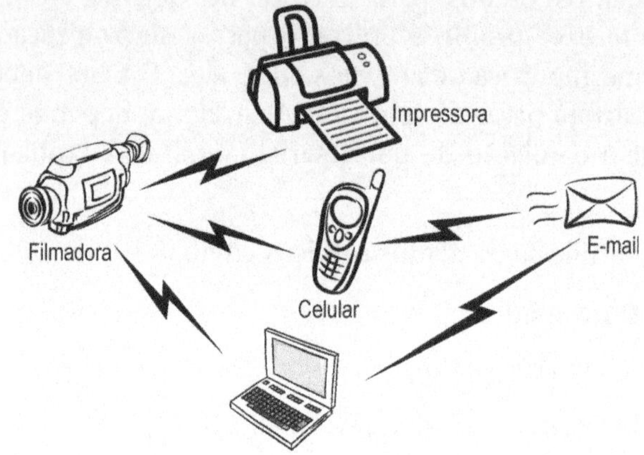

Figura 3.3 - Aplicação multimídia. Foto extraída do site www.blueunplugged.com

Acesso à Rede

O Bluetooth pode ser utilizado como uma rede sem fio, respeitando sempre o limite de velocidade de 2 Mbps entre os dispositivos. Para uma pequena rede cujos computadores estão perto (menos de dez metros entre eles), a tecnologia Bluetooth é uma substituta direta de redes sem fio 802.11.

A Figura 3.4 exemplifica a utilização do Bluetooth como um ponto de acesso à rede sem fio.

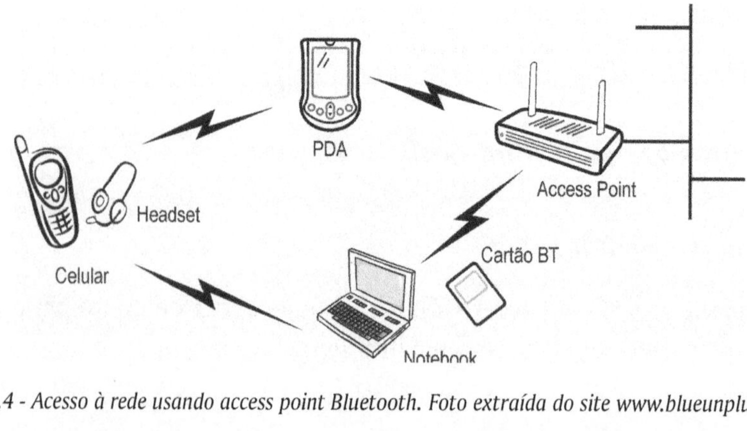

Figura 3.4 - Acesso à rede usando access point Bluetooth. Foto extraída do site www.blueunplugged.com

Sincronização entre Dispositivos

Este é um dos maiores usos do Bluetooth. Agendas de celulares, aplicações como o Microsoft Outlook no computador, lista de contatos e compromissos precisam cada vez mais serem sincronizados. O Bluetooth facilita muito essa tarefa, disponibilizando uma interface para que esse sincronismo ocorra de uma forma simples e facilitada.

Conexão de Headsets

Com a utilização do Bluetooth para a conexão de acessórios do celular nasceu a tecnologia. Hoje, devido à necessidade de utilização de celulares no trânsito nas grandes cidades e principalmente à preocupação com o nível de emissão de micro-ondas dos celulares, muitos usuários preferem se conectar ao celular usando um Headset Bluetooth, que emite a baixa potência e permite a comunicação sem necessidade de portar o celular nas mãos. Ele pode estar a uma distância de até dez metros.

A Figura 3.5 exemplifica algumas comunicações que podem ocorrer na rede Bluetooth.

Figura 3.5 - Comunicações entre dispositivos no Bluetooth.

Spread Spectrum Frequency Hopping

O Bluetooth utiliza a tecnologia Spread Spectrum Frequency Hopping que é extremamente eficiente para dispositivos de baixa potência, baixo custo, e foi a base para os sistemas de redes sem fio 802.11.

No Frequency Hopping a banda de frequência é dividida em um número de canais para salto (hop channel). Em uma transmissão um canal de salto, em uma frequência específica, é utilizado por uma fração de tempo de 650 microssegundos, em seguida ocorre um salto para uma outra faixa de frequência pseudoaleatória que transmite novamente por 650 microssegundos e salta para uma nova faixa de frequência.

Esse processo contínuo de saltos de frequência traz alguns benefícios, entre eles o sistema consegue detectar canais que apresentam alta taxa de interferência (erros) e excluir essas faixas dos saltos. Com isto dizemos que o Frequency Hopping é uma das tecnologias mais imunes a interferências.

Técnica de Modulação e Transmissão

A modulação Gaussian Shaped Binary FSK é utilizada para reduzir a complexidade das unidades Bluetooth.

Rede Bluetooth

A rede Bluetooth na maior parte das vezes é ad hoc e a comunicação na piconet ocorre utilizando o conceito mestre/escravo.

O alcance entre os dispositivos é limitado pela baixa potência com que trabalha a rede Bluetooth. Em geral ela trabalha entre 1 e 100 mW de potência, o que dá um alcance de até dez metros. O Bluetooth trabalha a taxas de transmissão de 1 a 2 Mbps, porém as taxas efetivas não passam de 721 Kbps a 1.4 Mbps justamente devido a todo o overhead de controle e tratamento de erros das camadas dos protocolos de comunicação.

O Bluetooth permite conexões entre os dispositivos assíncronas, sem sinal de clock de sincronismo, conhecidas como ACL (Assynchronous Connection Less) e conexões síncronas, em que um dos pares da comunicação gera um sinal de sincronismo que vai ser utilizado pela conexão SCO (Synchronous Connection Oriented). As conexões síncronas são primeiramente usadas para tráfego de voz e garantem a banda de um canal TDM de 64 Kbps. Cada piconet permite três canais simultâneos full duplex de voz (64 Kbps).

Já as conexões assíncronas ACL são usadas para tráfego de dados que não é tão determinístico, e além de tudo pode possuir assimetria e conexões ponto a multiponto. Em um Bluetooth a 1 Mbps uma conexão ACL pode alcançar 721 Kbps em uma direção e 57.6 Kbps na outra direção.

As mensagens trocadas na rede Bluetooth estão protegidas por um esquema de confirmação de mensagens conhecido como ARQ (Automatic Retransmission Query). Ele permite que em cada pacote recebido se verifique a existência de erros de transmissão. Quando o erro é detectado, o esquema provê um mecanismo para a retransmissão automática do pacote com erro. Esse esquema só é válido para transmissões de dados. A transmissão da voz, como está susceptível a características únicas dos sistemas de voz, como jitter, atraso, entre outros, não trabalha com retransmissão.

Piconet e Scatternet

A rede Bluetooth é dividida em mestres e escravos. Os mestres são responsáveis por requisitar serviços dos escravos, e organizar e comandar a transmissão e recepção de dados, já os escravos devem prover os serviços e se comunicar apenas com os mestres.

Quaisquer dois dispositivos conectados em uma rede Bluetooth no alcance de dez metros se comunicam em uma infraestrutura de ad hoc e quando a conexão é estabelecida, uma piconet surge. Em uma piconet sempre vai surgir a figura de um mestre na comunicação (master) e dos escravos (slaves) que são os outros dispositivos que fazem parte da piconet. Vale lembrar o limite máximo de oito dispositivos do Bluetooth.

Não existem diferenças significativas no hardware do mestre e o do escravo. Qualquer dispositivo pode ser um mestre. O que realmente ocorre é que o dispositivo que possui maior capacidade de processamento dentro da piconet é elegível para ser o mestre na comunicação.

O papel do mestre é de controlar todo o tráfego de mensagens e informações dentro da piconet. O mestre controla a comunicação e realiza um polling entre todos os dispositivos, perguntando se eles têm algum pacote para transmitir. A comunicação sempre ocorre em um slot de tempo entre o mestre e os escravos. Um escravo nunca começa uma comunicação sem que ela tenha sido solicitada pelo mestre. Esse processo, em que toda a comunicação é controlada e administrada pelo mestre, evita que ocorram colisões, uma vez que nunca haverá dois escravos falando no mesmo slot de tempo com o mestre.

Existem dois tipos de piconets:

- **Piconet simples**: toda a conexão é ponto a ponto e apenas um mestre controla a comunicação. Nesta piconet existe apenas dois dispositivos, o mestre que controla a comunicação e o escravo que obedece à sequência de hopping de frequência do mestre, que gera a sincronização para a comunicação.

A Figura 3.6 apresenta uma piconet simples.

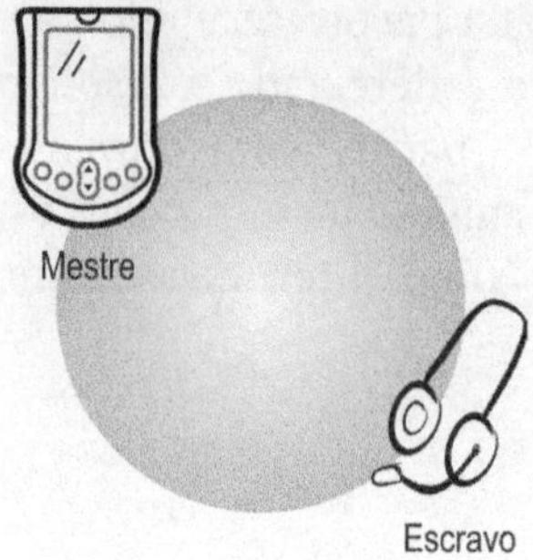

Figura 3.6 - Piconet simples.

- **Piconet multiescravo:** nesse tipo de piconet as conexões ocorrem ponto a ponto e ponto multiponto. Existe apenas um mestre que controla todas as transmissões dentro da piconet. Normalmente em uma rede multiescravo existem de um a sete escravos ativos, os quais obedecem à sequência de hopping do mestre. As estações normalmente ficam em sleep mode para economizar energia.

  A Figura 3.7 apresenta uma rede piconet multiescravo.

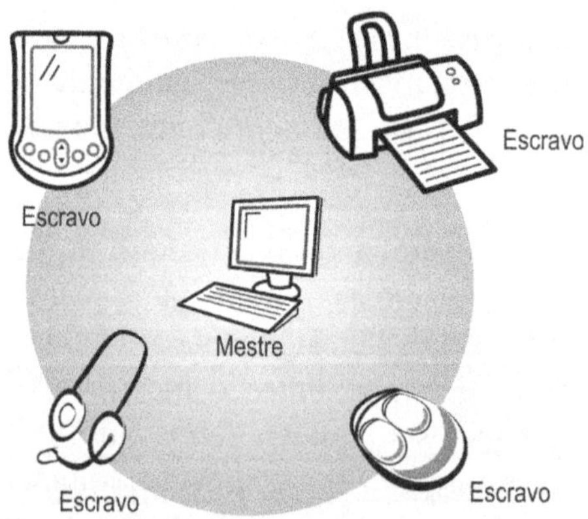

Figura 3.7 - Piconet multiescravo.

Estabelecimento de Conexões de Rede

Antes de se juntar a uma piconet, o dispositivo fica em um modo conhecido como standby. Nesse modo o dispositivo fica dormindo e desperta a cada 1,28 segundo para verificar se existe algum pedido de conexão.

Após a conexão a uma piconet, o processo de wake up e standby segue para que haja redução do consumo da bateria do dispositivo. Nesse processo, quando não ocorre troca de dados entre o dispositivo e a piconet, o dispositivo fica no modo standby em hold aguardando a conexão e com baixo consumo de energia.

Scatternet

Para otimizar o uso do Spectrum, algumas piconets podem coexistir na mesma área física, criando assim uma scatternet. Cada scatternet usa a mesma faixa de frequência, porém cada piconet faz uso dos saltos de frequência em canais distintos das outras piconets. Como cada piconet tem um limite de 721 Kbps, taxas maiores em um dispositivo como um celular podem ser alcançadas, criando múltiplas piconets. O limite é que uma scatternet pode possuir no máximo oito piconets. Na Figura 3.8 podemos observar a alternância de frequências entre duas piconets.

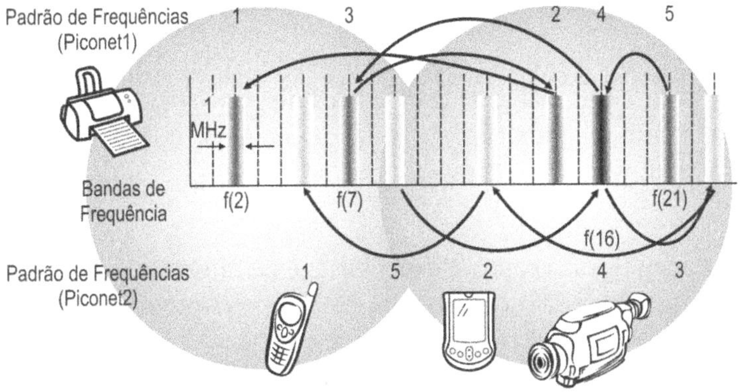

Figura 3.8 - Alternância de frequências do Frequency Hopping entre duas piconets no Bluetooth.

Existem ainda dois cenários adicionais de topologia piconet/scatternet:

- Um mestre em uma piconet pode ser escravo em outra, como observamos na Figura 3.9.

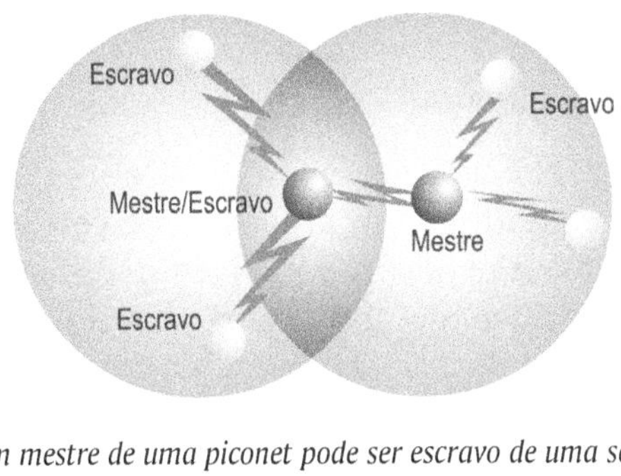

Figura 3.9 - Um mestre de uma piconet pode ser escravo de uma segunda piconet.

- Um escravo em uma piconet pode também ser escravo em uma segunda piconet, conforme a Figura 3.10.

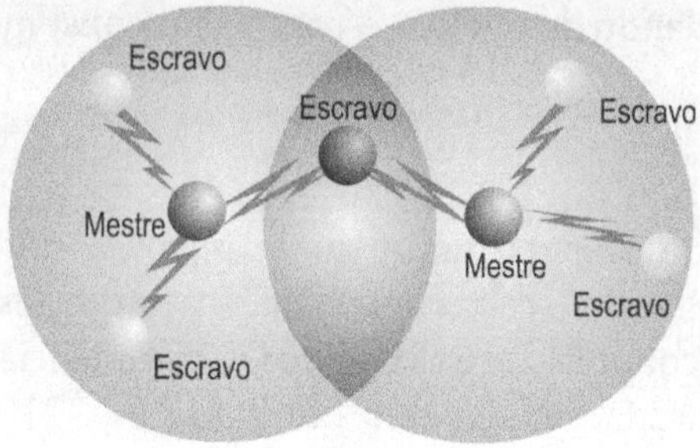

Figura 3.10 - Um escravo pode fazer parte de duas piconets.

Segurança no Bluetooth

Como o Bluetooth substitui o cabo por um sistema baseado em rádio, a segurança sempre é um ponto a ser analisado. Embora os dispositivos emitam a baixa potência e, consequentemente, baixo alcance, temos de imaginar que a rede Bluetooth pode estar sujeita a sniffing dos pacotes, ou mesmo o envio de uma mensagem falsa ao sistema.

Para evitar ataques ou a captura das mensagens transmitidas no Bluetooth, foram criados esquemas de autenticação dos dispositivos e criptografia dos dados. As duas técnicas em conjunto com o Frequence Hopping com o alcance limitado de dez metros minimizam o evento de um ataque à infraestrutura Bluetooth.

Quanto à segurança, existem três modos de operação do Bluetooth:

- **Não seguro:** nesse modo não ocorre processo de autenticação e criptografia.
- **Segurança de enlace:** os procedimentos de segurança ocorrem na criação do enlace (conexão) [criptografia & modos de autenticação].
- **Segurança de serviço:** existe uma camada de serviço que controla quando a sessão entre os dispositivos é estabelecida.

Alguns ataques à rede Bluetooth:

- **Bluesnarfing:** esse ataque consiste em um hacker ganhar acesso a um dispositivo da rede Bluetooth com o propósito de coletar informações incluindo calendário, contatos. Um hacker pode inclusive configurar a transferência de chamadas do dispositivo atacado para o seu celular. Para se proteger desses ataques, é importante desabilitar a autodetecção do dispositivo.

- **Bluebugging**: consiste em um hacker invadir o dispositivo e realizar ações como derrubar uma chamada, realizar uma chamada e usar o dispositivo para conectar a Internet. O Bluebugging explora uma vulnerabilidade no firmware de alguns telefones antigos.
- **Bluejacking**: trata-se de enviar um business card falso a um dispositivo com o objetivo de explorar uma vulnerabilidade e buscar a lista de contatos do dispositivo alvo.
- **Negação de serviço**: ataques de negação de serviço podem ocorrer quando um hacker usa um dispositivo Bluetooth para parear repetidamente com o dispositivo alvo. Como existe uma requisição constante, esses processos podem cansar o processador do dispositivo alvo, derrubando os serviços.

As transmissões do Bluetooth estão sujeitas à interceptação, o que também representa uma ameaça à segurança da informação.

Bluetooth 2.0

O Bluetooth 2.0 é uma tecnologia que ainda não está 100% padronizada e busca aumentar a velocidade do Bluetooth para 4, 8 e 12 Mbps. Isso será possível substituindo o Spread Spectrum Frequence Hopping por uma outra tecnologia não baseada em saltos de frequência. A camada MAC também será completamente remodelada. Além disso, na piconet não haverá mais o problema de a rede cair quando o mestre deixar a rede.

O Bluetooth tem o seu nicho de mercado e não acredita-se que essa tecnologia vá avançar muito em termos de alcance e velocidade porque as tecnologias de redes sem fio WiFi estão muito mais maduras nesse segmento.

ZigBee

ZigBee é um padrão definido pelo IEEE 802.15.4 para comunicação de rede sem fio entre dispositivos inteligentes, fazendo parte do conjunto de especificação de Wireless Personal Area Network. A ideia é muito parecida com o Bluetooth, ou seja, substituir cabos de rede e conexões entre dispositivos.

Ele se caracteriza por dispositivos que se conectam a baixas velocidades e que consomem uma potência muito baixa, aumentando a vida útil da bateria.

No Bluetooth foi criada uma associação de fabricantes que trabalham juntos, buscando soluções de interoperabilidade, baixa potência e baixo custo, de forma a criar um padrão mundial aberto. Os fabricantes da associação constroem chipsets para dispositivos ZigBee. Os principais membros são Philips, Motorola, Intel, HP. A Figura 3.11 apresenta o logo do ZigBee Alliance.

ZigBee™ Alliance

Figura 3.11 - Logo do ZigBee Alliance.

O objetivo do ZigBee é ser uma tecnologia embarcada em uma série de dispositivos na linha de varejo, empresarial, industrial e governo, seguindo o conceito de simplicidade, a baixo custo e baixa potência.

O ZigBee trabalha na faixa de frequência ISM nas bandas de 868 MHz na Europa, 915 MHz nos Estados Unidos e 2.4 GHz no resto do mundo. Exemplos de alguns dispositivos que começam a incorporar essa tecnologia: sistemas de alarme, termostatos, sistemas de controle remoto e várias aplicações para automação residencial.

Os chips ZigBee são embarcados em pequenos microcontroladores com 60 K e 256 K de memória flash. A gama de utilização é muito grande. Existem desde sensores sísmicos até microrrobôs que se comunicam na rede ZigBee. Uma característica dessa tecnologia é o baixíssimo consumo de bateria. Normalmente os dispositivos ficam hibernando até receberem alguma solicitação de comunicação. Eles têm a capacidade de despertar e iniciar uma comunicação em até 15 milissegundos. A Figura 3.12 apresenta uma placa ZigBee.

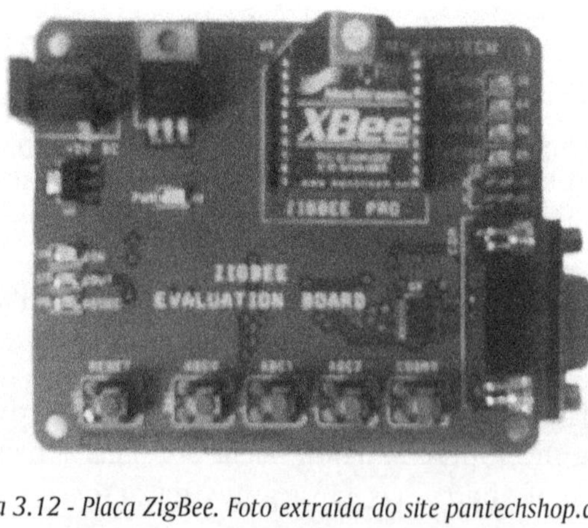

Figura 3.12 - Placa ZigBee. Foto extraída do site pantechshop.com.br

ZigBee é uma nova tecnologia que busca a conexão de dispositivos a baixa velocidade e com baixo consumo de bateria. Essa tecnologia ainda não tem sua padronização terminada e possui um nicho específico de mercado que é a comunicação entre dispositivos inteligentes.

Algumas características da rede ZigBee:

- Velocidade máxima de transmissão de 250 Kbps a 2.4 GHz, 40 Kbps a 915 MHz e 20 Kbps a 868 MHz.
- Baixa latência e rápido tempo de resposta. Pode ser usado em dispositivos críticos como alarmes.
- Trabalha com CSMA/CA.
- Possui espaço de endereçamento de 64 bits, o que permite até 65.535 dispositivos na mesma rede.
- Alcance de 50 metros.
- Controle e tratamento de erros.
- Permite topologia estrela, ponto a ponto e full mash.

Resumo do Capítulo 3

Este capítulo destacou as tecnologias de Personal Area Network, e como enfoque principal o Bluetooth. Foram mostrados detalhes da tecnologia, as vantagens quanto a substituições de cabos, sua arquitetura, topologias, características e aplicações. Complementando, fez-se uma apresentação de novas tecnologias como o Bluetooth 2.0 e o ZigBee.

1. Qual o alcance de um dispositivo Bluetooth Classe 3?
   a. 300 metros
   b. 120 metros
   c. 10 metros
   d. 100 metros
2. A especificação do Bluetooth foi criada por quem?
   a. IEEE
   b. Ericson
   c. 3Com
   d. Bluetooth SIG
3. Qual o número máximo de dispositivos em uma piconet?
   a. 32
   b. 8
   c. 2
   d. 3
4. Várias piconets interconectadas formam uma...
   a. Rede local
   b. WAN
   c. Scatternet
   d. Bridge
5. Qual a tecnologia utilizada em redes Bluetooth?
   a. Spread Spectrum Direct Sequence
   b. Spread Spectrum Frequence Hopping
   c. OFDM
   d. TDM
6. Qual a taxa máxima de transmissão do Bluetooth?
   a. 256 Kbps
   b. 64 Kbps
   c. 2 Mbps
   d. 768 Kbps

7. Qual a faixa de frequência do Bluetooth?
   a. 900 MHz
   b. 5 GHz
   c. 2 GHz
   d. 2.4 GHz

8. Qual ataque dos seguintes ocorre devido a uma vulnerabilidade no firmware de antigos telefones Bluetooth?
   a. BlueSnarfing
   b. Bluebugging
   c. Bluejacking
   d. DoS

9. Qual a velocidade máxima de um dispositivo ZigBee?
   a. 100 Kbps
   b. 250 Kbps
   c. 2 Mbps
   d. 16 Kbps

10. O que ocorre em uma rede Bluetooth 1.0 quando o dispositivo mestre é desligado?
    a. Outro dispositivo assume o papel de mestre.
    b. Inicia-se um processo de colisão.
    c. A rede cai e os dispositivos se desconectam.
    d. Nada.

11. Qual destes **não** é um profile no Bluetooth?
    a. Transferência de arquivos
    b. Impressão básica
    c. Hands Free
    d. EDI

12. O que causa interferência no Bluetooth?

    a. Redes sem fio 802.11a
    b. Telefone celular
    c. Redes sem fio 802.11g
    d. Rádio FM

13. Qual a origem do nome Bluetooth?

    a. Os componentes da placa são azuis.
    b. É um nome de origem americana.
    c. Do rei Viking Harald Blatand.
    d. Nome do fórum de discussões.

Capítulo 4

Projeto de Redes sem Fio

Uma das fases mais importantes da implantação de uma rede sem fio é sem dúvida o projeto. Existem várias etapas que devem ser cumpridas para garantir que a rede sem fio atenda à demanda requerida e forneça um nível adequado de serviço.

As principais fases do projeto são:

- Avaliação;
- Planejamento e desenho;
- Implementação, operação e manutenção.

Avaliação

Na etapa de avaliação algumas premissas devem ser analisadas. A primeira delas é a viabilidade. Existem alguns cenários em que não é possível a implementação de redes sem fio. Alguns ambientes industriais com grandes fontes de ruído e interferência (por exemplo, motores elétricos) podem tornar inviável a implantação de redes sem fio.

Escritórios localizados em regiões com alta densidade de redes sem fio já instaladas podem também representar um impeditivo. A rede sem fio normalmente é simples, móvel e fácil de instalar, entretanto é interessante realizar um estudo dos eventuais impeditivos antes de partir para o projeto.

Outro ponto importante é o retorno do investimento. Como o preço dos dispositivos da rede sem fio reduziu bastante nos últimos anos, normalmente ele se paga muito rapidamente. É importante frisar a grande economia da rede sem fio em comparação com a instalação de uma rede cabeada.

Performance é outro ponto importante. Em uma rede sem fio nunca conseguiremos chegar ao mesmo nível de performance da rede cabeada. A velocidade máxima de uma rede sem fio é 300Mbps com o IEEE 802.11n, entretanto a taxa efetiva é bem menor, por volta de 193Mbps. Isso impacta diretamente a conexão de servidores em redes sem fio. É bom lembrarmos também que o ar e a frequência são compartilhados. Assim sendo, quanto mais estações a rede tiver, menor vai ser a performance.

Qual o nível de segurança que desejamos ter? Hoje não é possível falar de rede sem fio sem segurança. Este livro foca bastante a questão de segurança justamente por causa disso. Ela é fundamental para garantir a privacidade dos dados na rede sem fio. Implementar uma rede sem fio sem segurança é convidar usuários não autorizados a usar a rede, ou mesmo permitir um acesso grátis de outros usuários à Internet.

Normalmente é simples conseguir uma justificativa para a rede sem fio, principalmente devido à eficiência, redução do custo em mudanças, facilidade de implementação e, em muitos casos, por atender a situações que o cabeamento tradicional não atende.

Planejamento e Desenho

Esta é uma das etapas principais do projeto. Com o planejamento definimos exatamente com a rede sem fio vai ser implementada. O primeiro passo para o planejamento é possuir uma planta baixa do escritório ou do local onde vai ser implementada a rede sem fio.

Essa planta baixa serve para identificar os pontos onde serão instaladas as redes sem fio. É importante que já estejam identificados nessa planta os pontos onde passa o cabeamento estruturado, pois nesses locais é possível conectarmos os access points. A Figura 4.1 apresenta um exemplo de planta baixa.

De posse da planta, passamos para a segunda fase que é uma visita ao local onde será instalada a rede. É fundamental verificar a presença de barreiras na propagação de rede sem fio, como portas ou armários de metal, paredes de concreto muito grossas, vigas etc.

Na visita ao local inicia-se uma das atividades mais importantes, conhecida como Site Survey.

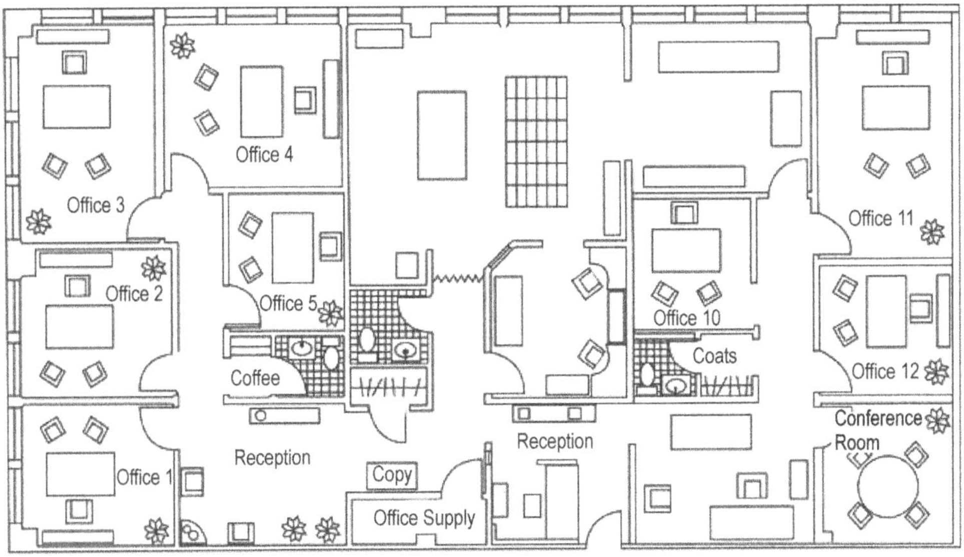

Figura 4.1 - Planta baixa do escritório.

Site Survey

O Site Survey, ou simplesmente pesquisa do local, é uma etapa fundamental para o planejamento e a correta instalação da rede sem fio. Ele busca levantar dados do local, principalmente identificar como é a propagação e medir o nível do sinal da rede sem fio, a partir da colocação de um access point em um ponto fixo.

Existem duas maneiras de realizarmos o Site Survey:

- **Econômico**: com o uso de um notebook com o sofware open source NetStumbler e um access point.
- **Profissional**: usando um analisador wireless e um emissor de sinal que pode também ser um access point. A Figura 4.2 mostra um analisador de sinal do fabricante Fluke.

Figura 4.2 - Analisador Wireless Profissional Fluke. Foto extraída de www.fluke.com

A técnica de Site Survey consiste em colocar um access point em um ponto central do escritório e caminhar com um notebook onde o software Netstumbler está instalado. No capítulo sobre as principais ameaças às redes sem fio, esse software é apresentado em detalhes. Agora o objetivo é determinar o nível de intensidade do sinal wireless.

Além disso, é importante observar a velocidade de conexão nos pontos. A rede sem fio trabalha com o conceito de fall-back, ou seja, se o sinal não está na intensidade adequada no local, a rede automaticamente baixa a velocidade de transmissão. Se estamos, por exemplo, trabalhando com uma rede IEEE 802.11g, é interessante que a rede disponibilize um sinal excelente ou ótimo em todo o escritório, disponibilizando dessa maneira os 54Mbps. A Figura 4.3 apresenta o Netstumbler medindo o nível de intensidade do sinal em determinado ponto.

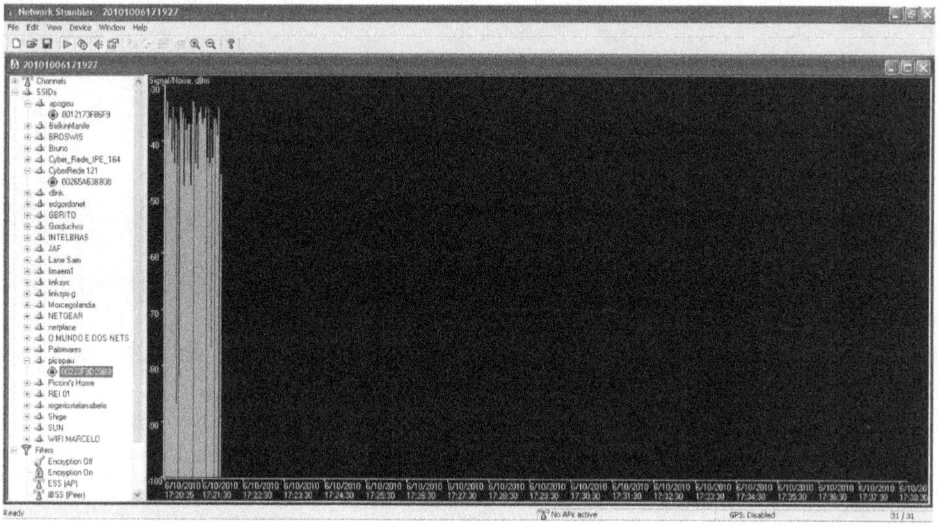

Figura 4.3 - NetStumbler medindo a intensidade do sinal.

Além de medir o nível de intensidade do sinal, o NetStumbler é uma ferramenta importantíssima para identificarmos os canais que as redes vizinhas estão utilizando. No Brasil há três canais em que não existe nenhum tipo de sobreposição do sinal, são eles 1, 6 e 11. É muito importante fazer uma análise desses canais e configurar a rede no canal menos utilizado. A Figura 4.4 mostra o exemplo da tela do Netstumbler com as redes identificadas no local (SSIDs) e os canais usados por elas.

Observa-se, pela leitura do NetStumbler, a configuração incorreta da rede sem fio nesse local. Existem várias redes usando canais sujeitos à sobreposição, como os canais 8 e 7.

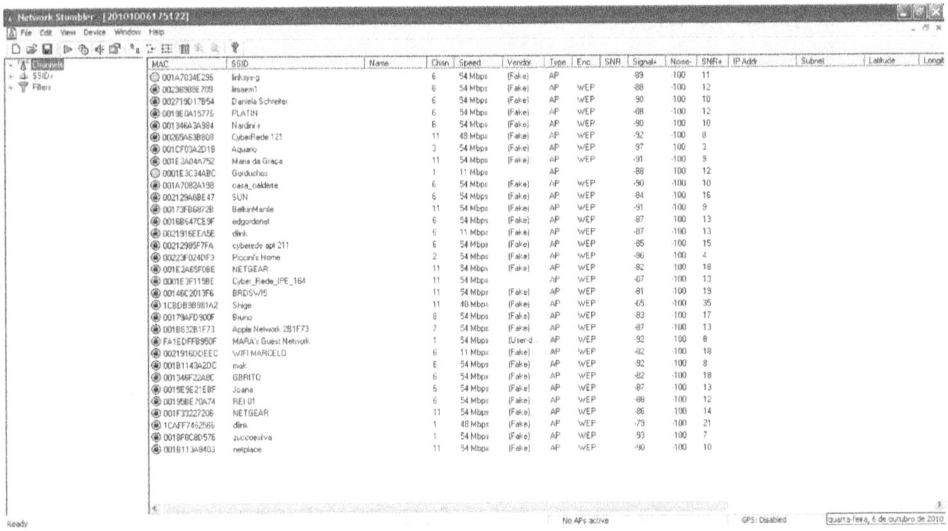

Figura 4.4 - NetStumbler, redes identificadas e canais utilizados.

Analisando o resultado do NetStumbler, percebemos que esse local possui uma quantidade muito grande de rede. O canal 6 é utilizado por 15 redes, o canal 1 é utilizado por quatro redes e o canal 11 é utilizado por nove redes. Avaliando essas informações, percebemos que o canal menos utilizado é o 1. Assim sendo, é interessante posicionarmos a rede no canal 1.

É preciso então caminhar por todo o escritório e anotar em cada ponto o nível de intensidade do sinal e a velocidade de conexão. Para esses testes não é necessário fazer nenhuma configuração especial no access point, nem ao menos conectá-lo a nenhuma rede. Na Figura 4.5 podemos observar essa atividade.

Figura 4.5 - O Site Survey.

A Figura 4.6 demonstra que o resultado de um Site Survey identificou muitas áreas de sombra.

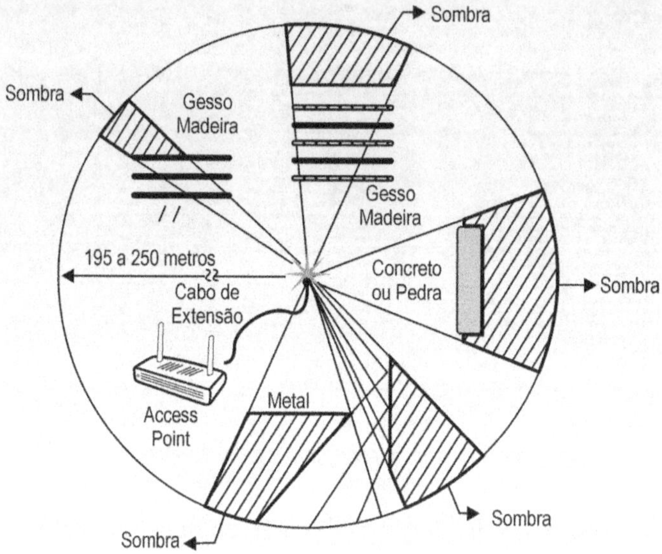

Figura 4.6 - Áreas de sombra.

Nas áreas de sombra o nível do sinal é inexistente ou muito baixo e não permite obter o nível de performance desejado. Existem duas soluções para áreas de sombra:

- Mover o access point para outro ponto do andar e refazer a análise (coletar novamente os dados); ou
- Definir outro ponto para a colocação de um segundo ou quantos access points forem necessários.

Observe na Figura 4.7 a solução utilizada neste caso, que foi a adoção de mais dois access points no local.

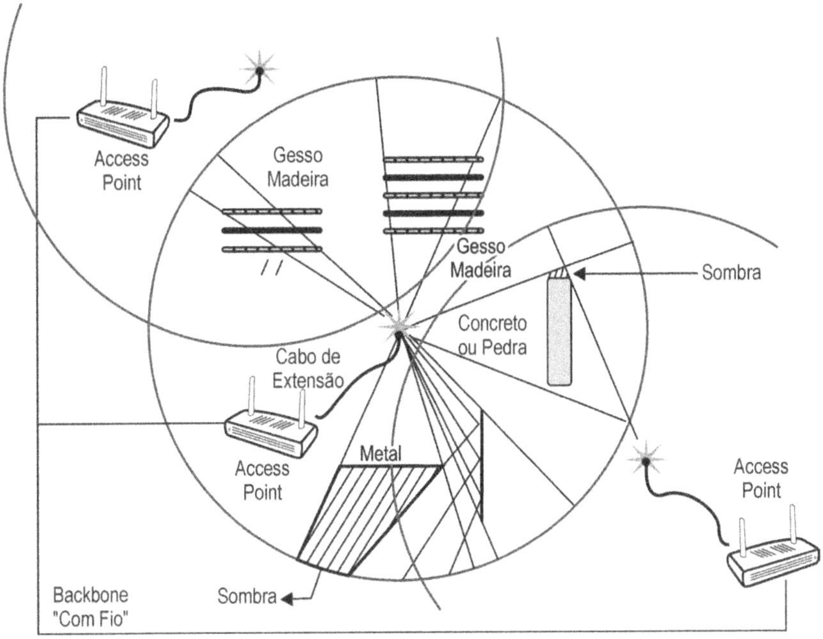

Figura 4.7 - Implantação de mais dois access points para cobrir área de sombra.

A Figura 4.8 apresenta o resultado do Site Survey. Neste caso foi utilizada uma ferramenta do fabricante Cisco, a Cisco Wireless Control System (WCS).

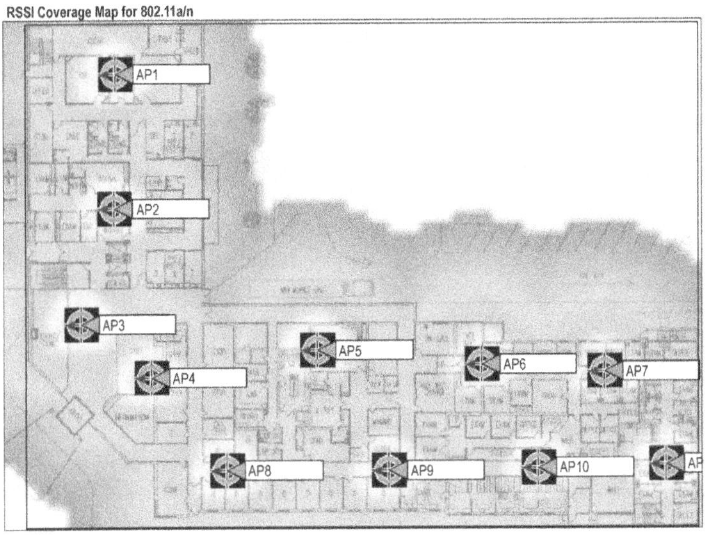

Figura 4.8 - Exemplo do resultado de um Site Survey.

O Site Survey deve ser realizado em todos os locais onde se deseja posicionar redes sem fio. Ele auxilia a definir o melhor local para disponibilizar os access points da rede sem fio.

Existem outras tarefas que devem ser realizadas também no Site Survey. Uma das principais é identificar as fontes de interferência, algumas relembradas a seguir:

- Fornos de micro-ondas;
- Telefones sem fio na mesma frequência;
- Alarmes de segurança na mesma frequência;
- Equipamentos Bluetooth;
- Motores elétricos;
- Outros equipamentos sem fio operando na mesma faixa de frequência.

O magnétron dos fornos de micro-ondas tem a frequência central de funcionamento em 2450~2458MHz, que interfere diretamente nas redes 802.11b e 802.11g. O magnétron gera uma intensidade de sinal de 18dBm a três metros de distância.

Os fornos de micro-ondas conseguem corromper o sinal wireless e muitas vezes causar indisponibilidade da rede enquanto do uso do forno. A solução para a interferência do forno de micro-ondas é tentar utilizar canais diferentes, ou seja, fora dessa faixa, talvez optar por uma solução 802.11a que opera a 5GHz. Outra solução é utilizar materiais que bloqueiam o RF em torno do forno.

Normalmente a solução mais adotada é mover o forno de micro-ondas para outro local.

O Site Survey permite identificar as células necessárias e fornece como resultado a quantidade de access points que é preciso adquirir, como:

- Antenas
- Access points
- Quantidade de cabos
- Conectores
- Amplificadores

Antenas

A antena é item fundamental para o bom funcionamento do sistema sem fio. Vejamos a seguir alguns tipos:

- Interna/Externa
- Direcional/Omnidirecional

Na Figura 4.9 podemos observar os principais tipos de antenas direcionais.

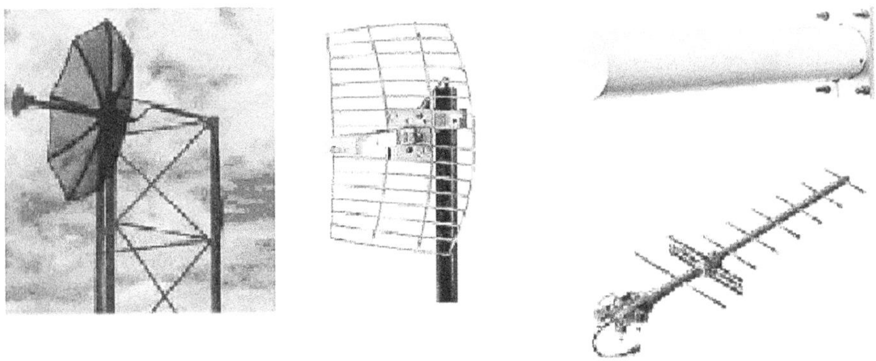

Figura 4.9 - Antenas direcionais. Fonte www.oiwtech.com.br

Já a Figura 4.10 exibe as antenas omnidirecionais.

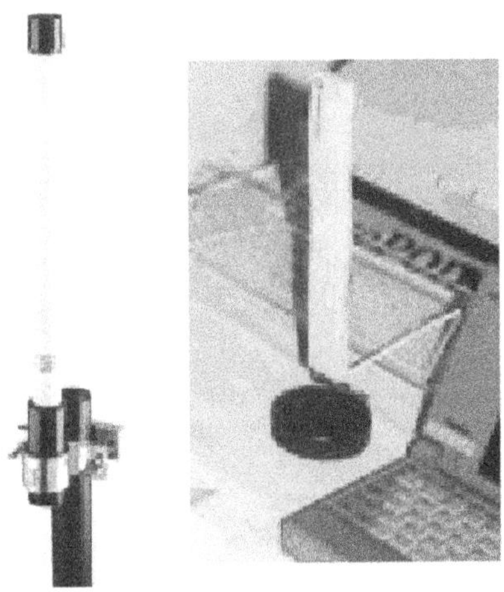

Figura 4.10 - Antenas omnidirecionais. Fonte www.oiwtech.com.br

Conectores

No Site Survey definimos também os conectores a serem utilizados, como indica a Figura 4.11.

Conector N

Conector Lucent

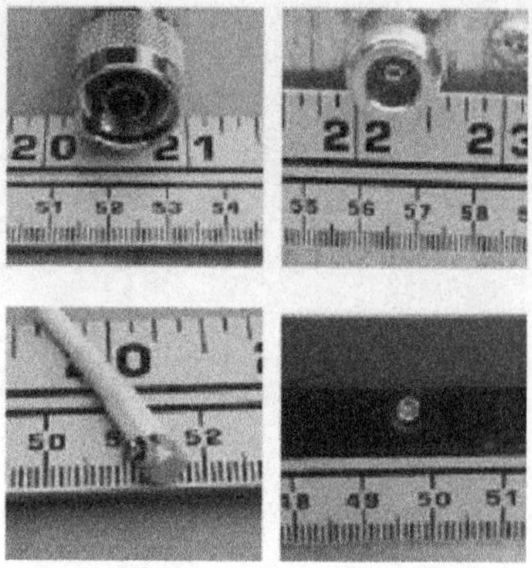

Figura 4.11 - Conectores utilizados. Extraído de www.lucent.com

Cabo e Patch Cord

A Figura 4.12 apresenta o cabeamento empregado para a conexão das antenas.

Cabo
- RGC213

Patch Cord

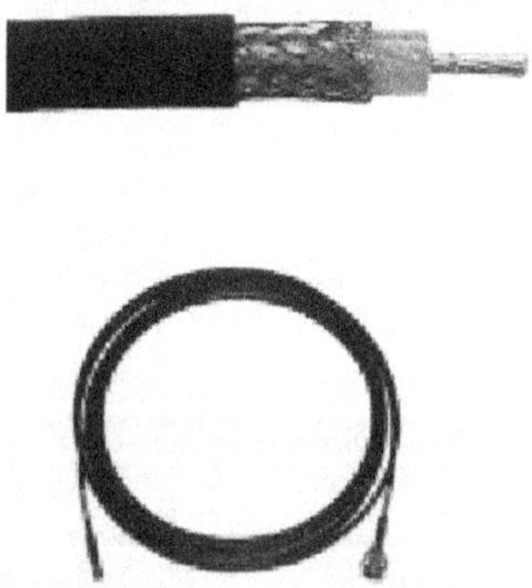

Figura 4.12 - Cabeamento para conexão das antenas.

Diversos

Na Figura 4.13 podemos observar componentes utilizados no projeto da rede sem fio.

Amplificador de potência

Protetor de surto
-Surge protector

Figura 4.13 - Amplificadores de potência e protetores de surto. Fotos extraídas do site www.altelicon.com

Um ponto muito importante a ser levantado no Site Survey é a quantidade de estações que precisam utilizar a rede sem fio. Existe um número empírico considerado pelos projetistas de redes sem fio, que são 13 estações ativas por access point, ou seja, 13 estações acessando ao mesmo tempo o access point. Após esse número a rede funciona, porém percebe-se mais constantemente a degradação do sinal.

Se esse número for atingido, o que pode ser feito para disponibilizar a rede a mais usuários? Simplesmente fazer o que se conhece como OverLap, ou seja, na mesma célula disponibilizar um outro access point com a mesma área de cobertura, porém trabalhando em um canal diferente. Isso praticamente dobra a capacidade de cobertura, chegando a 26 máquinas no mesmo local.

Outro ponto que pode ser levantado na realização do Site Survey é a potência de transmissão. Se a rede é pequena e as estações estão relativamente próximas do access point, é interessante baixar a potência do access point, o que pode evitar, por exemplo, a detecção da rede a distâncias maiores com o uso de antenas adaptadas. Assim a rede fica menos susceptível a um War Driving.

O Site Survey pode ser realizado também nos projetos de wireless bridging, cuja ideia é interconectar dois edifícios usando a tecnologia de redes sem fio. Para essa aplicação, é necessário ter uma antena externa, o access point e muitas vezes um amplificador que vai garantir que o sinal alcance distâncias maiores, como algumas dezenas de quilometros.

A Figura 4.14 mostra uma antena externa usada em wireless bridge.

Já na Figura 4.15 podemos observar como é montada a wireless bridge.

Figura 4.14 - Antena usada em wireless bridge. Fonre www.jet.com.br

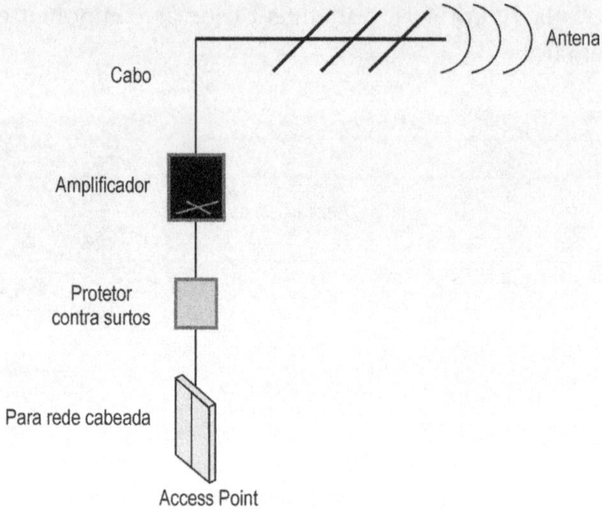

Figura 4.15 - Diagrama do wireless bridge.

Um Site Survey para wireless bridge deve definir toda a infraestrutura necessária, se existe visada entre as antenas, e novamente as eventuais fontes de interferências.

Finalmente o Site Survey deve fazer as recomendações de segurança conforme a política estabelecida pela empresa. Normalmente as recomendações seguem esta linha:

- APs devem ser plugadas em portas de switches, o que facilita o isolamento do tráfego em uma VLAN.
- Esta VLAN deverá estar conectada diretamente a uma DMZ de um firewall, justamente para que seja possível segregar o tráfego, analisar e aplicar regras de acesso para tráfegos não desejados.
- Deve ser habilitado o Log na AP por questões de auditoria e troubleshooting.
- Incluir os mecanismos de autenticação, para que seja possível controlar e monitorar o uso da rede sem fio. O 802.1x pode inclusive ser utilizado em conjunto.
- Segmentar as redes em Vlans.
- Filtrar tráfegos não desejados.

Implementação, Operação e Manutenção

A implementação deve seguir à risca o que foi definido no Site Survey. Após implementar a solução, é essencial realizar testes para verificar se ela segue o que foi definido no Site Survey.

Os testes de sinal podem ser feitos da mesma maneira que o Site Survey. Além deles, deve-se realizar o teste de operação, que consiste em transferir dados pela rede sem fio e verificar a perfomance. Testes de estresse podem ser realizados também, fazendo com que máquinas transmitam grandes arquivos usando, por exemplo, FTP (File Transfer Protocol). Nesses testes é preciso medir e analisar dados como colisões e taxa efetiva de transmissão.

Caso ocorram problemas, é interessante voltar um passo e redesenhar o Site Survey, já pensando em alterá-lo para tomar ações corretivas.

Os testes de perfomance devem cobrir as seguintes necessidades:

- Verificação do overhead nos pacotes da rede sem fio e de como isso afeta principalmente as aplicações;
- Quantidade de pacotes perdidos;
- Validação da área de cobertura;
- Quantidade de usuários por célula;
- Banda útil por usuário.

Além de analisar a performance, é importante realizar uma avaliação de segurança após a implementação para verificar principalmente se a política de segurança foi introduzida corretamente. Nessa etapa podem ser contratados testes de invasão por empresas terceiras, ou mesmo realizado um trabalho de análise de risco.

Resumo do Capítulo 4

O objetivo deste capítulo foi apresentar as etapas de projeto de um sistema de redes sem fio, incluindo as três principais fases: avaliação; planejamento e desenho; implementação, operação e manutenção. Explanou o Site Survey, principal atividade em um projeto de rede sem fio com qualidade, sendo indispensável. A maior parte dos problemas encontrados em redes sem fio está diretamente relacionada a implementações plug and play, em que o Site Survey é simplesmente desconsiderado.

1. Qual ferramenta baseada em software livre foi usada para fazer o Site Survey?

   a. Netbump
   b. Fluke
   c. NetStumbler
   d. Netcat

2. Qual a quantidade empírica máxima desejável de máquinas conectadas a um único access point?

   a. 1
   b. 10
   c. 5
   d. 13

3. Que canais devem ser utilizados no projeto de rede sem fio?

   a. 17, 1, 7
   b. 2, 7, 12
   c. 1, 6, 11
   d. 2, 3, 4

4. Cite o dispositivo que deve ser usado para filtrar o tráfego da rede sem fio para a rede corporativa.

   a. Lista de acesso no switch
   b. IDS
   c. Firewall
   d. Roteador tradicional

5. Qual o problema ligado ao forno de micro-ondas?

   a. Consome muita potência.
   b. Interfere na frequência da rede 802.11A e derruba a rede sem fio.
   c. Interfere na frequência de 2.4 GHz e derruba a rede sem fio.
   d. Bloqueia a propagação de ondas eletromagnéticas.

6. Qual o objetivo do wireless bridging?
   a. Fazer a interconexão de prédios usando laser.
   b. Interconectar prédios próximos (50 metros).
   c. Interconectar prédios que podem estar a alguns quilômetros de distância.
   d. Exige licença.

7. O que pode ser feito para minimizar o efeito da área de sombra?
   a. Mudar o material da construção.
   b. Remover paredes.
   c. Não usar portas de metal.
   d. Adicionar alguns access points a mais.

8. Quais os tipos de antenas existentes?
   a. Direcionais e não direcionais
   b. Yagui e Omni
   c. Orbital e satelital
   d. Interna e externa

9. Qual o objetivo do protetor de surto?
   a. Proteger contra picos de energia.
   b. Proteger contra descargas atmosféricas.
   c. Aumentar a potência do sinal.
   d. Eliminar interferências.

10. O que pode causar interferência na rede sem fio?
    a. Água
    b. Televisão
    c. Telefone sem fio 900 MHz
    d. Chuveiro

Anotações

Capítulo 5

Fundamentos de Segurança

Definições de Segurança

Inicialmente, vamos verificar algumas definições do termo segurança:

- Segurança. S. f. 2. Estado, qualidade ou condição de seguro. 3. Condição daquele ou daquilo em que se pode confiar. 4. Certeza, firmeza, convicção. [Aurélio]
- Um sistema é seguro se ele se comporta da forma como você espera que ele o faça.
- Um computador é seguro se você pode depender dele e o software possui o comportamento que você espera.
- Segurança em computadores é uma série de soluções técnicas para problemas não técnicos. [Garfinkel e Spafford]
- Segurança de computadores é prevenir ataques com objetivos definidos através de acessos não autorizados ou usos não autorizados de computadores e redes. [John Howard]
- O propósito da segurança da informação é garantir continuidade do negócio e minimizar o dano causado, prevenindo e minimizando o impacto de incidentes de segurança. (...) Existem três componentes básicos: confidencialidade, integridade e disponibilidade. [BS 7799: 1995, British Standards Institute]

Por Que Segurança?

Segundo o CERT.br, a quantidade de incidentes reportados em 2009 foi de 358.343 contra 222.528 do ano de 2008, ou seja, houve um aumento de 62%. Na Figura 5.1 podemos acompanhar a evolução dessas ameaças ao longo dos anos, a qual demonstra que as ameaças relacionadas a problemas de segurança estão a cada dia mais presentes.

Pelo gráfico podemos observar que as taxas de crescimento aumentam de um ano para outro. Se compararmos 2008 com 2007, o crescimento foi de 38%; menor, portanto, do que o observado de 2008 para 2009.

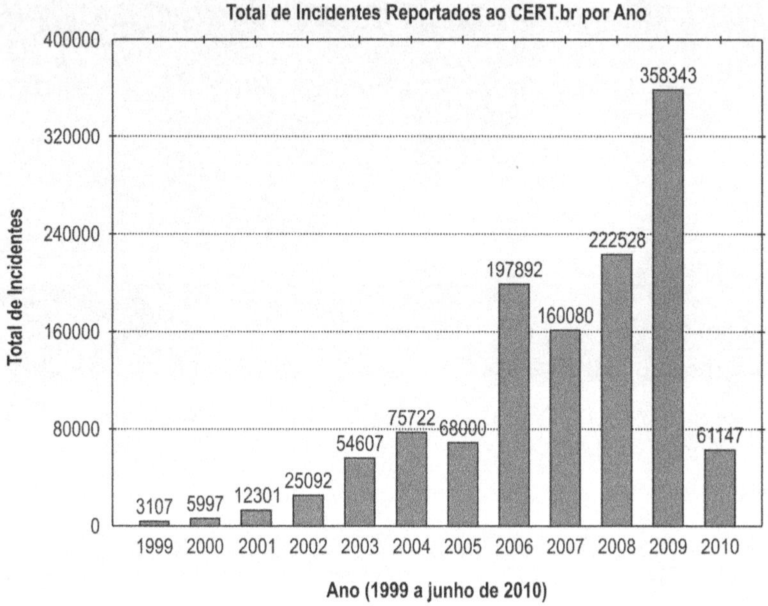

Figura 5.1 - Incidentes reportados. Extraído do site www.cert.br

Quanto aos tipos de ataque, o gráfico da Figura 5.2, de abril a junho de 2010, mostra que existe um crescimento contínuo de fraudes na rede e dos ataques de reconhecimento, que buscam antes coletar informações sobre os computadores alvo.

Os ataques direcionados especificamente a servidores Web e de negação de serviços DoS têm se mantido praticamente estacionados com pequeno crescimento.

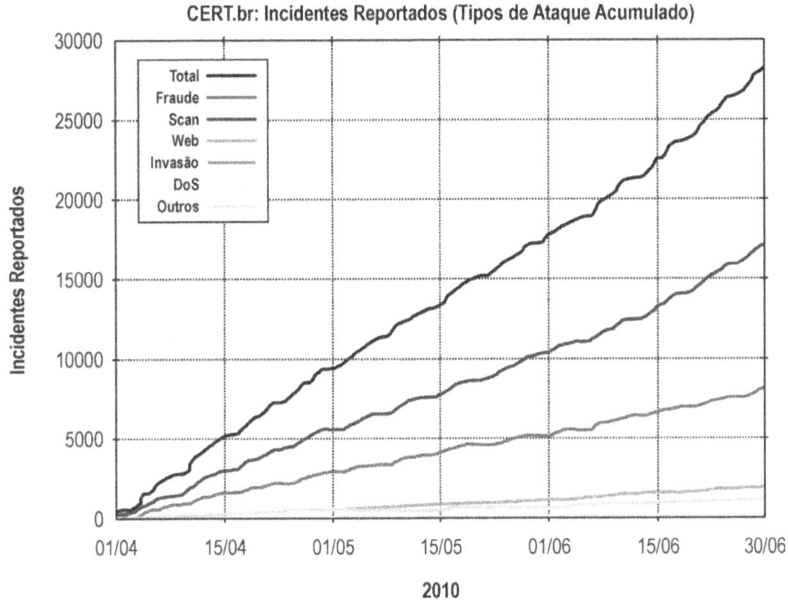

Figura 5.2 - Incidentes reportados de abril a junho de 2010. Figura extraída do site www.cert.br

Legenda

- **DoS (DoS - Denial of Service)**: ataques de Negação de Serviço. São realizados por um conjunto de computadores contra uma rede com o objetivo de tornar indisponível o serviço oferecido por aquela rede.
- **Invasão**: uma tentativa de acesso indevida bem-sucedida. Normalmente ocorre uma invasão quando o hacker consegue alcançar seus objetivos.
- **Web**: ataques direcionados a alguma aplicação Web, ou que tentam fraudar usuários com páginas falsas e infectadas.
- **Scan**: técnica na qual o hacker busca identificar computadores e aplicações disponibilizadas por eles. A ideia do scanning é identificar alvos e serviços vulneráveis que podem ser explorados.
- **Fraude**: agir de má-fé com o objetivo de tirar vantagem de uma vítima.
- **Outros**: outros tipos de notificações.

A Figura 5.3 ilustra os principais incidentes reportados. Mais da metade consiste em ataques de reconhecimento (Scans) seguidos por fraudes que crescem a cada dia no Brasil, por infestações de worms. Neste caso, a última ameaça de alta severidade que tivemos no Brasil foi o Conficker, dentro desse percentual de worms. Outros ataques, como Web, invasões e DoS, têm um percentual menor.

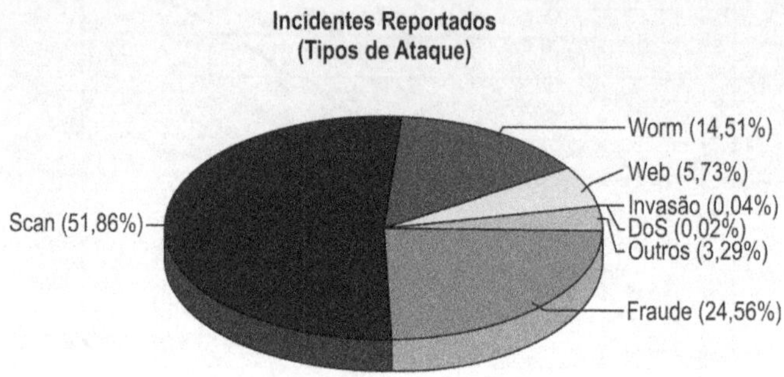

Figura 5.3 - Incidentes reportados. Figura extraída do site www.cert.br

Legenda

- **Worm:** código malicioso que tem a capacidade de se autoduplicar e que se propaga de forma automática e muito rapidamente pela rede.

A Figura 5.4 mostra as principais fraudes detectadas no Brasil. Em primeiro lugar estão os cavalos de Troia, muito utilizados para desfechar fraudes financeiras, em seguida as páginas falsas utilizadas para coletar informações dos usuários, como senhas.

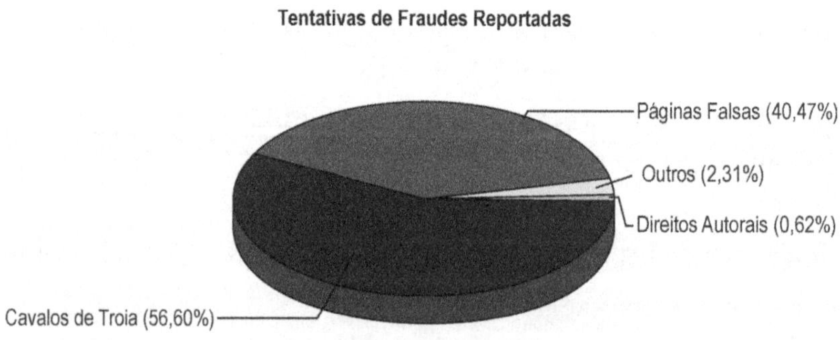

Figura 5.4 - Principais fraudes detectadas no Brasil. Figura extraída do site www.cert.br

Legenda:

- **Cavalos de Troia:** é um aplicativo que parece ser legítimo e trazer algum tipo de benefício, mas na verdade esconde um código malicioso que pode ser utilizado em fraudes financeiras.

- **Páginas falsas:** páginas fraudulentas que se passam por serviços legítimos.
- **Direitos autorais:** notificações de eventuais violações de direitos autorais.
- **Outras:** outras tentativas de fraude.

O último gráfico da pesquisa, Figura 5.5, é bem interessante e demonstra que a grande maioria dos incidentes reportados tem como origem o próprio Brasil, seguido por Estados Unidos e China.

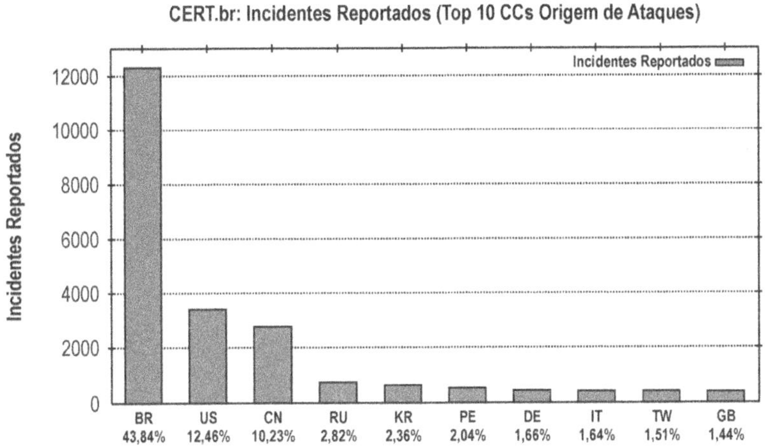

Figura 5.5 - Incidentes reportados, principais origens.

As estatísticas dos incidentes do CERT.BR demonstram que as ameaças de segurança estão a cada dia mais presentes e que as corporações precisam se conscientizar desse aumento.

Hackers e Crackers: O que São e quantos Existem?

Hacker é uma pessoa interessada em obter informações confidenciais de sistemas, computadores e redes em particular.

Cracker é uma pessoa que quebra um sistema de segurança com o objetivo de roubar ou destruir informações.

Apenas nos Estados Unidos e no Canadá 200 milhões de pessoas acessam a Internet. Desse número 10% já demonstrou algum interesse em realizar hacking, 10% já usou alguma vez uma ferramenta para hacking, outros 10% já desenvolveram alguma ferramenta para hackers e apenas 1% ou 20.000 hackers são talentosos.

Examinando esses números, fica evidente que não existe apenas um grande número de pessoas envolvidas em crimes de computadores, mas um grupo significativo capaz de criar organizações voltadas a esse tipo de crime.

Modelo de Referência de Segurança

Esse modelo foi criado para definir uma arquitetura de rede confiável e que implemente uma política de segurança. O termo "política de segurança" consiste em uma série de regras, procedimentos, autorizações e negações que garantem a manutenção da segurança e da confiabilidade da rede.

Um modelo de referência de segurança é constituído pelos seguintes componentes:

- Equipamentos de rede (roteadores, servidores de comunicação, switches de rede local, gateways etc.);
- Sistemas de autenticação (biométricos, assinatura digital e certificação digital);
- Sistemas de segurança (criptografia, PKI e firewalls);
- Sistemas de auditoria;
- Informações e mensagens trocadas no sistema de cunho reservado, confidencial, restrito ou livre para divulgação.

Para a definição do nível de segurança em um sistema de computação, é necessário conhecermos os serviços de segurança que o sistema implementa.

Os principais serviços de segurança são:

- Integridade;
- Autenticidade;
- Confidencialidade;
- Não repúdio;
- Disponibilidade;
- Controle de acesso;
- Auditoria.

Integridade

A integridade consiste na garantia de que a informação permaneceu íntegra, o que significa dizer que ela não sofreu nenhuma espécie de modificação durante a sua transmissão ou armazenamento, sem a autorização do autor da mensagem.

Por exemplo, quando realizamos uma transação bancária pela Internet, devemos garantir que os dados da transação cheguem íntegros até o destino (o banco). Se fizermos uma transferência de R$ 200,00 e por algum motivo ilícito a mensagem perder a integridade, o responsável pela ação pode alterar tanto a conta de crédito como colocar um zero a mais, e uma transação de R$ 200,00 pode se transformar em R$ 2.000,00. Portanto, em aplicações bancárias, a integridade das informações é essencial.

A integridade está relacionada com a proteção da informação para que os dados não sejam intencionalmente ou acidentalmente alterados sem a devida autorização (controle de fraude).

O objetivo da garantia de integridade dos dados é prevenir a existência de fraude ou erros de processamento. Nenhum usuário deve ter a possibilidade de alterar os dados de forma a corrompê-los ou causar perda financeira, tornando a informação não confiável.

A integridade é fundamental e crítica em alguns sistemas, como:

- Sistemas de controle de tráfego aéreo;
- Sistemas financeiros em geral;
- Comércio eletrônico;
- Sistemas de infraestrutura básica, como fornecimento de energia elétrica, água e gás.

Ameaças à Integridade

A integridade pode ser comprometida por hackers, usuários não autorizados, programas maliciosos como Trojan e vírus, ou qualquer ação que implique alteração dos dados ou programas.

Existem três controles de segurança principais para garantir a integridade no processo:

- Rotation of Duties, ou simplesmente troca de equipe. A troca constante de pessoas em cargos chave pode ser uma forma de evitar a fraude em sistemas ou nos dados, além de trazer uma série de vantagens, pois contando com uma equipe de backup, a perda de um profissional pode ser rapidamente resolvida com sua substituição.
- Need to Know, o que os usuários precisam saber. Esse conceito vem da área militar e é amplamente utilizado hoje nas corporações. Diz que o usuário deve ter acesso apenas aos dados ou programas que ele necessita executar para o

seu trabalho, garantindo a integridade. Os controles de acesso aos sistemas devem ser rígidos para a garantia de integridade.

- Separation of Duties, ou simplesmente divisão de responsabilidade. Consiste em garantir que do início ao final de um processo duas ou mais pessoas tenham o controle ou responsabilidade dele, impedindo que todo o controle esteja na mão de uma única pessoa.

Funções de Hashing

O hashing é a técnica mais utilizada para verificação e garantia de integridade dos dados. É o resultado de uma função matemática, gerado pelo cálculo dos dados que estão sendo armazenados ou transmitidos no meio de comunicação. Quando ocorre uma transmissão, a mensagem é processada na origem, calcula-se o hashing e em seguida envia-se o hashing junto com a mensagem. Quando a mensagem chega ao destino, refaz-se o cálculo e compara-se o novo hashing calculado com o que foi recebido. Se houver alteração no valor, houve alteração da mensagem. O mesmo processo pode ser realizado com as mensagens armazenadas; calcula-se o hashing original, armazena-se junto com a mensagem e quando a mensagem for consultada, o hashing novamente é recalculado e comparado com o hashing original.

Características do hashing

- A entrada da função de hashing pode ser de qualquer tamanho para cálculo;
- O hash sempre tem um tamanho fixo;
- As funções de hashing devem ser fáceis de computar;
- O hash é unidirecional e impossível de inverter;
- O hash é livre de colisão, ou seja, dois textos não podem possuir o mesmo hash.

Os principais algoritmos de hashing são:

- **SHA-1 (Secure Hash Algorith):** calculado sobre uma mensagem de qualquer tamanho, gera um digest (resultado) de 512 bits. O SHA-1 é utilizado em conjunto com os algoritmos criptográficos apresentados no capítulo 5: DES (Data Encryption Standard), Triple DES e AES (Advanced Encryption Standard).
- **MD5:** criado em 1991 por Rivest da RSA, processa a entrada em blocos de mensagens de 512 bits e gera digest (hash) de 128 bits. O MD5 está sujeito a colisões.

Os hashing assinados, conhecidos como H-MAC, são tratados no capítulo 6.

Confidencialidade

O princípio da confidencialidade é proteger a informação em sistemas, recursos e processos para que eles não sejam acessados por pessoas não autorizadas.

A informação não pode ser disponibilizada a quem não tenha a devida autorização para acessá-la. A confidencialidade também é um mecanismo que garante a privacidade dos dados.

Alguns aspectos importantes da confidencialidade são a identificação, a autenticação e a autorização.

Ameaças à Confidencialidade

- **Hackers:** eles podem tentar descobrir senhas de usuários autorizados com a finalidade de comprometer a confidencialidade, tornando pública uma informação sigilosa. Os hackers podem ainda criar portas de acesso (backdoor) que permitam a usuários não autorizados acessar os sistemas e as informações.
- **Atividade não autorizada:** ocorre quando usuários não autorizados têm acesso aos sistemas e comprometem arquivos confidenciais.
- **Downloads não autorizados:** quando informações confidenciais são movidas de lugares seguros para ambientes onde não é possível garantir a confidencialidade.
- **Redes:** os dados confidenciais que passam por uma rede devem ser criptografados de forma a evitar que a confidencialidade seja comprometida pela interceptação ou captura de tráfego. Redes sem fio que não têm proteção estão sujeitas a esse tipo de ação.
- **Vírus e Trojans:** esses códigos maliciosos instalados em sistemas podem atuar buscando informações confidenciais, copiando-as para uma entidade externa ao sistema, como a máquina de um hacker.
- **Engenharia social:** é um processo de ataque que não faz uso de tecnologia, e sim do fator humano. O hacker se faz passar por uma pessoa confiável e simplesmente tenta obter a informação do usuário, como senhas.

A confidencialidade pode ser obtida criptografando os dados armazenados e transmitidos, restringindo o acesso, classificando os dados e criando procedimentos de segurança.

Identificação

É o método usado para que um usuário, programa ou processo disponibilize ao sistema sua identidade.

A identificação é pré-requisito para o processo de autenticação.

Autenticação

Após prover a identidade ao sistema, o usuário deve fornecer uma senha, frase secreta, certificado, PIN ou algo que ele possua para garantir que é mesmo autêntico.

A autenticidade consiste em mecanismos nos quais verificamos se a mensagem é mesmo de quem diz ser o remetente, pois nunca se sabe quem está conectado à rede.

Existem três mecanismos para garantir a autenticidade de um usuário:

- O que o usuário conhece: normalmente uma senha.
- O que o usuário possui: um cartão, token, uma chave criptográfica ou certificado.
- O que o usuário é: para isso ele fornece uma característica biométrica única, como impressão digital, íris ou geometria das mãos.

Autorização

Este último processo ocorre após a autenticação. Uma vez que as credenciais foram propriamente verificadas e validadas, o sistema deve verificar os privilégios, segundo uma matriz de acesso, e autorizar o acesso obedecendo aos princípios de need to know, ou seja, os usuários devem acessar apenas os sistemas autorizados.

As soluções de gerenciamento de identidade são usadas para verificar a identidade, autenticar e autorizar o acesso.

IDENTIFICAÇÃO → AUTENTICAÇÃO → AUTORIZAÇÃO

Disponibilidade

A disponibilidade é a garantia de que o sistema vai estar sempre acessível quando o usuário precisar.

Ameaças à Disponibilidade

As ameaças à disponibilidade estão relacionadas a ataques de negação de serviço DoS e perdas resultantes de desastres naturais, como fogo, enchente, terremotos, ou ações humanas.

Os ataques de negação de serviço derrubam servidores, deixando os serviços indisponíveis. Existem vários métodos desses ataques, porém a maioria busca extenuar os recursos de rede com uma quantidade de conexões muito acima do que o sistema pode suportar, sobrecarregando assim os links de comunicação e os recursos.

Os ataques de negação de serviços distribuídos são causados por máquinas zumbis contaminadas na Internet. São como soldados que agem conforme o comando dos hackers, desfechando milhares de conexões às máquinas alvo e, consequentemente, derrubando os serviços.

O sistema e a rede devem ser capazes de prover um nível aceitável de performance. Em geral, para aumentar a disponibilidade de um sistema, utilizamos equipamentos, aplicativos e servidores redundantes, e no caso de falha do principal, um sistema backup pode atuar.

Não Repúdio

O não repúdio é um serviço de segurança que possui técnicas e métodos para que o remetente da mensagem não possa negar no futuro o envio da mensagem.

Esse serviço também é utilizado pelos sistemas de Internet Banking. Provê mecanismos para que os usuários não possam negar a autoria *a posteriori* de uma operação realizada com sucesso anteriormente.

Auditoria

A auditoria é um importantíssimo serviço de rede. Com ela é possível a criação de registros, os chamados "logs", nos quais as ações ocorridas na rede ficam registradas, podendo ser auditadas no futuro para verificação de irregularidades.

Consiste na capacidade de verificação das atividades do sistema e na determinação do que foi feito, por quem, quando e o que foi afetado. A auditoria aplica-se não apenas à verificação de atividades de usuários não autorizados, mas também dos usuários autorizados (que podem cometer erros ou executar ações maliciosas no sistema).

Em aplicações críticas, o nível de detalhe nos registros de auditoria pode ser suficiente a ponto de permitir desfazer operações para ajudar a trazer o sistema a um estado correto de operação.

Embora de uma forma geral todos os serviços de segurança sejam importantes, diferentes organizações terão visões desiguais sobre quanto cada serviço é importante. No ambiente bancário, por exemplo, integridade e auditoria são usualmente as preocupações mais críticas, enquanto confidencialidade e disponibilidade vêm a seguir em importância. Em uma universidade, a integridade e a disponibilidade podem ser os requisitos essenciais.

Plano de Segurança

Para definirmos um plano de segurança para uma organização, é necessário inicialmente uma análise dos riscos aos quais a organização está sujeita.

Após o levantamento dos riscos, deve ser tomada uma decisão gerencial na organização sobre as ações a serem tomadas; se o risco será ignorado, aceito, minimizado ou se simplesmente a corporação vai decidir passar pelo risco.

Quando analisamos os riscos e as ações que devem ser tomadas, devemos levar em conta não apenas possíveis perdas tangíveis, como sistemas, computadores, unidades de armazenamento etc., mas também os riscos intangíveis, como a reputação e a imagem da empresa no mercado.

Por exemplo, a divulgação de uma falha de segurança pela imprensa em um site de comércio eletrônico é muito mais prejudicial do que a perda de um sistema ou mesmo servidor, pois ataca diretamente a credibilidade do site e os clientes tendem a ficar inseguros e receosos em realizar compras por ele, ou seja, o risco para a imagem da organização é intangível, mas gera um prejuízo muito maior para a empresa do que os sistemas afetados.

Hoje, pela legislação americana de transações eletrônicas, uma das mais avançadas do mundo, a empresa responsável pelo site pode ser processada caso não tenha tomado as devidas medidas de precaução e o site tenha sido atacado, resultando no roubo de informações de cadastro dos clientes, como o número de cartão de crédito, por exemplo.

Análise e Gerenciamento de Riscos

O gerenciamento e a análise de riscos envolvem identificar perdas e impactos causados pelo comprometimento da confidencialidade das informações ou por roubo das informações restritas à empresa. Os riscos quanto às informações podem estar relacionados à distribuição de dados de importância crítica para a empresa e à perda de integridade das informações.

Quando uma organização trabalha com uma infraestrutura de Internet, ela deve tomar uma decisão de como os riscos devem ser tratados. É praticamente impossível eliminarmos todos os riscos pelos quais uma organização pode passar, mas devemos possuir uma estratégia para minimizá-los ou mesmo ter um plano de respostas a incidentes.

O princípio básico de gerenciamento de riscos é: "não podemos proteger algo que não conhecemos". Com o conhecimento dos riscos envolvidos é possível planejar as políticas e técnicas a serem implementadas para a sua redução. Por exemplo, se disponibilidade é importante, e existe o risco de o sistema ficar fora do ar devido a uma queda de energia, então o risco pode ser reduzido com a utilização de um sistema ininterrupto de força.

O processo de avaliação e tomada de decisões que permite a identificação e a quantificação dos riscos envolvidos em um sistema é chamado de **análise de risco**. O nível de risco no qual uma organização aceita operar é denominado **risco aceitável**. A análise de risco deve ser feita considerando vários aspectos, como bens envolvidos, ameaças e vulnerabilidades.

Ela pode ser bem específica, detalhando, como exemplo:

- O controle dos usuários e o nível de autenticação na rede.
- Os sistemas e serviços de criptografia necessários.
- Se existe segurança física na empresa e no data center.
- A identificação dos sistemas de missão crítica.
- O cumprimento de normas de segurança da informação, como a ISO 1.7799.
- A importância e o nível de sensibilidade das informações.
- A análise dos riscos relativos a sistemas de comunicação.
- Os aspectos de contingência.

Inclui ainda aspectos administrativos, como justificar os gastos de segurança à direção da empresa, ou mesmo demonstrar, quando solicitado, que o nível de proteção da empresa é adequado às ameaças que ela enfrenta.

Durante o processo de avaliação dos riscos, devem ser feitos levantamentos a respeito dos bens que precisam ser protegidos. Os itens listados devem incluir os bens tangíveis da empresa, como informações, discos, equipamentos de rede, impressoras e patrimônios, e os bens intangíveis, como imagem pública, reputação, habilidade de desenvolvimento da atividade, indo desde pessoas aos equipamentos físicos e às informações mantidas no sistema.

Aceitar um risco pode ser muito perigoso. A perda das informações, o down time de uma rede, e o custo para recuperação de uma informação podem reduzir sensivelmente a produtividade e a reputação da empresa perante o mercado. A perda da imagem da empresa é muitas vezes intangível e afeta diretamente a relação de fidelidade entre os consumidores e ela.

A minimização do risco inclui atitudes que podem ser tomadas para evitar ou reduzir o efeito do incidente causado pelo risco. Em geral envolve em uma corporação o gerenciamento, o monitoramento e o plano de resposta. Sempre é possível minimizar riscos, mas nunca livrar-se deles. Existem riscos com menor probabilidade de ocorrência, mas não impossíveis, como furacões, terremotos ou mesmo o choque de um avião contra a empresa.

Evitar um risco é muito complexo. Como já citamos, em boa parte das vezes conseguimos minimizar o efeito do risco, mas não nos livrarmos dele.

Transferir o risco é uma estratégia que muitas empresas vêm adotando. Elas terceirizam as ações de segurança contratando uma empresa especializada. Fecham um contrato detalhado de garantia de segurança, a qual deve ser mantida pela empresa contratada.

O gerenciamento do risco envolve uma série de atividades de levantamento, análise e revisão contínua dos processos, aspectos humanos, principalmente relacionados aos sistemas e ao nível de segurança desejável.

Existem basicamente duas formas de realizar a análise de riscos:

- Análise quantitativa
- Análise qualitativa

Análise Quantitativa

Ela está diretamente relacionada com a questão financeira e a estimativa de custos e valores ligados à ameaça e à proteção.

A análise quantitativa também está intimamente ligada à medição do custo da perda, mesmo que na maioria das vezes seja um processo complexo. Esse custo é difícil de ser levantado, pois muitas vezes incorpora valores intangíveis. Como em geral o tempo para levantar esses custos é amplo, quando os valores são finalmente calculados, não são mais válidos, pois o ambiente operacional da empresa já mudou.

Outro ponto de difícil abordagem na análise quantitativa é calcular a probabilidade de que os eventos ou ameaças ocorram, principalmente porque em boa parte dos casos trabalhamos com números e percentuais inferiores a 1%.

As etapas detalhadas do processo de análise de risco são:

- Identificar as ameaças que possam afetar operações críticas e os bens tangíveis e intangíveis da organização, como hackers, criminosos, terroristas, ameaças naturais etc.
- Estimar a probabilidade de um evento ocorrer com base no histórico das informações e julgamentos individuais.
- Identificar e classificar o valor, o nível de sensibilidade e a criticalidade das operações e as potenciais perdas ou danos que podem ocorrer se a ameaça se realizar, incluindo ainda os custos de recuperação.
- Identificar ações baseadas em análise de custo x benefício na condução da redução do risco. Essas ações podem incluir a implementação de novas políticas organizacionais e procedimentos, assim como maiores controles técnicos e físicos.
- Os resultados devem ser documentados e a partir desse momento é preciso criar um plano de ação.

Análise Qualitativa

É a técnica mais usada na análise de risco. Nesse tipo de análise, dados probabilísticos não são analisados, e sim apenas uma estimativa da perda é utilizada. A maior parte das abordagens de análise de risco trabalha com esse método.

Esse tipo de abordagem trabalha com ameaças, vulnerabilidades e mecanismos de controle.

As ameaças

As ameaças são os principais e prováveis perigos a que uma empresa está sujeita. Podem englobar:

- **Ameaças intencionais:** são as que viram notícia de jornal e nas quais os produtos de segurança podem atuar melhor. Essas ameaças podem surgir de dois tipos de agentes: internos ou externos. Agentes externos podem ter acesso a um sistema de várias formas, como arrombamento, falsificação de documentos de identificação, através de modems ou conexões de rede ou ainda suborno ou coação de pessoal interno. Apesar de o foco dos produtos de segurança normalmente ser o agente externo, a maior parte dos problemas de segurança é provocada por agentes internos. Os principais agentes causadores de ameaças intencionais são:

- Espião industrial: alguém contratado para roubar uma informação da empresa e, como consequência, causar algum dano.
- Criminoso profissional: interessado num ganho financeiro com o uso de uma informação. Para isso pode usar técnicas de chantagem.
- Hacker: especialista em computação que usa seu conhecimento para invadir sistemas e fraudar dados.
- Funcionário mal-intencionado: geralmente este é um dos maiores perigos. Trata-se do funcionário que tenta internamente roubar informações da empresa.

- **Ameaças relacionadas aos equipamentos:** um equipamento pode apresentar falhas de hardware ou mesmo de software, as quais podem ocorrer por defeitos no equipamento ou mesmo por bugs de software. É preciso ter cuidado para que pessoas de má-fé não induzam falhas aos sistemas.
- **Ameaças relativas a um evento natural:** nesse grupo todos os equipamentos ou instalações físicas de uma organização podem estar sujeitos a ameaças: fogo, inundações, quedas de energia. Normalmente é difícil evitar a ocorrência de tais eventos, no entanto eles podem ser facilmente detectados. Pode-se minimizar as chances de o estrago ser severo e também fazer um planejamento para a recuperação após a ocorrência de um desastre de ordem natural.
- **Ameaças não intencionais:** são os perigos trazidos pela ignorância. Por exemplo, um usuário ou administrador de sistema que não tenha sido treinado adequadamente, que não tenha lido a documentação ou que não tenha entendido a importância do cumprimento das regras de segurança estabelecidas. Boa parte dos danos causados no sistema surge sem intenção e não por ações maliciosas.

Vulnerabilidades

A vulnerabilidade é um ponto no qual o sistema é suscetível a ataque. Por exemplo: as pessoas que operam e usam o sistema foram treinadas adequadamente? Na conexão do sistema à Internet, as comunicações são criptografadas? Se o prédio está em uma área sujeita a inundações, o sistema está no piso térreo?

Ameaça é uma intenção concreta de exploração das vulnerabilidades em um sistema.

O processo de identificação das vulnerabilidades do sistema e das ameaças existentes é recorrente? Dadas as ameaças, onde estão as vulnerabilidades do sistema? Dadas as vulnerabilidades, que ameaças podem surgir? Mesmo que as ameaças pareçam insignificantes, todas as possíveis vulnerabilidades devem ser identificadas. Ameaças irrelevantes podem tornar-se relevantes e outras podem surgir.

As vulnerabilidades de um sistema podem ser categorizadas em:

- **Físicas:** os prédios e salas onde o sistema é mantido são vulneráveis, podendo ser invadidos, por exemplo, por arrombamento.
- **Naturais:** computadores são extremamente vulneráveis a desastres de ordem natural e às ameaças ambientais. Desastres como fogo, inundação, terremoto e perda de energia podem danificar computadores ou destruir dados. Poeira, umidade ou condições de temperatura inadequadas também podem causar estragos.
- **Hardware e software:** falhas de hardware e de software podem comprometer toda a segurança de um sistema. A falha de um componente de hardware do sistema de segurança pode torná-lo inútil. Falhas de software ou bugs podem abrir buracos ou portas no sistema, ou ainda fazê-lo comportar-se de forma imprevista. Mesmo que individualmente os componentes de hardware e software sejam seguros, a sua instalação ou conexão inadequadas podem comprometer a segurança do sistema como um todo.
- **Mídia:** discos, fitas e material impresso podem ser facilmente roubados ou danificados. Informações sensíveis podem ser mantidas em discos ou fitas mesmo após terem sido logicamente removidas, mas não fisicamente apagadas.
- **Emanação:** todos os equipamentos eletrônicos emitem radiações elétricas e eletromagnéticas. Os sinais emitidos por computadores, equipamentos de rede e monitores podem ser captados e decifrados, permitindo a obtenção das informações do sistema ou a inferência no seu conteúdo.
- **Comunicação:** mensagens em trânsito podem ser interceptadas, desviadas ou forjadas. Linhas de comunicação podem ser escutadas ou interrompidas.
- **Humanas:** as pessoas que administram e usam o sistema representam sua maior vulnerabilidade. Normalmente a segurança de todo o sistema está sob o controle do administrador do sistema. Os usuários, operadores ou administradores do sistema podem cometer erros que comprometam o sistema.

Riscos surgem a partir de vulnerabilidades que possam ser exploradas com facilidade.

Por exemplo, a interceptação dos sinais de telefones sem fio ou celulares requer apenas um sistema de varredura que pode ser adquirido facilmente. No entanto, a escuta de dados criptografados trafegados em uma linha de fibra óptica ou a captação de emanações de aparelhos especialmente blindados não é simples e pode requerer equipamentos sofisticados e caros.

Em um plano de segurança, a partir do conhecimento das vulnerabilidades precisamos identificar a probabilidade de ocorrer uma ameaça. Esse processo deve ser constante, pois a rede é dinâmica, ou seja, sempre muda.

Após identificado o custo da perda no caso de um ataque (lembre-se de que o custo da perda deve envolver os itens tangíveis e intangíveis, como a imagem da empresa), é necessário levantar o custo para tomarmos uma ação preventiva. Se o custo de proteção é menor que o custo da perda, vale a pena o investimento.

Por exemplo, um Data Center pode possuir US$ 5 milhões em equipamentos. Se o custo para a instalação de uma central de incêndio de última geração é de US$ 500 mil, o investimento vale a pena, pois é 1/10 do custo da perda.

Controles

Os controles são mecanismos de contramedidas usadas para minimizar ameaças. Existem basicamente cinco tipos desses mecanismos:

- **Controle efetivo:** é o controle que fazemos para diminuir a probabilidade de ocorrência de uma ameaça.
- **Controle preventivo:** procura nos prevenir de vulnerabilidades de forma a minimizarmos o sucesso de tentativas de ataques e reduzir o impacto sobre elas.
- **Controle corretivo:** reduz o efeito das ameaças.
- **Controle detectivo:** procura descobrir ataques e possui mecanismos de controle de correção.
- **Controles de recuperação:** permitem restaurar a situação da empresa a um quadro normal após a incidência de um evento.

Revisão Constante dos Riscos

O trabalho de análise de risco não deve ser feito apenas uma vez e então esquecido. Novas ameaças podem surgir, vulnerabilidades não identificadas em primeiras análises podem ser notadas em revisões futuras, e as probabilidades de ocorrência das ameaças podem ser alteradas. Sempre que forem feitas mudanças significativas no sistema, uma nova análise de risco deve ser feita.

Os riscos não podem ser eliminados. Em geral podem ser identificados, quantificados e então reduzidos, mas não é possível eliminá-los completamente.

Após completar a análise de risco, é necessária a realização de uma análise de custo/benefício, a qual consiste na determinação do custo gerado caso uma ameaça se concretize, denominado custo da perda, e na determinação do custo do estabelecimento de mecanismos de defesa contra a ameaça, denominado custo da proteção.

Um investimento para minimizar riscos só deve ser realizado se o custo da perda for inferior ao custo da proteção.

Política de Segurança

A política de segurança define diretrizes quanto ao uso das informações no ambiente corporativo. Ela relaciona:

- Riscos ao patrimônio,
- Risco de roubo;
- Risco de fraude;
- Os acessos dos usuários aos sistemas;
- O uso de canais de comunicação;
- Sistemas redundantes e tolerantes a falhas;
- Garantia de integridade de software.

O propósito de uma política de segurança é definir como uma organização irá se proteger de incidentes de segurança. Ela tem três funções básicas:

- Deixar claro o que deve ser protegido e por quê;
- Explicitar quem é responsável pela proteção;
- Funcionar como referência para a solução de conflitos e problemas que possam surgir.

Uma política de segurança não deve ser uma lista de ameaças, equipamentos ou pessoas específicas. Ela deve ser genérica e variar pouco com o tempo. Deve ser definida por um grupo com objetivos similares.

Desta forma, pode ser necessário dividir a organização em componentes menores, caso ela seja muito grande ou tenha áreas com interesses muito diversificados.

Algumas definições da política de segurança:

- Pense no proprietário: toda informação e equipamento a ser protegido deve ter um "proprietário".
- Seja positivo: as pessoas respondem melhor a sentenças positivas do que a negativas ("faça" é melhor que "não faça").
- Todos somos pessoas: inclusive os usuários! E pessoas cometem erros.
- Invista em educação: uma política deve incluir regras para a educação das pessoas envolvidas.
- Responsabilidade deve ser seguida de autoridade: "se você é responsável pela segurança, mas não tem autoridade para definir regras ou punir os violadores, sua função na organização será apenas assumir a culpa quando algo sair errado".

- Defina a filosofia da política: "tudo o que não for proibido é permitido" ou "tudo o que não for permitido é proibido".
- Seja abrangente e profundo: não seja superficial na criação da política. Inclua diferentes níveis de proteção.

Uma política de segurança deve ser formada pelos seguintes componentes:

- Escopo;
- Posicionamento da organização;
- Aplicabilidade;
- Funções e responsabilidades;
- Complacência;
- Pontos de contato e outras informações.

ISO 1.7799

A ISO 1.7799 é um padrão de normas internacionais para o gerenciamento de segurança da informação. A ISO é organizada em dez principais sessões, e cada uma cobre diferentes tópicos e áreas. Ela é baseada nas normas britânicas British Standard for Information Security Management (BS 7799).

A ISO define os dez pilares de segurança da informação que devem ser regularmente seguidos pelas empresas que desejam ser certificadas. São eles:

- Plano de continuidade de negócios
- Políticas de controle de acesso
- Políticas de desenvolvimento e manutenção de sistemas
- Políticas de segurança física e de ambiente
- Políticas de segurança pessoal
- Políticas de gerenciamento dos computadores e das redes
- Políticas de controle e classificação de ativos
- Política global de segurança da informação
- Análise de conformidade
- Aspectos legais

Plano de Continuidade dos Negócios

Os objetivos desta sessão da norma ISO 1.7799 são analisar e evitar a interrupção do negócio devido a falhas ou desastres.

Políticas de Controle de Acesso ao Sistema

Os objetivos desta sessão são:

- Controlar o acesso à informação;
- Prevenir acessos não autorizados a sistemas de informação;
- Garantir a proteção dos serviços de rede;
- Prevenir que usuários não autorizados acessem o sistema;
- Detectar atividades não autorizadas;
- Garantir a segurança quando do uso de terminais portáteis ou móveis.

Políticas de Desenvolvimento e Manutenção de Sistemas

Os objetivos desta sessão são:

- Garantir que a segurança foi implementada nos sistemas operacionais;
- Prevenir perdas, modificações ou mau uso dos dados nos sistemas de aplicação;
- Garantir confidencialidade, autenticidade e integridade das informações;
- Garantir que atividades de suporte e projetos de IT sejam conduzidas de maneira segura;
- Manter a segurança do software aplicativo e dos dados.

Políticas de Segurança Física e de Ambiente

Os objetivos desta sessão são:

- Prevenir acessos não autorizados, danos e interferências às premissas do negócio e das informações;
- Prevenir perda, dano ou comprometimento dos ativos e interrupção das atividades da empresa;
- Prevenir roubo de informações e processamento de informações das instalações da empresa.

Políticas de Segurança Pessoal

Os objetivos desta sessão são:

- Reduzir os riscos do erro humano, roubo ou fraude de forma a garantir que os usuários conheçam as ameaças e preocupações da segurança da informação, e estejam equipados para suportar políticas de segurança da informação corporativas que estejam em curso na empresa;

- Minimizar o dano resultante de incidentes de segurança, má funcionalidade e aprender com o resultado dos incidentes.

Políticas de Gerenciamento de Computadores e Rede

Os objetivos desta sessão são:

- Garantir o processamento de informações de forma fácil, segura e correta;
- Minimizar os riscos de falhas no sistema;
- Proteger a integridade do software e da informação;
- Manter a integridade e a disponibilidade da informação processada e da comunicação;
- Garantir a guarda das informações na rede e a proteção da infraestrutura suportada;
- Prevenir danos a ativos e interrupções das atividades do negócio;
- Prevenir perda, modificação ou mau uso de informações trocadas entre organizações.

Políticas de Controle e Classificação de Ativos

Os objetivos desta sessão são:

- Manter proteção apropriada para ativos corporativos e garantir que a informação seja classificada e receba apropriado nível de proteção.

Política Global da Segurança da Informação

O objetivo desta sessão é:

- Prover a direção e o suporte para a segurança das informações.

Contingência e Disponibilidade

- Gerenciar a segurança da informação com a empresa.

Aspectos Legais

Os objetivos desta sessão são:

- Evitar brechas na legislação criminal ou cível, regulatória ou mesmo obrigações contratuais e relacionadas a qualquer requisito de segurança;
- Garantir o cumprimento de políticas de segurança organizacionais e padrões;
- Maximizar a efetividade e minimizar a interferência de ou para o sistema de auditoria.

Análise de Conformidade

Os objetivos desta sessão são:

- Manter a segurança das facilidades e do processamento da informação organizacional e de ativos, além dos parceiros;
- Manter a segurança da informação quando a responsabilidade pelo seu processamento for terceirizada.

O processo de certificação no padrão envolve a definição de regras e responsabilidades, a criação de estratégias e objetivos operacionais, identificação e avaliação de bens críticos, definição de procedimentos de rastreamento e controles de auditoria, criação de grupo de resposta a incidentes e a criação de grupo de resposta a emergências.

Auditoria na ISO 1.7799

A auditoria consiste na verificação das atividades do sistema e na determinação do que foi feito, por quem, quando e o que foi afetado. Aplica-se não apenas à verificação de atividades de usuários não autorizados, mas também dos usuários autorizados (que podem cometer erros ou executar ações maliciosas no sistema).

Em aplicações críticas, o nível de detalhe nos registros de auditoria pode ser suficiente a ponto de permitir desfazer operações para ajudar a trazer o sistema a um estado correto de operação.

O processo de auditoria é essencial para verificar o cumprimento das políticas de segurança da informação na organização. Deve ser dada ao auditor autonomia suficiente para tomar as devidas providências caso exista um problema de segurança evidente.

Resposta a Incidentes

A resposta a incidentes é importantíssima para a garantia da segurança da informação. As empresas e corporações devem tratar de forma eficiente incidentes, para com isso minimizar as perdas ou danos. Em geral, a resposta é realizada por uma equipe especializada, com poderes e autoridades para contornar rapidamente um incidente de segurança.

Normalmente um grupo de resposta a incidentes deve atuar com base em políticas e normas de segurança estabelecidas pela organização, seguindo algum padrão, como a ISO 1.7799.

Resumo do Capítulo 5

Este capítulo apresentou os fundamentos da segurança da informação. Para compreender a temática da segurança em redes sem fio, é importantíssimo possuir uma base sólida dos fundamentos, por isso foram mostrados conceitos dos principais serviços de segurança, como auditoria, integridade, autenticidade, além de análise de risco, política de segurança e a ISO 1.7799.

1. Qual dos itens apresentados não é um serviço de segurança?
   a. Confidencialidade
   b. Veracidade
   c. Auditoria
   d. Integridade
2. Qual é o mecanismo usado para verificar e manter a integridade?
   a. Criptografia
   b. Funções de Hashing
   c. Frase secreta
   d. Handshake
3. Qual serviço consiste em verificar o profile de acesso?
   a. Identificação
   b. Auditoria
   c. Autorização
   d. Criptografia
4. Qual dos itens seguintes é um ataque contra a disponibilidade?
   a. Password cracking
   b. PHP Injection
   c. Negação de serviço
   d. Worm
5. O que é vulnerabilidade?
   a. Uma ameaça.
   b. A probabilidade de um evento ocorrer.
   c. Um ponto falho no sistema.
   d. Um ataque.
6. A análise de riscos é um processo que:
   a. Quantifica a possibilidade de um evento ocorrer.
   b. Evita que o evento ocorra.
   c. Define o custo de proteção.
   d. Define o custo da perda.

7. Quanto ao não repúdio:
   a. É um processo no qual o usuário garante a integridade da informação.
   b. Usa criptografia.
   c. Processo no qual o usuário não pode negar uma ação realizada por ele mesmo.
   d. Faz parte do serviço de confidencialidade.

8. Qual a norma ISO de segurança da informação?
   a. ISO 2332
   b. ISO 1774
   c. ISO 1.7799
   d. 802.11

9. O que é um ataque?
   a. Uma ação normal.
   b. Um incidente.
   c. A exploração bem-sucedida de uma vulnerabilidade.
   d. Um evento.

10. Qual o papel da análise de vulnerabilidades?
    a. Avaliar e encontrar os riscos.
    b. Encontrar vulnerabilidades.
    c. Corrigir vulnerabilidades.
    d. NDA.

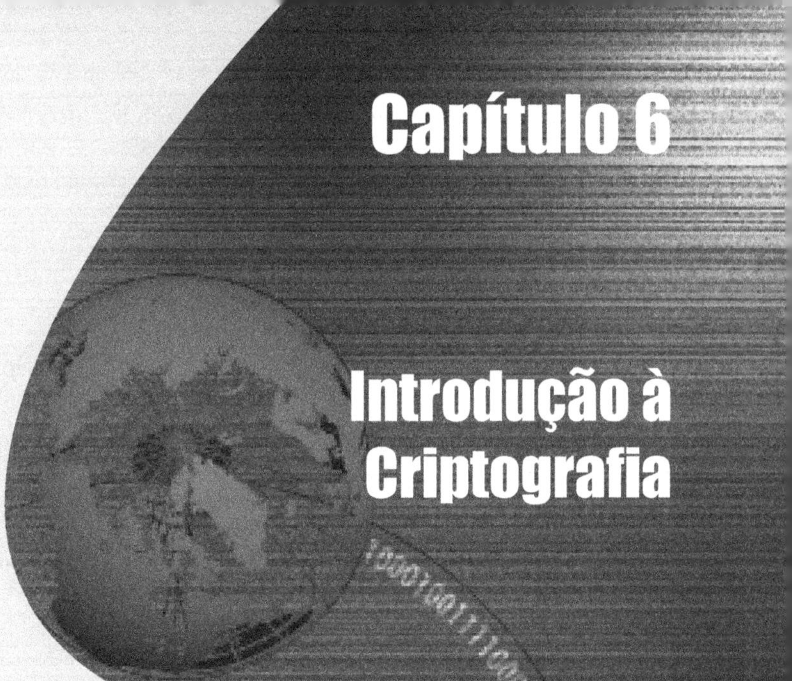

Capítulo 6

Introdução à Criptografia

Terminologia

Criptografia é a ciência que utiliza algoritmos matemáticos para criptografar/encriptar (cripto = esconder) dados (texto claro) numa forma aparentemente não legível (texto cifrado) e recuperá-los (decriptografá-los). Com essa ciência, o custo de tentar descobrir o conteúdo das mensagens cifradas torna-se maior do que o potencial ganho com os dados.

Encriptação é um processo de transformação de dados claros em uma forma ilegível, ou seja, encriptados. O propósito é garantir privacidade, mantendo a informação escondida para qualquer um que não seja o destinatário da mensagem, mesmo que ele possa ter acesso às informações criptografadas.

Decriptação é o processo reverso da criptografia; é a transformação dos dados encriptados de volta à forma de texto claro.

Texto claro é a mensagem a ser enviada. Se for interceptada em uma comunicação, pode ser compreendida pelo interceptador porque não se encontra criptografada.

Texto cifrado é uma mensagem que passou por um processo de encriptação e, se for interceptada em uma comunicação, não pode ser compreendida pelo interceptador, desde que ele não conheça a chave e o algoritmo criptográfico utilizados.

Os governos, as empresas e outras organizações contribuíram para a vasta coleção de padrões de criptografia. Alguns deles são ISO, ANSI, IEEE, NIST e IETF.

PKCS é uma padronização da indústria desenvolvida em 1991 pela RSA juntamente com os maiores fabricantes da indústria. O padrão contém 12 capítulos que descrevem processos de encriptação, troca de chaves e certificados digitais.

Criptoanálise é a ciência que estuda métodos, algoritmos e dispositivos que tentam quebrar a segurança dos sistemas criptográficos, tentando descobrir o texto claro a partir do texto cifrado.

Criptologia é a área da matemática que estuda a criptografia e a criptoanálise.

História da Criptografia

Por ser uma ciência matemática e não computacional, a criptografia é muito anterior aos computadores. Assim sendo, sua aplicação já existe há séculos na história da humanidade.

Um exemplo foi o modelo criptográfico chamado Júlio Cypher, criado por Júlio César, na época do Império Romano. Como os meios de comunicação eram muito limitados, nessa época se usava um cavalo rápido e um mensageiro para o envio de mensagens no campo de batalha, entretanto sempre se corria o risco de o mensageiro ser interceptado, e com isso o conteúdo das mensagens, crucial para a batalha, cair nas mãos do inimigo.

Júlio César criou um algoritmo que consistia em deslocar as letras da mensagem três posições para a direita de forma a torná-la sem sentido para quem fosse ler, seguindo a regra da figura apresentada em seguida. Assim, a mensagem ATACAR ficaria transformada em DWDFDU. A decriptação da mensagem consistia em deslocar novamente para a esquerda as três posições. A Figura 6.1 mostra a cifragem de Júlio César.

Código:
ABCDEFGHIJKLMNOPQRSTUVWXYZ
DEFGHIJKLMNOPQRSTUVWXYZABC

Chave deslocamento de 3
ATACAR
César: DWDFDU

Figura 6.1 - Cifragem de Júlio César.

Esse mecanismo, embora muito simples, foi efetivo por algumas décadas nas comunicações do império, principalmente porque poucas pessoas na época sabiam ler.

Outro exemplo de aplicação militar foi durante a Segunda Guerra Mundial. A Alemanha nazista desenvolveu um sistema criptográfico que se baseava em um equipamento mecânico para a criação de mensagens criptografadas que eram enviadas por ondas de rádio para os U-Boats, submarinos alemães que atuavam no Atlântico Norte.

Cada submarino possuía o mesmo equipamento utilizado para decriptografar as mensagens enviadas por rádio. Os aliados só conseguiram interceptar as mensagens quando um dos submarinos alemães foi detido com o equipamento intacto. Certamente este foi um dos fatos que alteraram o rumo da Segunda Guerra Mundial.

Usos da Criptografia

A criptografia pode ser usada para:

- Garantir a confidencialidade da mensagem para que usuários não autorizados não tenham acesso a ela;
- Garantir que a mensagem enviada é autêntica;
- Validar a origem da mensagem;
- Manter a integridade;
- Garantir que a mensagem não foi modificada no encaminhamento;
- Não repúdio;
- Provar o envio.

Hoje em dia a criptografia é mais do que encriptação e decriptação. Autenticação é uma parte fundamental de nossas vidas, bem como a privacidade. Em um mundo em que as decisões e acordos são comunicados eletronicamente, necessitamos de técnicas eletrônicas para prover a autenticação. A criptografia fornece mecanismos para esse processo.

A assinatura digital associa um documento ao proprietário de uma chave privada, enquanto a assinatura do tempo associa um documento à data de sua criação. Esses mecanismos criptográficos podem ser usados para controlar o acesso a um disco compartilhado, uma instalação de alta segurança, ou a um canal de TV pay-per-view.

Uma aplicação que vem sendo muito utilizada é a criptografia para pagamentos a partir de moeda eletrônica.

A Criptografia é Segura?

Algoritmos criptográficos devem ser razoavelmente eficientes (do ponto de vista de tempo computacional envolvido) de modo a poderem ser aplicados conforme o conhecimento das chaves envolvidas. Ou seja, deve ser computacionalmente fácil executar as funções de encriptação e decriptação desde que as chaves sejam conhecidas.

Para que um algoritmo criptográfico seja seguro, deve ser praticamente impossível descobrir a chave utilizada ou calcular o texto claro a partir do texto cifrado sem o conhecimento da chave.

A encriptação é computacionalmente segura, o que significa que os dados estão seguros se não existe poder de computação de alta capacidade para quebrar a cifragem.

Para tanto esses sistemas são baseados no conceito de que é impossível quebrar a chave secreta, embora isso ainda não tenha sido provado.

Muitos desses sistemas perderiam o seu uso se alguém conseguisse reverter o algoritmo usado. A questão da reversão de algoritmos criptográficos está associada a tempo e esforço necessários para isso.

O que Deve Ser Encriptado?

Todas as informações reservadas, que possuem algum valor para a atividade econômica das empresas, e que podem ser transportadas num meio inseguro, devem ser criptografadas.

Existem três sistemas criptográficos:

- Sistema de Chave Secreta
- Sistema de Chave Pública
- Baseado em Função de Hashing

Os algoritmos criptográficos públicos são geralmente considerados mais seguros, embora a engenharia reversa possa ser usada em todos os casos.

Sistema de Chave Secreta

Baseia-se no conhecimento entre as partes da comunicação de uma chave secreta, geralmente utilizado quando existe uma grande quantidade de dados a ser criptografada.

Esse sistema não é capaz de prover o não repúdio porque ambas as partes são conhecedoras da chave secreta. A segurança desse sistema está na chave que deve ser mantida em segredo.

Sistema de Chave Pública

Esse sistema utiliza uma chave pública conhecida por ambas as partes e uma chave privada que é mantida em segredo para encriptar os dados, ou seja, cada um dos interlocutores necessita gerar um par de chaves pública e privada.

Por exemplo: João quer mandar uma mensagem criptografada para Maria. Ela deve previamente conhecer a chave pública de João, pois somente ela será capaz de decriptografar a mensagem que foi criptografada com a chave privada de João. O mesmo para João decriptografar as mensagens enviadas por Maria. Ele deve ser conhecedor da chave pública de Maria.

Esses sistemas exigem mais recursos computacionais, e em geral são utilizados para distribuir chaves secretas ou enviar pequenas mensagens.

Message-Digest

Esses sistemas mapeiam textos de tamanho variável em um texto cifrado de tamanho fixo. São usados para computar hashes e checksum de mensagens com o objetivo de produzir uma pequena string (conjunto de caracteres), que é única para o mesmo texto. Essa técnica é usada para verificar se houve alteração da mensagem durante o transporte.

Implementação dos Sistemas Criptográficos

A implementação via software em geral é mais barata, entretanto o resultado é mais lento e menos seguro, visto que o software é mais fácil de ser modificado e forjado.

A implementação via hardware é feita em chips e microprocessadores dedicados à criptografia. São mais rápidos ainda que os controlados por software, entretanto menos flexíveis.

Chaves Criptográficas

Definições

O processo de encriptação e decriptação requer o uso de informações secretas, usualmente conhecidas como chaves.

Chave é um número, em geral primo, utilizado em conjunto com um algoritmo criptográfico na criação do texto cifrado. Alguns atributos da chave são:

- **Tamanho:** número de bits/bytes da chave;
- **Espaço:** coleção de combinações matemáticas que possuem o mesmo tamanho da chave.

Exemplo: uma chave de dois bits pode ter um espaço de 4 (00, 01, 10 e 11).

Gerenciamento de Chaves

O gerenciamento das chaves criptográficas deve definir mecanismos para:

- Geração;
- Distribuição;
- Entrada e saída;
- Armazenamento;
- Arquivamento de chaves.

Geração de Chaves

A geração de chaves deve obrigatoriamente fazer uso de um algoritmo devidamente testado. O gerador de números aleatórios deve garantir que todos os valores dos bits são gerados igualmente. Uma semente deve ser inserida no sistema da mesma maneira que uma chave criptográfica. Os valores da semente não devem ser conhecidos por quem não gerou a chave. Resumindo, o padrão de geração de chaves não pode ser de conhecimento público, portanto é preciso usar algoritmos randômicos que geram números aleatórios.

Distribuição da Chave

A distribuição da chave pode ser manual, automática ou uma combinação. A entrada da chave ainda pode ser feita via teclado ou automaticamente, utilizando Smart Cards.

O canal utilizado para o envio e troca de chaves criptográficas deve ser seguro. Um exemplo muito usado é dividir a chave em dois ou mais pedaços usando diferentes meios para o seu envio, como telefone, fax etc.

Armazenamento da Chave

As chaves não devem ser acessíveis, entretanto é muito útil armazenar as chaves criptográficas em um arquivo para o caso de perda, permitindo assim a sua recuperação. Esse arquivo deve estar localizado em um computador que esteja em um ambiente seguro e controlado.

Troca de Chaves

Consiste na definição de mecanismos a serem usados para que as duas partes envolvidas na comunicação tenham conhecimento das chaves criptográficas.

O que se busca é um dispositivo que permita a troca de chaves de maneira segura, sem a necessidade de estabelecer uma chave compartilhada anteriormente.

No algoritmo criptográfico de Diffie-Hellman, a chave pode ser trocada quando necessário, utilizando envelopes digitais.

Cada ponta gera localmente uma chave usando Diffie-Hellman. A ponta determina a chave secreta utilizando como parâmetros um p (número primo) e um g (gerador) ou raiz do número primo e suas chaves privadas (valores randômicos) para criar uma chave pública.

A chave pública é então definida pela fórmula:

$$pub = g \hat{} priv \bmod P$$

As partes então trocam as chaves públicas e computam a chave secreta K:

$$K = (g \hat{} pub)priv \bmod p$$

Sumarizando, a chave secreta não é usada diretamente para encriptar ou autenticar. É uma chave mestra que servirá para a criação das três outras chaves:

- Derivação;
- Autenticação;
- Encriptação.

Envelope digital é um processo no qual uma chave de criptografia simétrica é criptografada e enviada utilizando criptografia assimétrica (algoritmos de chave pública). A Figura 6.2 mostra como funciona esse mecanismo.

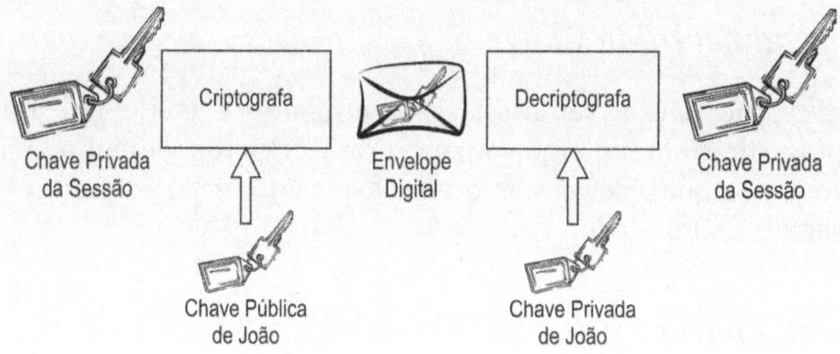

Figura 6.2 - Envelope digital.

Os passos do funcionamento do mecanismo de envelope digital são os seguintes:

- **1º Passo:** Maria cria uma chave que será utilizada no processo de criptografia simétrica.
- **2º Passo:** Maria prepara uma mensagem para enviar a chave criptográfica (criptografia simétrica) a João. Para elucidar, chamaremos a mensagem de **mensagem chave.**
- **3º Passo:** essa mensagem é criptografada por um método de criptografia assimétrica. Maria usa, portanto, a chave pública de João para criptografar a **mensagem chave.**
- **4º Passo:** a **mensagem chave** devidamente criptografada é então transmitida no meio de transmissão.
- **5º Passo:** João recebe a **mensagem chave** criptografada.
- **6º Passo:** Utilizando sua chave privada e a criptografia assimétrica, João decriptografa a **mensagem chave.**
- **7º Passo:** com a **mensagem chave** decriptografada, João retira a chave de criptografia simétrica, criada por Maria, e inicia uma sessão de criptografia simétrica com Maria.

A vantagem desse mecanismo é que as chaves podem ser alteradas frequentemente pelo sistema. Além disso, é muito mais rápido o processo de criptografia simétrico (chave privada) do que o assimétrico (chave pública), o que aumenta o desempenho dos sistemas criptográficos.

O padrão FIPS 140-1 define os níveis de segurança para o armazenamento das chaves criptográficas:

- Nível 1: básico e mais simples, não havendo restrições quanto ao armazenamento físico.
- Nível 2: utilização de lacres ou selos para verificar se houve violação da senha.
- Nível 3: proteção forte.
- Nível 4: proteção contra invasão do dispositivo no qual a senha está armazenada, inclusive com mecanismos de apagamento automático caso seja detectada a intrusão, por alarmes.

Devido aos acontecimentos do cenário internacional, como os atentados terroristas de 11 de setembro de 2001, o governo americano vem tomando uma série de medidas preventivas para monitorar o fluxo das mensagens trocadas pela Internet. Tal preocupação veio da constatação de que boa parte da comunicação entre os grupos terroristas para o planejamento do atentado foi feita utilizando aplicações de e-mail tradicionais pela Internet.

Preocupado principalmente com os limites que a criptografia iria impor principalmente ao monitoramento das mensagens trocadas, o governo americano criou uma série de dispositivos legais para que as chaves criptográficas possam ser eventualmente acessadas nos sistemas de forma a permitir o monitoramento do tráfego.

Essa funcionalidade já está sendo incorporada aos novos sistemas de redes; os atuais possuem um prazo para implementá-la. Para a implementação dessa funcionalidade, o par de chaves privada e pública deve ser armazenado em servidores especiais que podem ser acessados por esse sistema de vigilância.

Tipos de Criptografia

Criptografia Simétrica

Nos algoritmos de chave simétrica, tanto quem envia como quem recebe a mensagem devem possuir a mesma chave. Esses algoritmos são muito rápidos, mas existe o problema da necessidade de um canal seguro para enviar a chave secreta, uma vez que existe o risco de a pessoa que descobrir a chave secreta conseguir decriptografar a mensagem.

Com a criptografia simétrica não é possível também garantir o não repúdio da mensagem.

A Figura 6.3 apresenta a criptografia simétrica ilustrando a chave única nas operações. O texto claro é passado pelo processo de encriptação com o uso da chave secreta, compartilhada entre as partes. O texto cifrado é então enviado pelo canal de comunicação e decriptado no destino, usando novamente a mesma chave secreta.

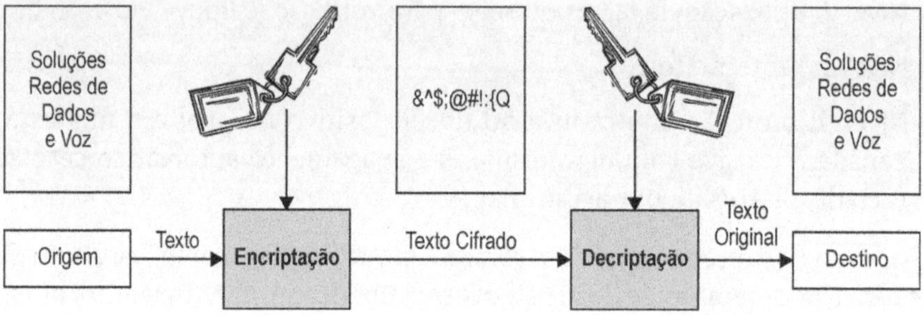

Figura 6.3 - Criptografia simétrica com o uso de uma única chave.

Principais Algoritmos da Criptografia Simétrica

DES e 3DES

O DES (Data Encryption Standard) é um algoritmo criptográfico padrão, desenvolvido nos anos de 1970 pelo National Institute of Standards and Technologies (NIST) em conjunto com a IBM. A chave tem tamanho de 56 bits. No 3DES, o algoritmo DES é aplicado três vezes com três chaves distintas a 168 bits ou duas distintas a 112 bits.

O DES substitui os bits da mensagem clara pelos bits da mensagem criptografada. Como o processo é simples, os algoritmos possuem rápida execução.

RC2

O RC2 foi desenvolvido por um dos fundadores da RSA, Ronald Rivest. É vendido pela RSA e permite o uso de chaves criptográficas de até 2.048 bits.

RC4

O RC4 é uma evolução do RC2, sendo mais rápido. Também é um produto da RSA que trabalha com chaves de até 2.048 bits.

RC5

O RC5 foi publicado em 1994 e permite o uso de chaves com tamanho definido pelo usuário.

IDEA

O International Data Encryption Algorithm (IDEA) foi desenvolvido por James Massey e Xuejia Lai. Ele usa uma chave de 128 bits e a patente pertence a ASCOM TECH AG, uma empresa Suíça.

Métodos de Encriptação

A encriptação pode ser feita com base em uma operação de fluxo de dados ou blocos. Basicamente se faz uma operação binária sobre um fluxo de dados. Em geral, os algoritmos que trabalham com fluxo são muito mais rápidos dos que os que encriptam bloco por bloco.

Na encriptação por bloco, um bloco inteiro de texto claro de tamanho fixo é transformado em um bloco de texto cifrado. Na encriptação por fluxo, é realizada uma operação binária e cada bit de texto claro é transformado em um bit de texto cifrado.

A Tabela 6.1 apresenta os principais algoritmos de criptografia simétricos e o método de encriptação utilizado.

AES

O AES é um algoritmo criado pelo NIST como um padrão avançado de criptografia com o objetivo de substituir o DES e o 3DES. Ele surgiu em um concurso realizado pelo NIST.

Os pré-requisitos do AES definidos pelo NIST foram:

- Algoritmo publicamente definido
- Ser uma cifra simétrica de bloco
- Projetado para que o tamanho da chave possa aumentar
- Implementável tanto em hardware quanto em software
- Disponibilizado livremente ou de acordo com termos ANSI

Os fatores analisados pelo NIST na escolha do algoritmo foram segurança (esforço requerido para criptoanálise), eficiência computacional, requisitos de hardware e software, simplicidade e licenciamento.

O padrão foi definido em 2001, e o algoritmo vencedor foi o criado por Vincent Rijmen e Joan Daemen, por isso o nome inicial Rijndael.

O AES que nasceu do Rijndael trabalha com um bloco fixo de 128 bits e uma chave cujo tamanho varia entre 128, 192 ou 256 bits.

Nome do algoritmo	Tipo de encriptação	Tamanho da chave
DES	Por bloco	56 ou 64
IDEA	Por bloco	128
RC2-RC5	Por bloco	1 a 2.048
3DES	Por bloco	56 ou 112
AES	Por bloco	128, 192 ou 256

Tabela 6.1 - Principais algoritmos criptográficos.

Criptografia Assimétrica

Criado em 1976 por Whitfield Diffie e Martin Hellman, esse modo de criptografia baseia-se na utilização de duas chaves, sendo uma mantida secreta, enquanto outra pode ser divulgada publicamente.

Enquanto uma chave é utilizada para encriptação, outra é usada para decriptação. Esse modo, por ser mais complexo, é muito mais lento que a criptografia simétrica, algo de 100 a 1.000 vezes mais lento.

Ele resolve o problema do gerenciamento de chaves. A criptografia assimétrica é também chamada de criptografia de chave pública. Um requisito básico desse método criptográfico é que as chaves públicas sejam armazenadas de modo seguro e autenticado.

Em alguns casos, a criptografia de chave pública (assimétrica) não é necessária e apenas a privada (simétrica) é suficiente. Em geral isso é possível quando existe um meio seguro para enviar a chave privada, como em uma reunião particular.

A criptografia de chave pública (assimétrica) permite, além de proteger as informações, fornecer um mecanismo eficiente para a assinatura digital e o certificado digital.

Funções Matemáticas Unidirecionais

A criptografia assimétrica é possível porque utiliza funções matemáticas unidirecionais com as quais não é possível chegar ao valor inicial da função se forem invertidas. A única forma de realizar uma inversão é possuir o conhecimento de parte do conteúdo da mensagem que foi criptografada, porém, computacionalmente falando, essa inversão é muito difícil.

Na Figura 6.4 podemos observar um exemplo de criptografia assimétrica:

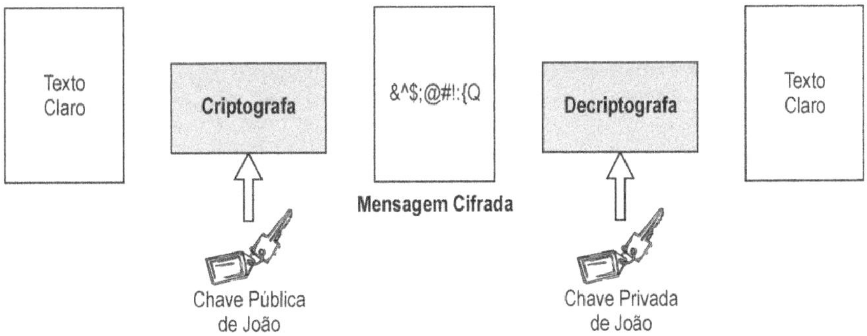

Figura 6.4 - Criptografia assimétrica.

Maria criptografa a mensagem (texto claro) utilizando-se da chave pública de João. A mensagem cifrada é então enviada a João que a decriptografa utilizando sua chave privada. Como a criptografia assimétrica trabalha com funções unidirecionais, João não conseguiria decriptografar a mensagem usando sua chave pública, pois apenas a chave privada permite essa decriptografia.

A Tabela 6.2 apresenta os principais algoritmos criptográficos assimétricos:

Algoritmo	Tipo	Fundamento matemático
DSA	Assinatura digital	Logaritmos discretos
RSA	Confidencialidade, assinatura digital e troca de chaves	Fatorização
Diffie-Hellman	Troca de chaves	Logaritmos discretos
Curvas elípticas	Confidencialidade, assinatura digital e troca de chaves	Uso de pontos de curvas elípticas

Tabela 6.2 - Algoritmos criptográficos assimétricos.

RSA

O algoritmo criptográfico RSA foi inventado em 1977 por Ron Rivest, Adi Shamir e Leonard Adleman, sendo hoje considerado já um padrão de fato.

A segurança desse algoritmo está diretamente relacionada com a dificuldade de realizar fatorações. As chaves pública e privada são números primos grandes (100 a 200 dígitos ou mais). O RSA é utilizado para garantir confidencialidade e autenticidade.

É muito mais lento que algoritmos simétricos como DES ou IDEA, portanto não é utilizado para a encriptação de grandes blocos de dados. Ele é patenteado nos EUA, mas pode ser utilizado sem uma licença em outros países.

Diffie-Hellman

Diffie-Hellman foi o primeiro algoritmo de chave pública, criado em 1975, e leva o nome dos inventores Whitfield Diffie e Martin Hellman. Baseia-se no uso de chaves logarítmicas discretas.

Ele é utilizado pelos algoritmos criptográficos para a troca de uma chave pública compartilhada por meio de um canal público (não seguro) de comunicação.

Security Socker Layer (SSL)

Trata-se de uma camada que fica entre a interface Socket do TCP e a aplicação. Os principais benefícios do SSL são:

- Criptografia dos dados;
- Os dois lados podem verificar as identidades, um lado apresentando um certificado para o outro;
- A integridade dos dados é garantida, e qualquer alteração em um byte invalida o checksum.

O SSL é uma poderosa ferramenta hoje utilizada pela maioria dos sistemas de Home Banking. A peça crucial desse sistema é o certificado digital que comprova quem é o dono da chave privada.

Ele é muito bom para resolver o problema de autenticação e privacidade entre dois sites usando TCP.

Pretty Good Privacy (PGP)

O PGP é uma aplicação criptográfica de alta segurança que permite aos usuários trocar mensagens com privacidade e autenticação. As implementações comerciais e livres do PGP disponibilizam métodos para encriptação de arquivos, criação de chaves públicas e privadas, gerenciamento de troca de chaves e o uso de assinaturas digitais.

A troca de chaves públicas e privadas permite a autenticação de ambas as partes na transação. A transmissão de dados é protegida por encriptação. Tipicamente, no processo de inicialização da conexão PGP, uma chave pública é utilizada para transmitir uma chave que será utilizada numa criptografia simétrica, usando um mecanismo de envelope digital.

Qual modelo devemos usar? Criptografia simétrica ou assimétrica?

Existem algumas razões para utilizarmos os dois modelos.

Os sistemas de criptografia simétrica são rápidos e a inicialização também. Já os sistemas de criptografia assimétrica possuem um bom esquema de gerenciamento de chaves.

Uma solução híbrida combina o melhor dos dois mundos. Os sistemas de criptografia assimétrica podem ser usados para transmitir as chaves a serem utilizadas pelos sistemas de criptografia simétrica.

Em algumas situações, a criptografia assimétrica não é necessária, sendo apenas a simétrica suficiente. Isso inclui soluções em que a troca da chave não é crítica, como usuários em uma reunião privada. Inclui também ambientes em que uma autoridade única conhece e gerencia as chaves. Além disso, a criptografia assimétrica usualmente não é necessária em um ambiente monousuário. Por exemplo, se utilizamos a criptografia para proteger os dados armazenados em um disco, uma única senha (chave privada) é suficiente.

Força da Chave

A força de uma chave criptográfica está diretamente relacionada com o tamanho em bits da chave. Na Tabela 6.3 podemos observar a correspondência de diferentes tamanhos de chave em sistemas criptográficos simétricos, assimétricos e elípticos.

Criptografia simétrica	Criptografia assimétrica	Criptografia elíptica
40	274	57
56	384	80
64	512	106
80	768	132
96	1024	160
112	1792	185
120	2048	211
128	2304	237

Tabela 6.3 - Correspondência de chaves.

A Tabela 6.4 mostra as principais diferenças entre sistemas de criptografia simétrica e assimétrica:

Atributo	Simétricos	Assimétricos
Número de chave	Única chave compartilhada pelas partes	Par de chaves em cada lado
Tipo de chave	Secreta	Uma pública e uma secreta em cada lado
Proteção das chaves	Distribuição indevida e modificação	Distribuição para a chave privada e modificação para a chave pública
Velocidade	Processo rápido	Processo lento
Tamanho da chave	Fixo*	Variável
Uso típico	Criptografia de grande quantidade de informações	Distribuição de chaves e assinaturas

* Existem alguns algoritmos simétricos com tamanho de chave variável, como o RC2, RC5 e Blowfish.

Tabela 6.4 - Diferenças entre sistemas criptográficos.

Algoritmos de Cálculo de Hashing

Esses algoritmos são usados para garantir integridade e verificar se ocorreram mudanças não previstas no envio das mensagens.

Uma função de hashing mapeia blocos de dados de tamanho variável ou mensagens em valores de tamanho fixo chamados de código hash. A função foi desenvolvida para trabalhar unidirecionalmente e, quando protegida, provê um elemento identificador da mensagem, que é o hash.

O mecanismo é simples. Aplicamos uma mensagem a uma função de hashing que apresentará como resposta o hash, ou seja, um conjunto de bytes de tamanho fixo. Esse hash é único para esse texto, ou seja, se realizarmos qualquer modificação no texto, como incluir uma vírgula, ao passá-lo novamente pela função de hashing, o resultado desse conjunto de bytes não será o mesmo.

Esse mecanismo garante integridade, pois podemos calcular o hashing, criptografá-lo e enviá-lo junto com a mensagem. Quem a receber pode decriptografar o hashing e compará-lo com o resultado do cálculo realizado na recepção. Se o hashing enviado não coincidir com o hashing recebido, está provado que houve alteração da mensagem no canal de envio.

Exemplos de algoritmos de hashing são MD4 & MD5 (128 bits) e SHA1 (160 bits).

Um hashing pode ser usado para detecção de erros em uma mensagem, entretanto não garante sua confidencialidade nem autenticação.

Basicamente a partir de um hashing deve ser impossível determinar a mensagem que originou aquele hashing e computacionalmente impossível encontrar duas mensagens com o mesmo hashing.

O hashing deve ser sempre randômico e qualquer texto por ele passado deve possuir um tamanho fixo.

Message Authentication Codes (MAC)

O MAC, ou código de autenticação de mensagem, é uma função de hashing que incorpora uma chave, ou seja, para executar o algoritmo de hashing, é necessário que o receptor da mensagem possua a mesma chave usada na criação do MAC. O MAC pode ser usado para verificar a integridade das mensagens. Um usuário pode, por exemplo, descobrir pelo MAC se um arquivo foi alterado por um vírus. Veja a Figura 6.5.

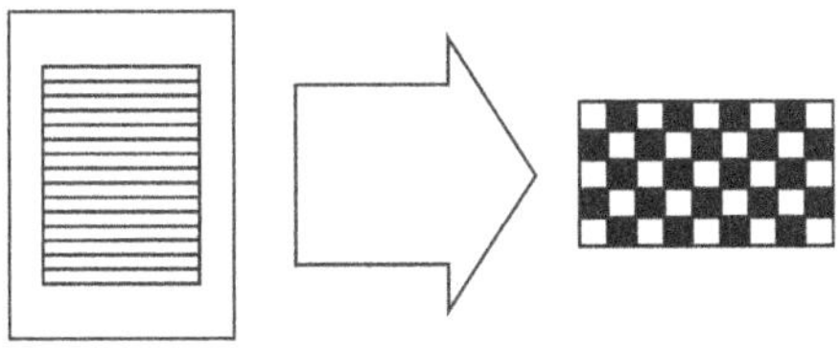

Figura 6.5 - Aplicação da função de hashing.

Assinatura Digital

Ela é implementada fazendo uso de criptografia assimétrica, também chamada de criptografia de chave pública, e serve para verificar a autenticidade e a integridade da mensagem.

A grande vantagem da criptografia assimétrica é que apenas o proprietário da chave privada pode decriptar a mensagem. Isso garante autenticidade, entretanto encriptar mensagens assimetricamente é um processo muito lento, principalmente se a mensagem é muito grande, por isso aplica-se esse processo apenas na assinatura digital do documento.

A assinatura digital é criada inicialmente passando a mensagem por uma função de hashing para gerar o hash. Esse hash, por ser pequeno, pode ser criptografado por funções de criptografia assimétrica, ou chave pública, e é então anexado à mensagem original.

A assinatura digital que foi anexada ao documento garante que ele foi criado pelo originador da mensagem. Principalmente porque qualquer mudança em um caractere da mensagem altera o hashing, o destinatário pode garantir que a mensagem não foi mudada após a geração do hashing.

A autenticação pode ser ainda mais forte com o uso de certificados digitais.

A Figura 6.6 facilita o entendimento do mecanismo. Suponha que Maria queira assinar um documento digitalmente, o qual é passado por uma função de hashing, gerando o hash, que é criptografado com a chave privada da Maria, e o hash do documento criptografado é anexado ao final da mensagem.

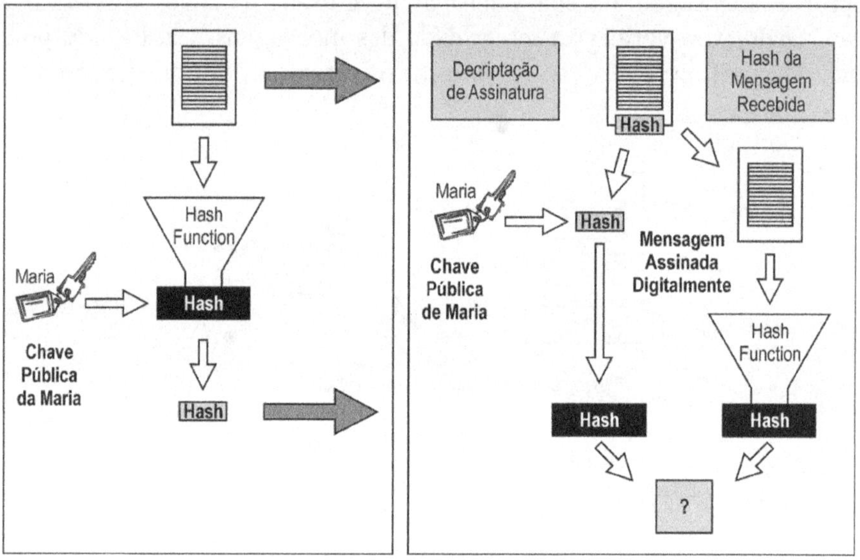

Figura 6.6 - Mecanismo de Assinatura Digital.

Quando João recebe o documento, ele retira o hashing criptografado do texto, decriptografa utilizando a chave pública de Maria e o armazena. A segunda etapa é calcular o hashing da mensagem. Se for idêntico ao hashing armazenado, está garantido que a mensagem foi assinada por Maria.

- Os principais algoritmos assimétricos usados para gerar as assinaturas digitais são RSA, DSS, ECDSA ou Triple Davis (NAI).
- O DSS é um padrão da NIST chamado Digital Signature Standard. Essencialmente é o mesmo que RSA. A decisão de usar um ou outro está ligada a fatores de limitação de exportação e licença de uso.
- O Elliptic Curve Digital Signature Algorithm (ECDSA) foi proposto pelo grupo P1363 do IEEE.

A assinatura digital utiliza o mesmo princípio de uma assinatura normal que fazemos todos os dias quando emitimos um cheque, e o emitente não pode repudiar o documento após assiná-lo. A vantagem da assinatura digital é que ela depende do documento e não há maneira de copiá-la de um documento para outro.

Uma aplicação que usa muito a assinatura digital é o PGP, que gera uma assinatura a partir de uma mensagem, criando um hashing usando algoritmo MD5 e criptografando o hashing assimetricamente.

O Brasil tem executado grandes avanços no que diz respeito à legislação da assinatura digital. As primeiras leis já estão aprovadas, portanto num futuro não muito distante pode ser uma realidade nacional o uso de cartórios digitais, principalmente para garantir a autoria de documentos assinados digitalmente.

Não Repúdio

É um dos principais serviços de segurança implementados pela assinatura digital. Garante que a transação ou mensagem não tenha sua validade questionada pelas partes. Essa questão é muito importante em transações legais. Outra aplicação é em transações de e-commerce pela Web. O requisito básico dessas transações é sempre a confidencialidade da chave privada. Ela nunca deve ser revelada para garantir a confidencialidade das operações.

Certificados Digitais e PKI

O certificado é utilizado para verificar se uma chave pública é mesmo de determinado usuário. Ele é assinado digitalmente por uma Autoridade de Certificação (CA) que verifica a autenticidade da chave pública. Um dos padrões de certificado usualmente utilizados é definido pela norma ITU-T X.509. A Tabela 6.5 exibe a analogia de um certificado digital com um passaporte.

Certificado	Passaporte
Identifica entidades	Identifica indivíduos
Pode ser usado por máquinas e sistemas	Não pode
Pode ser copiado e distribuído, pois não possui informações confidenciais	Não pode

Tabela 6.5 - Analogia entre certificado e passaporte.

Autoridade de Certificação (Certificate Authority)

A CA garante que o certificado com chave pertence ao usuário. É impossível alterar parte do certificado em virtude de ser armazenado na forma cifrada. Quando uma comunicação se inicia, a chave pública não é enviada e sim o certificado. Se a assinatura da CA é aceita, o certificado foi expedido pela CA. Isso não quer dizer que o certificado é válido, pois necessita de uma consulta extra a CA para verificar a lista de revogação de certificados.

Certificado X.509

Um certificado X.509 contém as seguintes informações:

- Versão do formato do certificado. Usualmente 1996.
- Número serial associado ao certificado. É único ao certificado e controlado pela Autoridade de Certificação.
- Identificação do algoritmo utilizado para assinar o certificado.
- Emissor com informações sobre a CA.
- Período de validade inicial e final.

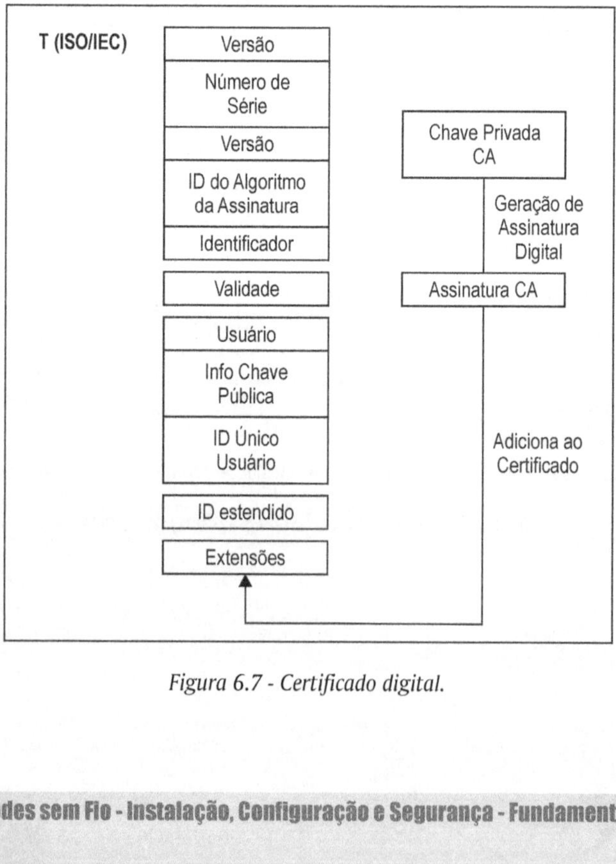

Figura 6.7 - Certificado digital.

- Sujeito com informações do usuário.
- Informação sobre a chave pública.
- Assinatura da CA cobrindo todo o certificado.

A Figura 6.7 apresentou os campos do certificado X.509.

O certificado é baseado no sistema de diretórios X.500, como o LDAP. Logo, em muitas implementações o certificado pode ser acessado por comandos LDAP, o que torna mais rápido e seguro o acesso.

Emissão do Certificado

Para emitir o certificado, a entidade certificadora pode fazer uma série de exigências de acordo com o grau de segurança de um certificado.

Certificados - Grau de Segurança

- **Classe 1:** fácil obtenção - garantia nula.
- **Classe 2:** verificação da base de dados de consumidores. Exemplo: SERASA.
- **Classe 3:** presença diante do tabelião - "fé pública".
- **Classe privada:** interno à empresa que vira um domínio de certificação.

O que uma CA deve ter?

- Controle físico - sala cofre
- Controle de procedimentos
- Controle de pessoal
- Controle de qualidade das máquinas e componentes
- Segurança na rede: firewall, IDS etc.
- Controle dos módulos criptográficos

Criação do Certificado

O usuário cria as chaves pública e privada randomicamente. A chave pública é então enviada para a CA, que cria o certificado com as informações pertinentes e assina-o com a chave privada da CA. O certificado é enviado de volta para o usuário já assinado. Por segurança, todo certificado leva data de validade.

Lista de Revogação de Certificados (CRL - Certificate Revogation List)

É uma lista de certificados sem validade, armazenada na própria CA ou em serviços de diretório. Deve ser consultada com certa frequência para garantir a validade de um determinado certificado.

A CRL fica em um diretório público chamado de CR (Certificate Repository).

Revogação de Certificados

O certificado é revogado quando:

- O usuário é removido do domínio de segurança;
- O proprietário do certificado reconhece que perdeu a chave privada;
- Há suspeita de ataques.

Tanto a CA como o usuário podem solicitar o cancelamento do certificado.

Hierarquias de Certificação

Existe uma hierarquia de certificação em que as CAs de um nível superior atestam a autenticidade de CAs de nível inferior. Além disso, o mesmo processo pode ocorrer entre CAs na mesma hierarquia, e neste caso leva o nome de verificação cruzada.

Podemos observar essas hierarquias na Figura 6.8.

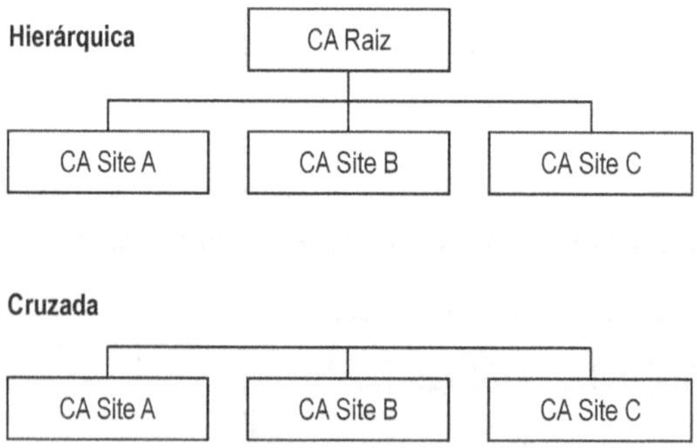

Figura 6.8 - Verificações hierárquica e cruzada.

As principais funções de uma autoridade certificadora são:

- Distribuição de certificados
- Emissão e assinatura de novos certificados
- Renegociação de certificados
- Revogação de certificados

A Certificate Authority (CA) verifica a identidade assinando o certificado digital que contém a chave pública do elemento de rede. Um certificado equivale a um cartão de identidade.

Public Key Infrastructure (PKI) ou Infraestrutura de Chave Pública

Consistem em políticas, entidades e mecanismos relacionados e usados para carregar chaves criptográficas e associá-las aos proprietários, programas, formatos de dados, protocolos etc. As aplicações que trabalham com PKI devem ser PKI Eneable.

Os protocolos que usam criptografia com PKI são os seguintes:

- Aplicação: Lotus Notes, S/MIME
- TCP/UDP: SSL
- IP: IpSec
- Interface de rede: PPP (CHAP)

Elementos do PKI

- EE (End-Entities) ou usuários
- CA (Certificate Authority)
- CR (Certificate Repository)
- RA (Registration Authority) - processo de verificação e gerenciamento

Certificados Digitais

A Figura 6.9 apresenta a infraestrutura de PKI.

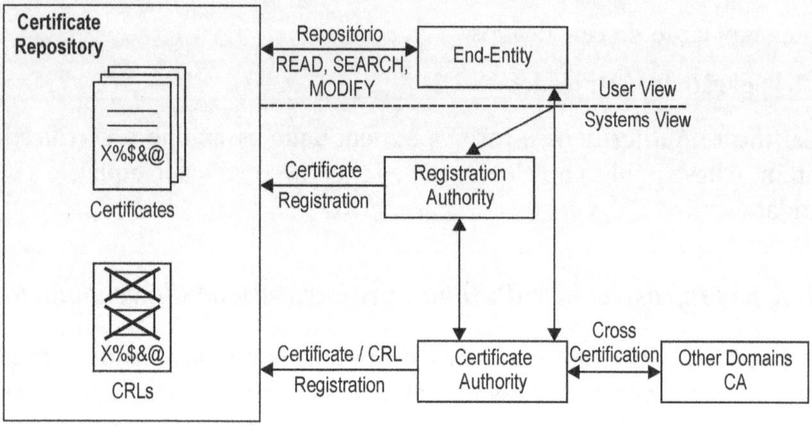

Figura 6.9 - Infraestrutura de PKI.

Criptoanálise - Quebra da Criptografia

Conforme já comentado, a criptoanálise é a ciência que estuda as técnicas para quebrar códigos criptográficos, descobrindo assim o texto claro a partir do texto cifrado.

A quantidade de informação disponível ao criptoanalista define o tipo de criptoanálise:

- somente texto cifrado;
- texto claro conhecido;
- possuir outro algoritmo que decriptografa o texto cifrado;
- pré-conhecimento da chave.

Um algoritmo criptográfico é seguro quando é computacionalmente impossível descobrir a chave e encontrar o texto claro a partir do texto cifrado.

Os principais conselhos para aumentar a segurança dos sistemas criptográficos são:

- Controle do texto claro que será criptografado - arquivos temporários, apagados etc.
- Evitar algoritmos proprietários de criptografia.

- Evitar fazer backup da chave criptográfica.
- Controlar quem possui a chave criptográfica.
- Usar sempre sistemas de certificação digital.
- Cuidado com os produtos que se dizem 100% seguros. Não existe sistema criptográfico infalível. Mesmo os melhores algoritmos são suscetíveis a ataques de força bruta, embora seja impraticável se a chave for grande o suficiente.

Sistemas de Criptoanálise

Muitos ataques de criptografia não são puramente matemáticos. Em ambientes nos quais a segurança das informações é vital, como em ambientes de desenvolvimento de alta tecnologia, deve-se tomar muito cuidado com o lixo, pois o usuário pode ter anotado uma chave em um papel que foi para o cesto de lixo. Além disso, as pessoas são vulneráveis à corrupção e outras formas de espionagem industrial, portanto o ideal é que um grupo muito pequeno de pessoas conheça a chave criptográfica e, se possível, que ela seja repartida entre mais de uma pessoa, para que só com as duas partes se possa formar a chave original.

Quando se conhece o texto claro, um criptoanalista pode, a partir da comparação do texto claro com o cifrado, descobrir a chave criptográfica. Em outro tipo de ataque o criptoanalista obtém o texto cifrado sem o texto claro, e tenta obter o texto claro a partir do cifrado. Nesse tipo de ataque é muito difícil obter sucesso, pois é preciso um texto cifrado muito grande, e a complexidade aumenta com o tamanho da chave.

Os ataques com texto escolhido são os mais usados para quebrar sistemas de chave pública, e consistem em escolher parte do texto cifrado e tentar decriptografá-lo com sistemas computacionais que analisam os dados de entrada e as saídas, buscando sequências claras como uma série de palavras.

Em geral, os ataques para quebrar a criptografia baseiam-se em buscas exaustivas da chave criptográfica. Os ataques de força bruta tentam justamente testar combinações para encontrar a chave criptográfica.

A Tabela 6.6 mostra uma estimativa de tempo para quebra de chaves criptográficas por ataques de força bruta. As colunas indicam a capacidade computacional de quebrar a criptografia por cada grupo.

Tamanho da chave	Hacker individual	Grupo	Rede acadêmica	Grande empresa	Inteligência militar
40 bits	Algumas semanas	Alguns dias	Algumas horas	Alguns milissegundos	Alguns microssegundos
56 bits	Alguns séculos	Algumas décadas	Alguns anos	Algumas horas	Alguns segundos
64 bits	Alguns milênios	Alguns séculos	Algumas décadas	Alguns dias	Alguns minutos
112 bits	Infinito	Infinito	Infinito	Alguns séculos	Alguns séculos
128 bits	Infinito	Infinito	Infinito	Infinito	Alguns milênios

Tabela 6.6 - Estimativa de tempo para quebra de chaves criptográficas.

Só para se ter uma ideia, um Chip FPGA que custa US$ 100,00 quebra chaves de 40 bits em uma hora e demora alguns meses para quebrar uma chave de 56 bits. Com 25 chips ORCA ao custo de US$ 1.000,00 podemos quebrar uma chave de 40 bits em quatro minutos e de 56 bits em 100 dias.

Com um hardware de US$ 100.000,00 as chaves de 40 bits podem ser quebradas em 24 segundos e de 56 bits em dez dias. As agências de inteligência possuem sistemas que permitem quebrar chaves de 40 bits em apenas sete segundos e 56 bits em 13 horas.

Criptografia - Limitações de Importação e Exportação

Pela lei americana, a criptografia é classificada como parte de um programa de controle de exportação e controlada pelo Departamento de Comércio Americano. Em geral, essas regulamentações proíbem a exportação pelos Estados Unidos de software com encriptação forte, ou seja, com chaves grandes, entretanto existem algumas exceções, por exemplo, subsidiárias de empresas americanas no exterior e instituições bancárias.

Em 1992, a associação dos fabricantes de software americana fechou um acordo com o Departamento de Comércio, permitindo a exportação de software que continha algoritmos criptográficos da RSAs RC2 e RC4, mas apenas se o tamanho da chave fosse limitado a 40 bits, enquanto nos Estados Unidos continuava liberado a chaves de 128 bits.

A segurança de um algoritmo é dependente do tamanho da chave utilizada. Quanto maior a chave, maior é o número de combinações possíveis necessárias para quebrar o código.

Desde 1992, a velocidade e a disponibilidade dos computadores têm crescido rapidamente e chaves com 40 bits ainda levam um tempo considerável para serem quebradas, porém muito menor. A cada dia, com a evolução da capacidade computacional, esse modelo de criptografia fica mais vulnerável e menos seguro para transações de comércio eletrônico.

O governo dos Estados Unidos tem apresentado vários métodos para permitir a exportação de encriptação forte, os quais se baseiam em sistemas de recuperação de senhas que possibilitam às agências americanas obter uma cópia da chave privada e decriptar as mensagens.

Em janeiro de 1997, foi criada uma agência de controle de exportação de produtos de criptografia que permite aos fabricantes exportar produtos com chaves de 56 bits, mas apenas se eles aceitarem incluir sistemas de recuperação de chaves em seus produtos.

Outros países, como Israel, possuem restrições para a importação, mas não impõem limites à exportação. A França possui restrições quanto à venda e uso de criptografia dentro do país.

Hoje a criptografia com chaves acima de 128 bits já se encontra liberada para uso geral em sistemas na Internet.

Resumo do Capítulo 6

Este capítulo apresentou os fundamentos da criptografia, que servem de base para introduzirmos a criptografia em sistemas de redes sem fio. Mostrou os conceitos de criptografia, criptoanálise, os algoritmos simétricos e assimétricos, as assinaturas digitais e os certificados digitais.

1. A criptografia é:
    a. Ciência que permite esconder o texto claro.
    b. Ciência que permite obter o texto claro a partir de um texto cifrado.
    c. Ciência que permite obter o texto cifrado a partir do texto claro.
    d. Ciência que estuda a criptoanálise.
2. Qual informação não faz parte do certificado X.509?
    a. Versão
    b. Número de série
    c. Chave pública
    d. Lista de revogação de certificados
3. Qual o algoritmo criptográfico desenvolvido por Philip R. Zimmermann?
    a. DH
    b. SSL
    c. Pretty Good Privacy
    d. HTTPS
4. Que algoritmo veio substituir o DES e o 3DES?
    a. Blowfish
    b. IPSEC
    c. Rijndael
    d. RC5
5. A assinatura digital **não** serve para garantir:
    a. autenticidade da origem
    b. integridade
    c. não repúdio
    d. confidencialidade
6. Qual dos algoritmos a seguir é o mais rápido para processamento?
    a. Diffie-Hellman
    b. RSA
    c. DS
    d. DES
    e. 3DES

Capítulo 7

Criptografia em Redes Sem Fio

Neste capítulo vamos apresentar como a criptografia é utilizada nas redes sem fio e quais os mecanismos e algoritmos utilizados para garantia da segurança.

Service Set Identifier (SSID)

O SSID é um nome que identifica uma rede sem fio em particular. Os usuários da rede sem fio podem receber automaticamente o nome dos access points que estão divulgando o SSID no alcance. O SSID pode também ser configurado manualmente nas estações.

O identificador da rede pode possuir até 32 caracteres. Todas as estações que fazem parte da rede devem utilizar o mesmo SSID. É como se fosse uma senha de entrada para a rede. Em uma rede com múltiplos access points é possível que mais de um access point possua o mesmo SSID.

Cada fabricante vem com um SSID padrão que deve ser trocado durante o processo de configuração. Por exemplo:

- **3com**: "101"
- **Cisco**: "Tsunami"
- **D-Link**: "Dlink"

- **Linksys:** "linksys"
- **Lucent/Cabletron:** "RoamAbout Default Network Name"
- **Addtron:** "WLAN"
- **Intel:** "intel"
- **Netgear:** "Default" ou "Netgear"

Quanto mais pessoas conhecerem o SSID, maior a chance de ser mal utilizado. A mudança do SSID requer a mudança em todos os usuários da rede.

O SSID é adicionado ao cabeçalho de todos os pacotes que pertencem a uma rede sem fio específica. O que vai diferenciar as redes é justamente o SSID. Um dos maiores erros dos administradores é não alterar o SSID de fábrica, o que equivale a utilizar uma senha default para acessar a rede.

Existem algumas configurações que aumentam a segurança das redes sem fio que envolvem o SSID, tratadas nos próximos capítulos.

Filtragem do Endereço MAC das Estações

É um recurso interessante que auxilia a aumentar a segurança e a realizar um filtro nos access points, permitindo que apenas as estações que possuam endereço MAC registrado tenham acesso à rede.

Estações com endereços MAC distintos dos configurados não conseguem acessar a rede. Esse mecanismo seria muito eficiente se os endereços MAC não pudessem ser atacados por técnicas de Spoofing, ou seja, alguém trocar o endereço da sua estação para o endereço de uma estação válida e ter acesso à rede.

Além disso, esse recurso torna-se inviável se possuímos uma rede muito grande com muitas estações, em que é difícil controlar os endereços MAC de todas as estações. Imagine o trabalho de cadastrar máquinas de visitantes, ou mesmo novas máquinas adicionadas à rede diariamente.

Wired Equivalent Privacy (WEP)

O WEP nasceu da especificação do padrão IEEE 802.11b com o intuito original de prover o mesmo nível de confidencialidade que uma rede cabeada tradicional.

O objetivo do WEP era:

- Fornecer confidencialidade aos dados por meio de um algoritmo criptográfico de chave secreta;
- Ser eficiente, capaz de ser processado rapidamente via software;
- Ser exportável, ou seja, deveria usar uma técnica de criptografia que permitisse exportar para outros países além das fronteiras americanas.

O WEP trabalha com o RC4 da RSA que é uma cifra baseada em stream ou fluxo (40 bits de chave + 24 bits de vetor de inicialização). É um algoritmo simétrico que usa a mesma chave para encriptar e decriptar a informação PDU (Protocol Data Unit). Para cada transmissão o texto claro passa por um XOR com um stream aleatório baseado na chave criptográfica que produz um texto cifrado. O processo inverso é usado para decriptação.

O algoritmo opera nos seguintes passos:

- Assume que a chave secreta será distribuída tanto para as estações que estão transmitindo com para as que estão recebendo de uma maneira segura.
- Na estação que está transmitindo uma chave criptográfica de 40 bits, é concatenada com um vetor de inicialização (IV) de 24 bits produzindo uma semente.
- Essa semente gera um stream de dados pseudorrandômico.
- Em seguida, é realizada uma operação de XOR entre esse fluxo pseudorrandômico e o texto claro para gerar o texto cifrado.
- O texto cifrado é concatenado com o vetor de inicialização e transmitido.

Quem recebe a mensagem executa os passos reversos, ou seja:

- Lê o vetor de inicialização que recebe junto com a mensagem.
- Concatena com a chave secreta, gerando a semente.
- O receptor consegue, desta maneira, gerar o mesmo stream pseudorrandômico usado na transmissão.
- Em seguida, realiza a operação de XOR com o texto cifrado e o stream, obtendo o texto claro.
- Existe ainda uma proteção de CRC para verifica se não ocorreram erros de transmissão.

Na Figura 7.1 podemos observar o processo:

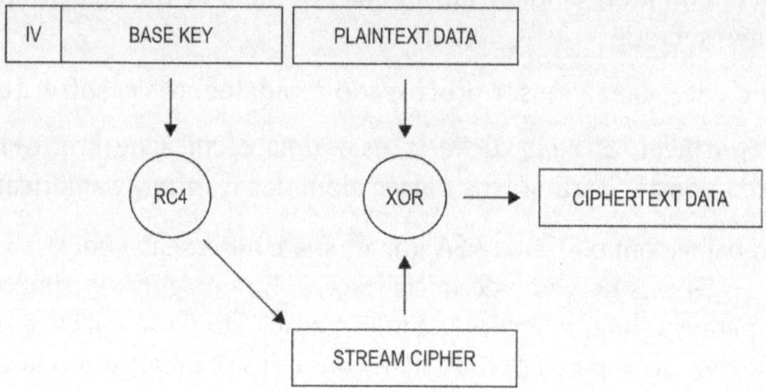

Figura 7.1 - Funcionamento do WEP.

Alguns estudos realizados pela Universidade de Berkeley na Califórnia e pela Universidade de Maryland provaram a existência de grandes problemas de segurança com o WEP, demonstrando que ele não é adequado para prover privacidade em redes sem fio em camada de enlace.

O WEP possui algumas vulnerabilidades. A primeira delas é que ele trabalha com um vetor de inicialização muito pequeno, o que o torna ainda mais vulnerável a ataques que buscam descobrir a chave criptográfica.

Os ataques passivos consistem em decriptografar o tráfego com base em análises estatísticas, enquanto os ataques ativos consistem em gerar novo tráfego de estações "estranhas" com base em textos claros conhecidos.

Além disso, todos os usuários de um mesmo access point compartilham a mesma chave WEP de criptografia.

Os estudos realizados sobre o protocolo WEP demonstraram que ele deveria ser utilizado em conjunto com outra solução de criptografia, como IpSec, utilizado muito para o estabelecimento de VPNs ou mesmo SSH (Secure Shell).

WEP 2

O WEP 2 foi estudado no início da especificação do IEEE 802.11i e consiste basicamente em ampliar a chave WEP para 128 bits, com o objetivo de dificultar os ataques de força bruta.

No WEP 2, o vetor de inicialização continua com 24 bits e a chave com 104 bits. Os estudos de vulnerabilidade do WEP comprovaram que o WEP 2 também é ineficiente e vulnerável a ataques, tanto assim que o grupo de trabalho do IEEE 802.11i decidiu abandonar o WEP 2 e partir para a solução com o WPA2.

WPA

O WPA foi criado pelo consórcio do WiFi em 2003 como uma forma de endereçar as vulnerabilidades do WEP. A primeira implementação do WPA adiciona o TKIP ao WEP de modo a fornecer um melhor método para gerenciamento de chaves, porém continuando a utilizar a cifra RC4.

O TKIP (Temporal Key Integrity Protocol) foi inicialmente designado de WEP2, tendo sido desenvolvido para endereçar as ineficiências do WEP. A segurança se inicia com a criação de uma chave temporal de 128 bits que é compartilhada entre todos os clientes e o access point.

O TKIP combina a chave temporal com o endereço MAC da estação adicionando 16 octetos ao vetor de inicialização para produzir a chave que irá encriptar os dados. Cada chave temporal é trocada a cada 10.000 pacotes. Essa diferença permite um melhor método para distribuição dinâmica de chaves, o que aumenta a segurança.

O WPA foi desenvolvido para trabalhar em dois modos:

- **WPA Personal:** nesse modo uma chave preestabelecida (pre-shared key) deve ser configurada no access point e nas estações para iniciar o processo de troca de chaves.
- **WPA Enterprise:** esse modo utiliza a autenticação IEEE 802.1x, que é um protocolo de autenticação baseado na porta que utiliza EAP (Extensible Authentication Protocol).

EAP

O EAP disponibiliza um framework de vários mecanismos de autenticação. São eles:

- **EAP-TLS:** usa certificados digitais tanto do lado do cliente como do lado do servidor.
- **EAP-TTLS:** provê autenticação apenas do lado do servidor usando certificados digitais.
- **PEAP:** muito similar ao EAP-TTLS, trabalhando com autenticação do lado do servidor.

O EAP trabalha em conjunto com o 802.1x e a autenticação no servidor destino é realizada com protocolo RADIUS.

802.1x

O 802.1x é uma especificação que pode ser utilizada tanto em redes cabeadas como em redes sem fio. Baseia-se no uso do EAP (Extensible Authentication Protocol) RFC 2284.

A autenticação é centralizada em um servidor em que a comunicação ocorre pelo protocolo RADIUS. O 802.1x em redes sem fio é muito utilizado também para troca dinâmica de chaves e em processos transparentes de Roaming. A Figura 7.2 apresenta o processo de autenticação de uma estação na rede com o EAP, usando as duas fases.

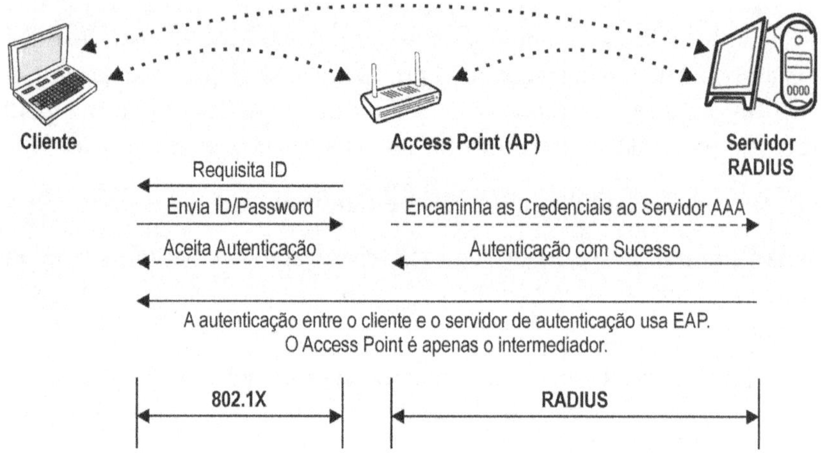

Figura 7.2 - Processo de autenticação com o EAP.

O WPA elimina as vulnerabilidades do WEP e estende o algoritmo RC4 do WEP em quatro novos algoritmos:

- Extensão do IV para 48 bits e criação de 248 regras de sequenciamento, o que equivale a mais de 500 trilhões de números. As regras de sequenciamento especificam como IVs são selecionados.
- Message Integrity Code (MIC), empregado via hardware, realiza troca dos números de sequencia dos pacotes, deixando os mesmos alteatórios e evitando ataques de "Man in the Middle".
- Key Derivation & Distribution.
- TKIP (Temporal Key Integrity Protocol), gerando chaves por pacote.

A Figura 7.3 mostra o processo do WPA agregando o MIC (Message Integrity Code) ao RC4 como mecanismo para aumentar a segurança.

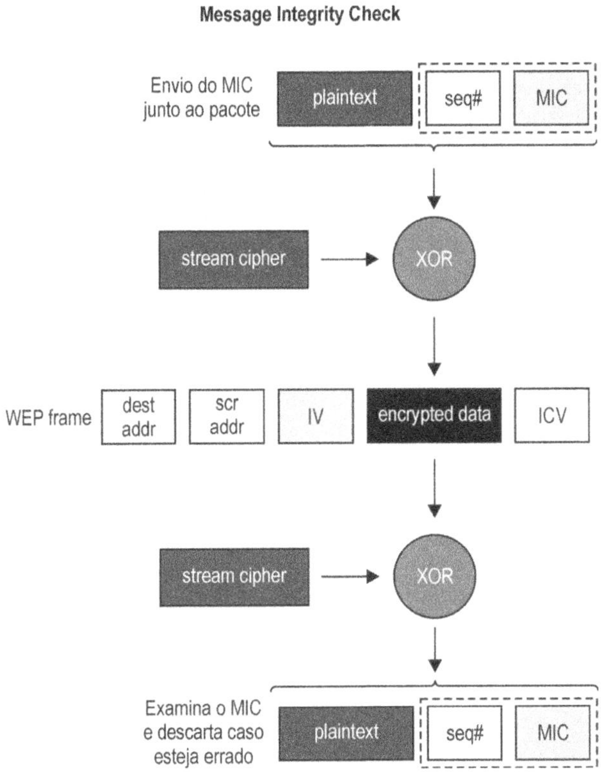

Figura 7.3 - WPA - Agregação do MIC à segurança do RC4.

Vulnerabilidades do WPA com TKIP

O TKIP é vulnerável a ataques passivos, uma vez que a chave do WEP é facilmente quebrada. A vantagem é que o tempo necessário para quebrar a chave impede que ela seja utilizada em um ataque ativo, uma vez que a chave nesse momento já foi trocada.

Existem ainda alguns ataques em que o hacker injeta pacotes no processo do TKIP de uma forma ativa com sucesso.

WPA2

O WPA2 foi lançado em 2004 pelo consórcio WiFi. Fornece para o uso doméstico e de empresas um alto nível de proteção aos dados, garantindo que apenas usuários autorizados tenham acesso às redes. O WPA2 baseia-se na especificação final do IEEE 802.11i, que foi ratificado em junho de 2004. O WPA2 é compatível com o WPA e inclui o TKIP e o protocolo 802.1x.

O WPA2 utiliza como algoritmo criptográfico o CCMP, o mais seguro de todos, que se baseia na especificação final do AES (Advanced Encryption Standard). Esse algoritmo é certificado no mais alto nível de segurança pelo governo dos Estados Unidos com o FIPS 140-2.

Como o WPA, o WPA2 usa dois diferentes métodos de autenticação. Ambos disponibilizam uma solução para autenticação e encriptação. Todas as soluções que possuem certificação WiFi precisam trabalhar nos dois modos:

WPA2 Personal Mode: oferece uma solução simples para usuários domésticos e pequenos escritórios. No modo Personal apenas uma pre-shared key é necessária para autenticação.

WPA2 Enterprise Mode: nesse método é usada a autenticação 802.1x com RADIUS.

O método de pré-autenticação facilita as atividades de roaming, uma vez que não é solicitada novamente a senha quando ocorre uma reconexão em um outro access point da rede. No caso de "roaming", a senha fica armazenada em uma área de cache.

A Tabela 7.1 compara os dois modos do WPA, tanto no WPA1 como no WPA2.

	MODO	WPA	WPA2
Personal Mode	Autenticação	Pre Shared Key	IEEE 802.1X/EAP
	Encriptação	TKIP/MIC	AES
Enterprise Mode	Autenticação	IEEE 802.1X/EAP	IEEE 802.1X/EAP
	Encriptação	TKIP/MIC	AES

Tabela 7.1 - Modos de autenticação.

O WPA2 Personal Mode é apropriado para pequenos escritórios e usuários domésticos e não requer a complexidade do 802.1x. Cada dispositivo wireless deve encriptar o tráfego de rede usando uma chave de 256 bits (AES), a qual deve ser entrada com 64 caracteres em hexadecimal ou uma frase secreta de 8 a 63 caracteres ASCII.

Quando se utiliza o modo em caracteres ASCII, a chave de 256 bits é calculada segundo uma função de derivação de chaves conhecida como PBKDF2. Essa função utiliza como variáveis o identificador da rede (SSID) adicionado a 4.096 interações do HMAC-SHA1.

A pre-shared key é vulnerável a ataques de força bruta ou de dicionário, principalmente se a frase secreta for de baixa complexidade. Outro ponto é que o identificador da rede, o SSID, não pode estar na relação dos 1.000 mais utilizados.

O WPA2 com o AES é a solução mais segura existente, uma vez que o AES é um algoritmo criptográfico até hoje inviolável. Estima-se que seriam necessários milhares de anos para quebrar a chave de 256 bits do AES.

Exemplos de Configuração de Criptografia no Access Point

A seguir, vamos apresentar como é configurada a criptografia em três modelos de access point:

- Linksys da Cisco;
- Netgear;
- D-Link.

Linksys

O roteador Linksys utilizado para essa configuração foi o modelo WRT54G, um dos mais comercializados pela Cisco/Linksys no Brasil. A Figura 7.4 apresenta uma foto desse modelo. É um roteador IEEE 802.11b/g.

Figura 7.4 - Roteador Linksys WRT54G. Foto extraída do site www.cisco.com

Na Figura 7.5 podemos observar as portas do equipamento. Esse roteador possui uma porta WAN para conexão à Internet e mais quatro portas do tipo hub para a conexão de dispositivos cabeados, como impressoras, desktops etc.

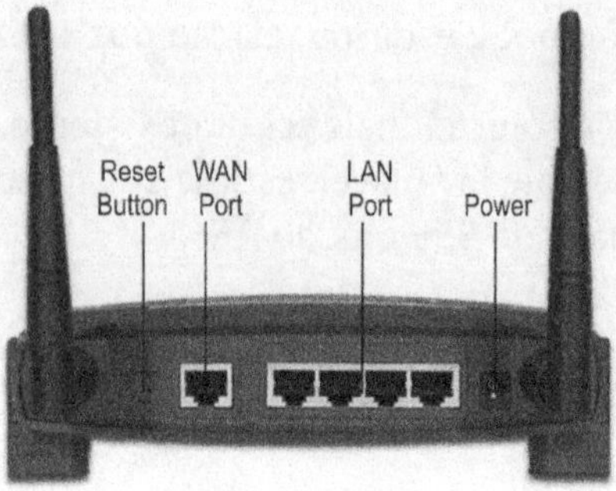

Figura 7.5 - Portas do roteador wireless Linksys WRT54G. Foto extraída do site www.cisco.com

Acessando o roteador pela web, Figura 7.6, verificam-se os modos suportados pelo roteador:

- WPA Personal
- WPA Enterprise
- WPA2 Personal
- WPA2 Enterprise
- RADIUS
- WEP

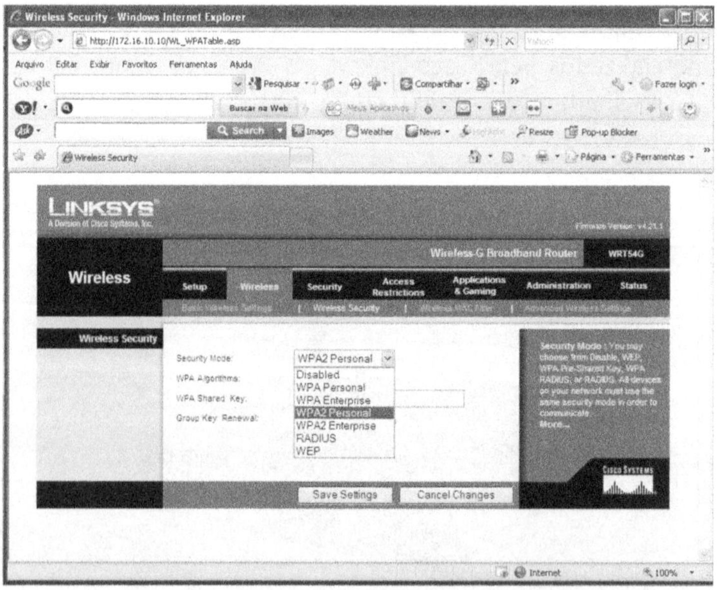

Figura 7.6 - Modos de configuração de criptografia.

WPA Personal

Quando selecionamos WPA Personal, Figura 7.7, existe a opção do uso do algoritmo:

- TKIP, usando o RC4;
- AES.

Observe que mesmo o AES não sendo especificado no WPA, e sim no WPA2, esse dispositivo permite essa configuração. Alguns fabricantes suportam modos adicionais ao padrão.

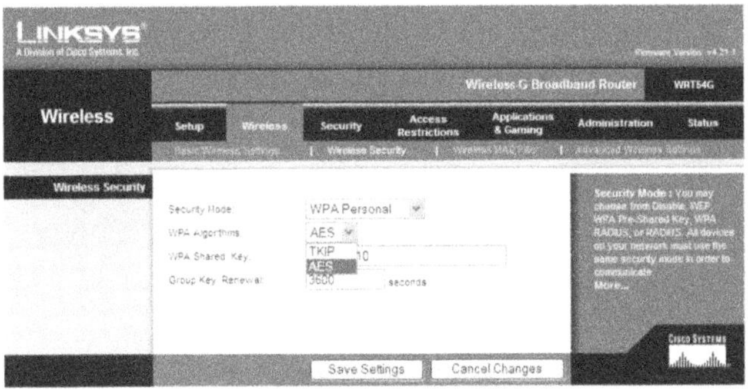

Figura 7.7 - Modos de configuração WPA Personal.

Em seguida, deve-se configurar o **pre-shared key**, ou chave secreta compartilhada. Neste caso usamos &ric@2010, Figura 7.8.

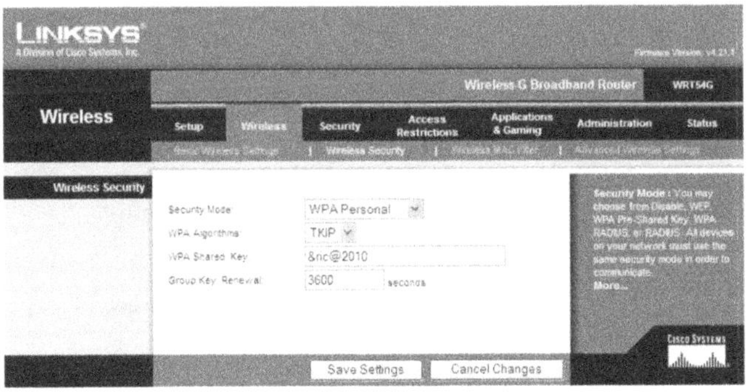

Figura 7.8 - Configuração da chave compartilhada (pre-shared key).

WPA Enterprise

Na configuração do WPA Enterprise o processo é parecido, porém são adicionadas as opções de configuração do servidor RADIUS, como indica a Figura 7.9. Nessa tela adicionamos o endereço do servidor RADIUS 192.168.1.100 e a shared key que deve ser utilizada na autenticação: **&ric@2010**.

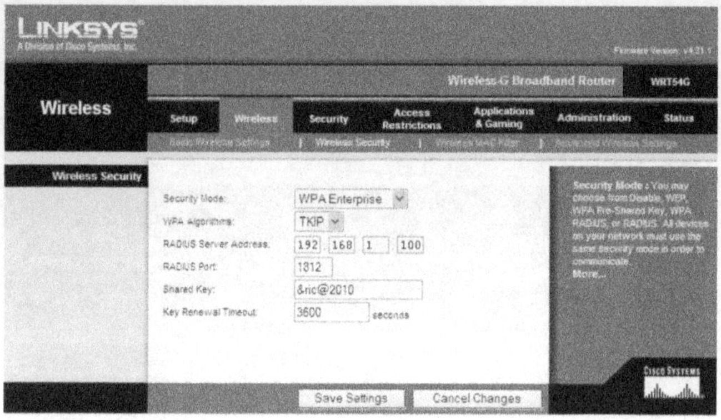

Figura 7.9 - Configuração do servidor RADIUS.

WPA2 Personal

O processo é o mesmo do WPA, com as opções de TKIP e AES. Veja na Figura 7.10 a configuração exemplo com AES e a pre-shared key **&ric@2010**.

Nas telas aparece WPA2 sem o traço (WPA-2), forma padronizada também no texto.

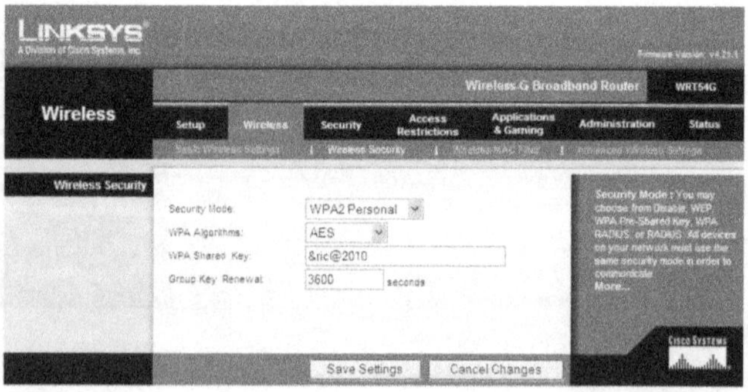

Figura 7.10 - WPA2 Personal.

WPA2 Enterprise

O processo também é o mesmo do WPA, adicionando-se o endereço do servidor RADIUS 192.168.1.100 e a pre-shared key **&ric@2010**, Figura 7.11.

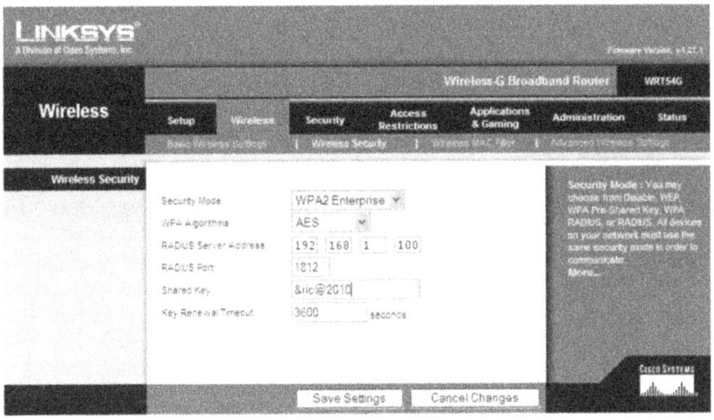

Figura 7.11 - WPA2 Enterprise.

RADIUS apenas

O roteador da Linksys permite a utilização do RADIUS para autenticação das estações em conjunto com WEP. A Figura 7.12 ilustra esse cenário. A passphrase é utilizada para gerar os 128 bits da chave WEP.

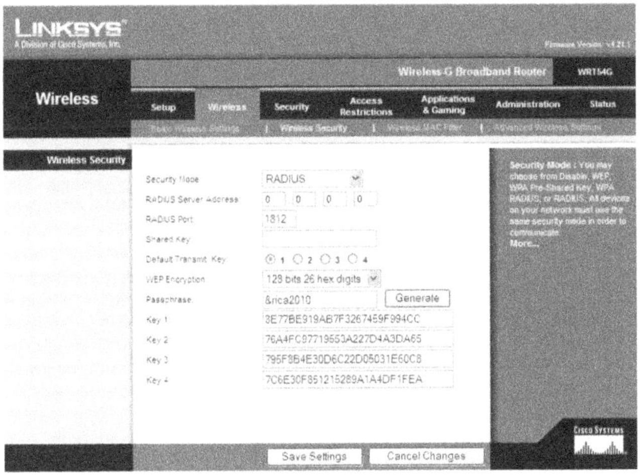

Figura 7.12 - Configuração com RADIUS.

WEP

Por último temos a opção de configuração de uma chave WEP. É possível configurarmos o WEP para trabalhar como uma chave de 64 ou 128 bits. Na Figura 7.13 observamos essa configuração. Existe também a opção de gerar a chave a partir de um passphrase, e o usuário precisa definir qual das quatro chaves geradas será utilizada.

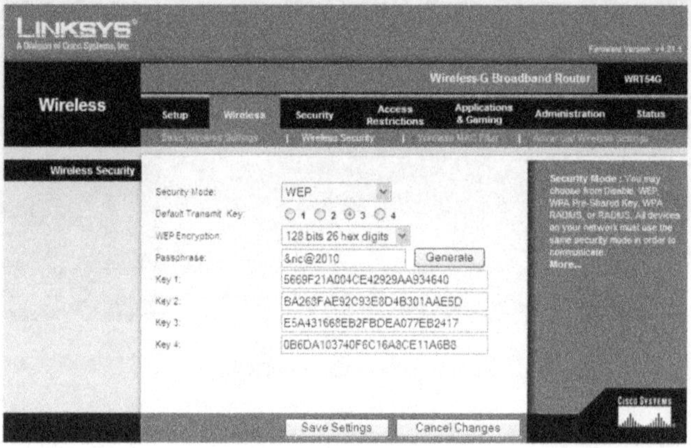

Figura 7.13 - Configuração WEP.

Netgear

O modelo Netgear apresentado na Figura 7.14 é o WGR614, que é um roteador IEEE 802.11b/g.

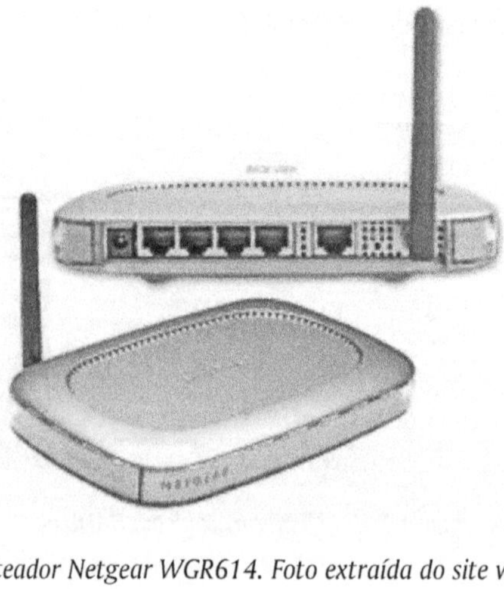

Figura 7.14 - Roteador Netgear WGR614. Foto extraída do site www.netgear.com

Esse roteador é similar ao Linksys no que diz respeito ao número de portas, porém possui apenas uma antena.

O Netgear não permite a configuração em modo Enterprise, como observamos no menu de opções, Figura 7.15.

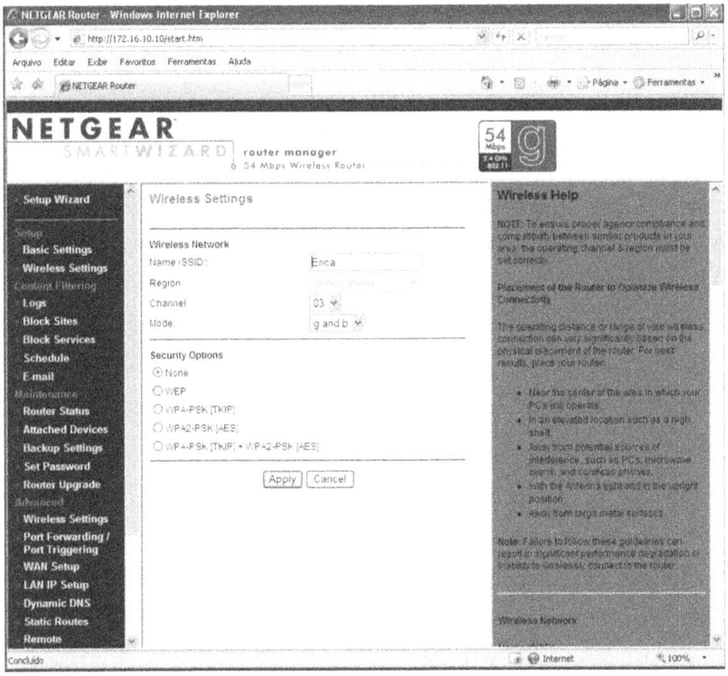

Figura 7.15 - Menu principal do access point Netgear - acesso web.

WEP

Na configuração WEP precisamos definir o identificador da rede que será usado por todas as estações SSID. Neste caso definimos como **Erica**, o modo de autenticação open ou shared key, o tamanho da chave WEP 64 ou 128 bits. Em seguida, precisamos gerar a chave a partir de uma passphrase: **&ric@2010**. Essa configuração pode ser verificada na Figura 7.16.

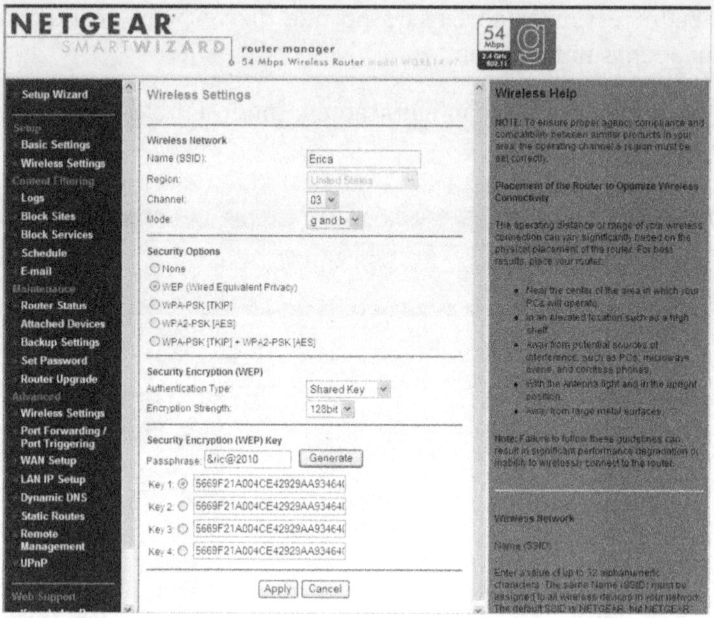

Figura 7.16 - Configuração de WEP no Netgear.

WPA Personal

Na configuração WPA Personal precisamos apenas selecionar a opção de WPA-PSK (TKIP) e definir a pre-shared key (passphrase), neste caso **&ric@2010**, Figura 7.17.

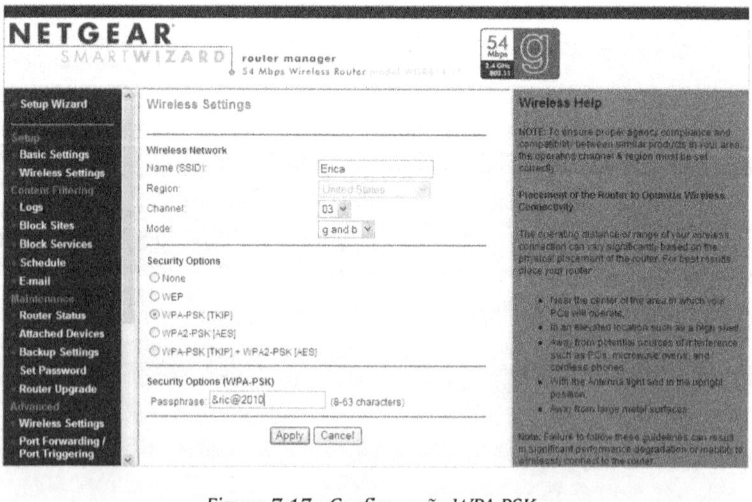

Figura 7.17 - Configuração WPA-PSK.

WPA2 Personal

Na configuração WPA2 Personal precisamos apenas selecionar a opção de WPA2-PSK (AES) e definir a pre-shared key (passphrase), neste caso **&ric@2010**.

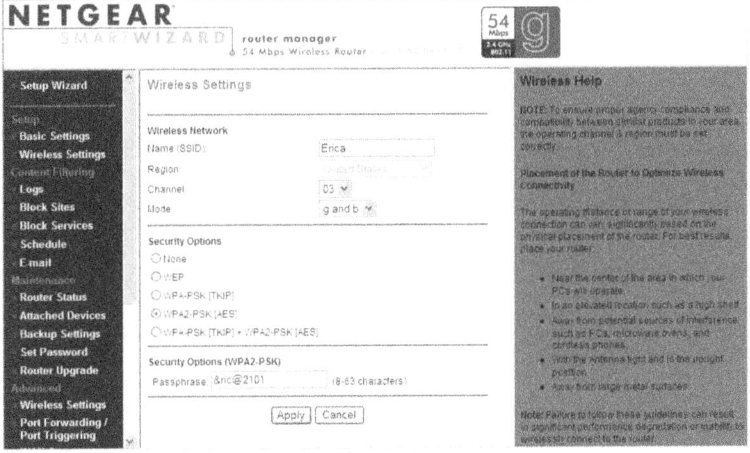

Figura 7.18 - Configuração WPA2 Personal.

WPA Personal TKIP + WPA2 AES

Esse modo de configuração é específico do Netgear e permite implementar o AES em conjunto com a facilidade de troca de chaves do TKIP. A Figura 7.19 apresenta essa configuração.

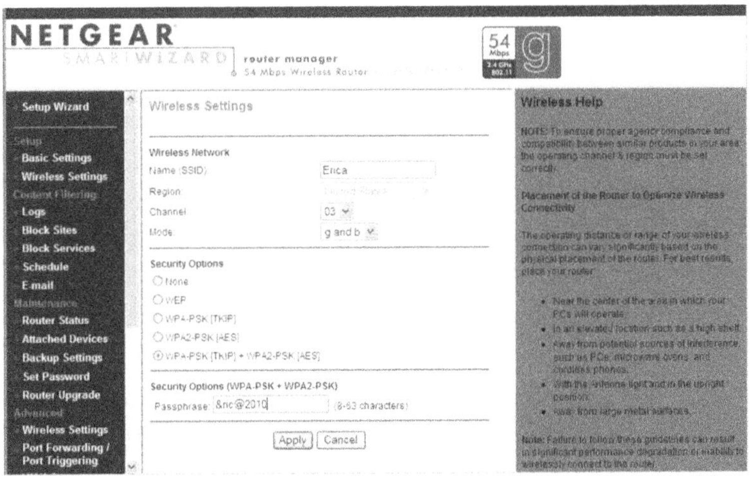

Figura 7.19 - TKIP + AES.

D-Link

O modelo D-Link apresentado na Figura 7.20 é o DI-524, que é um roteador IEEE 802.11b/g.

Figura 7.20 - Roteador D-Link DI-524. Foto extraída do site www.dlink.com

O roteador D-Link é muito similar aos anteriores. Possui uma porta WAN para conexão à Internet e quatro portas do modo hub para conexão de máquinas cabeadas. Na Figura 7.21 podemos observar os modos de configuração do roteador.

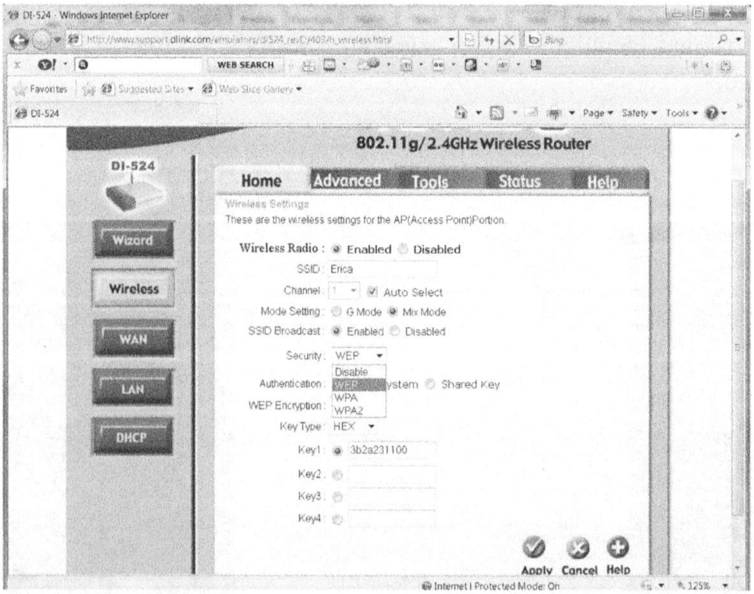

Figura 7.21 - Configuração do roteador D-Link.

WPA Enterprise

Para a configuração do WPA Enterprise selecionamos a opção WPA, em seguida definimos o endereço do servidor RADIUS e a pre-shared key, como indica a Figura 7.22.

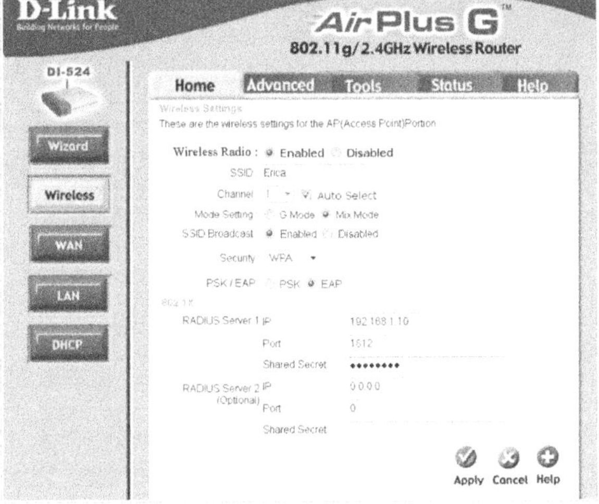

Figura 7.22 - Configuração WPA D-Link.

WPA Personal

Para a configuração do WPA Personal definimos a pre-shared key que será usada entre o access point e as estações de trabalho. Essa configuração pode ser conferida na Figura 7.23.

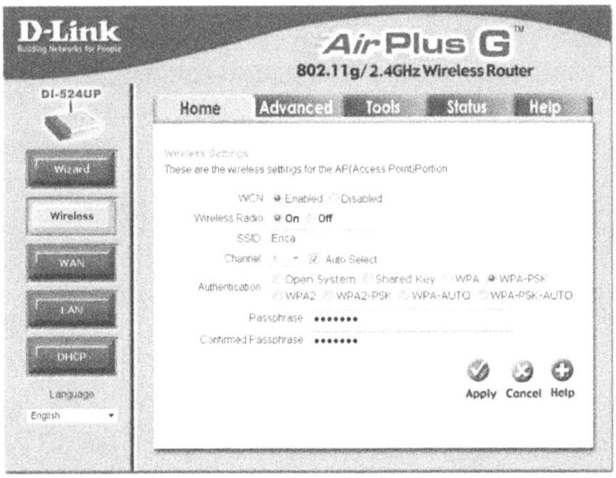

Figura 7.23 - Configuração do WPA Personal.

WPA2 Enterprise

Na configuração do WPA2 enterprise precisamos definir o endereço do servidor RADIUS e a shared secret que será utilizada. Veja essa configuração na Figura 7.24.

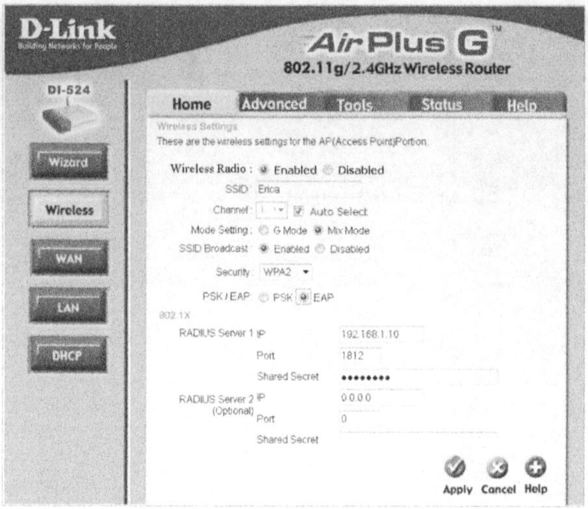

Figura 7.24 - Configuração do WPA2 Enterprise.

WPA2 Personal

Para a configuração do WPA2 Personal definimos a pre-shared key que vai ser usada entre o access point e as estações de trabalho. Essa configuração pode ser observada na Figura 7.25.

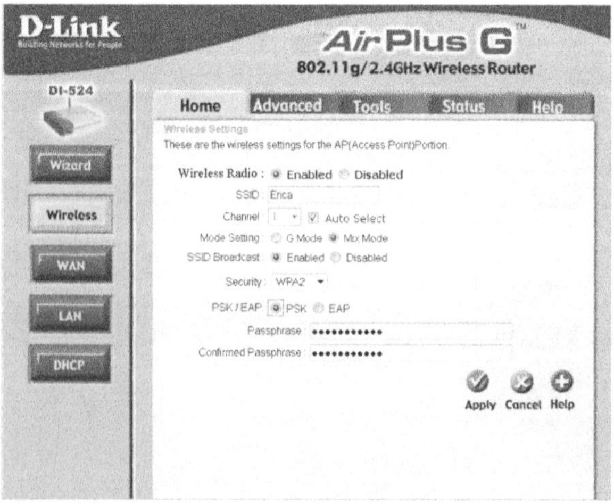

Figura 7.25 - Configuração do WPA2 Personal.

WEP

Na configuração WEP precisamos apenas adicionar a chave de 64 ou 128 bits, conforme a Figura 7.26.

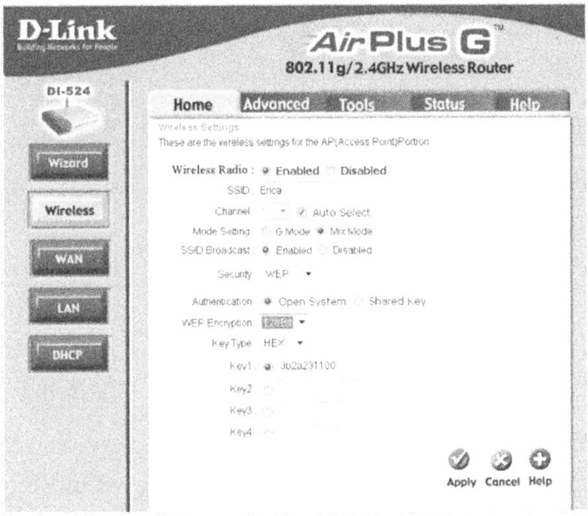

Figura 7.26 - Configuração WEP.

Resumo do Capítulo 7

Este capítulo apresentou os métodos usados para garantia de privacidade dos dados na rede sem fio, desde senhas de identificação de redes, como o SSID, até a aplicação da criptografia WEP, AES e dos métodos de autenticação WPA e WPA2. Concluindo o capítulo, foram mostradas as telas de configurações desses parametros em três modelos de access points: Linksys, Netgear e D-Link.

1. Qual informação é enviada no header de cada pacote e identifica a rede sem fio?
    a. Chave WEP
    b. Vetor de inicialização
    c. Pre-shared key
    d. SSID
2. Qual o algoritmo mais seguro?
    a. WEP-64
    b. WEP-128
    c. AES
    d. RC4
3. Qual a vantagem do WPA Enterprise?
    a. Uso de senha compartilhada.
    b. Usuários podem ser autenticados em um servidor 802.1x.
    c. Utiliza o 802.1x com EAP e os usuários são autenticados no servidor RADIUS.
    d. É mais utilizado em residências e pequenas empresas.
4. Quanto à filtragem de MAC Address:
    a. É o método mais seguro, pois os MAC address são protegidos.
    b. Ajuda, porém é passível de MAC Address spoffing.
    c. É obrigatória para uso com WEP.
    d. É definida no WPA2
5. Qual o método especificado do WPA?
    a. CKIP
    b. AES
    c. WEP
    d. TKIP

6. O que é MIC?
    a. Message Industry Code
    b. Especificado pelo AES
    c. Message Integrity Code
    d. WPA
7. O AES é uma cifra:
    a. Em bloco assimétrica
    b. Em bloco simétrica de 64 bits
    c. Em bloco simétrica de 256 bits
    d. Em stream de 128 bits
8. Quais os modos extras de configuração do Linksys?
    a. RADIUS e WPA2
    b. RADIUS e AES com WPA2
    c. WPA com AES e RADIUS
    d. SSID control
9. Qual o modo não suportado no roteador Netgear?
    a. WEP
    b. WPA Enterprise
    c. WPA2 Personal
    d. WPA2 Enterprise
10. Qual a diferença do roteador Linksys apresentado?
    a. Quantidade de portas
    b. Perfomance
    c. Número de antenas
    d. Fonte 110-220 volts

Anotações

Capítulo 8

Principais Ameaças e Ataques à Rede sem Fio

As redes Wireless usam como meio de transmissão o ar, que traz como vantagem a mobilidade, porém gera o inconveniente de as transmissões de rádio poderem ser interceptadas.

Podemos imaginar a transmissão de rede sem fio como um grande hub que retransmite os sinais para todas as estações que possuem uma interface de rede sem fio.

O Wireless também expande o perímetro de rede da empresa. O que antes era um ambiente de rede controlado, centralizado e cabeado acaba se tornando um desafio de segurança, uma vez que o perímetro da rede da empresa pode alcançar em alguns casos até mais de um quilômetro, desde que a técnica de interceptação de sinais adequada seja utilizada.

É nesse ambiente que confiamos os dados privados e confidenciais de nossas empresas, dados pessoais, dos cartões de crédito e de contas bancárias. Como garantir a integridade e a privacidade dos dados nesse ambiente?

Para isso, é preciso garantir a implementação de um ambiente seguro com criptografia de chave forte, porém antes disso deve-se entender as reais ameaças que nos afetam.

War Driving

Em 2001, hackers independentes criaram o Worldwide War Driving, cuja ideia era mapear no mundo as redes sem fio encontradas, e principalmente aquelas que não apresentavam o mínimo de segurança, representando redes de livre acesso à Internet e sem controle.

Essa iniciativa vingou até o ano de 2005. Na Tabela 8.1 podemos observar os dados publicados no ano de 2004.

Categoria	Total	%	Alteração WWD 3
Total de AP	228.537	100	N/A
Com criptografia WEP	87.647	38.30	+6.04
Sem criptografia WEP	140.890	61.6	-6.04
SSID Default	71.805	31.4	+3.57
SSID Default e sem WEP	62.859	27.5	+2.74

Tabela 8.1 - Worldwide War Driving.

Embora os números não sejam atuais, observa-se na tabela que 61,6% das redes não implementavam nenhum tipo de criptografia. Além disso, 27,5% das redes, além de não implementarem a criptografia, possuíam SSID Default. Isso indica que quase nenhuma configuração foi feita com o roteador Wireless.

O War Driving normalmente é realizado a pé ou de carro. Nos anos de 2004 a 2006, era comum encontrar no Vale do Silício, Califórnia, marcações com giz nas calçadas que indicavam redes sem fio sem proteção, o que foi chamado de warchalking. Podemos observar as marcações realizadas nas calçadas na Figura 8.1.

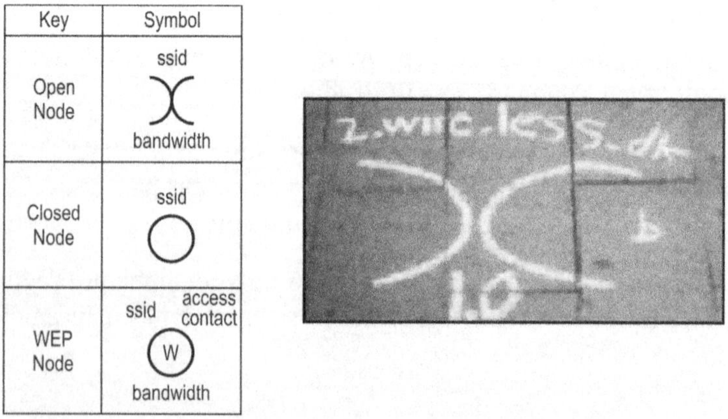

Figura 8.1 - Warchalking. Fonte: www.worldwidewardriving.com

Os hackers desenvolveram a simbologia mostrada na Figura 8.1, em que o símbolo)(representa uma rede aberta. Na parte de cima o hacker colocava o nome do SSID, ao lado o padrão da rede IEEE 802.11 a, b ou g e abaixo a velocidade com que era possível conectar-se naquele ponto.

A Figura 8.2 exibe um War Driving em que o hacker monta uma antena especial, mais o computador e o GPS para armazenar os pontos que se encontram em uma rede sem fio.

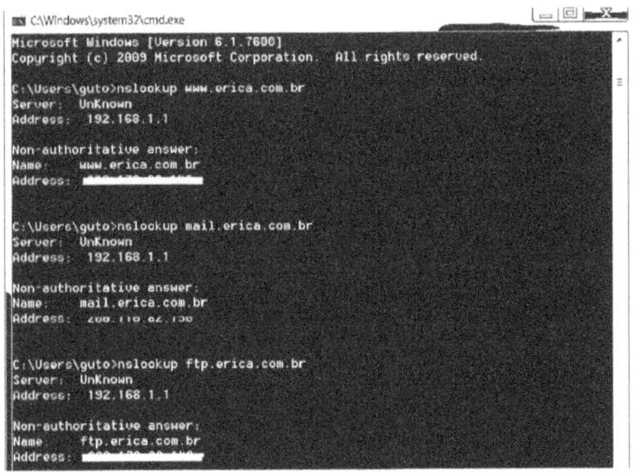

Figura 8.2 - War Driving. Foto extraída do site http://wiki.wifi.ee/index.php/Wardriving (Wikipédia)

Os hackers podem utilizar antenas de alto ganho desenvolvidas com uma simples lata com revestimento interno de alumínio, a qual permite captar o sinal de redes sem fio a até alguns quilômetros do ponto de recepção. Para que essa atividade seja bem-sucedida, é interessante que o hacker faça uso de um tripé, pois havendo qualquer variação pequena de ângulo, o sinal pode se perder.

A ideia do War Driving é identificar os pontos de acesso, a partir dos quais o hacker pode realizar um scanning do tráfego, ou seja, capturar os pacotes que estão sendo trocados na rede sem fio.

Se a rede não possui criptografia, o hacker consegue ler claramente os pacotes trocados, o que representa um risco à privacidade. Caso os dados estejam criptografados, o hacker pode usar algumas ferramentas para quebrar as chaves, fundamentalmente chaves WEP. Nessa linha existem dois ataques que podem ser desenvolvidos:

- **Ataque ativo:** o hacker descobre a chave criptográfica e configura sua estação para fazer parte da rede.
- **Ataque passivo:** o hacker apenas captura os pacotes e os decriptografa com o intuito de descobrir os dados trafegados pela rede.

Interceptação de Sinal

Esse ataque é contra a confidencialidade dos dados transmitidos pela rede. As redes sem fio, por sua natureza, irradiam todos os dados no ar, o que torna impossível o controle de quem recebe o sinal. Esta é a maior ameaça à rede sem fio, uma vez que essa interceptação pode ser realizada a distâncias muito grandes com o uso de antenas que não requerem muito conhecimento para a montagem. Na Figura 8.3 podemos observar antenas caseiras de alto ganho desenvolvidas pelos hackers.

Figura 8.3 - Antenas caseiras de alto ganho. Foto extraída do site www.wardriving.org

Ferramentas Usadas para War Driving

NetStumbler

A ferramenta mais conhecida para a realização do War Driving é o NetStumbler, Figura 8.4. Constitui uma interface que permite identificar redes sem fio que estão realizando broadcast do SSID (identificador da rede). O NetStumbler permite identificar o nível de sinal, o canal da rede sem fio utilizado pela rede, os MAC Address das estações e o tipo de criptografia utilizado.

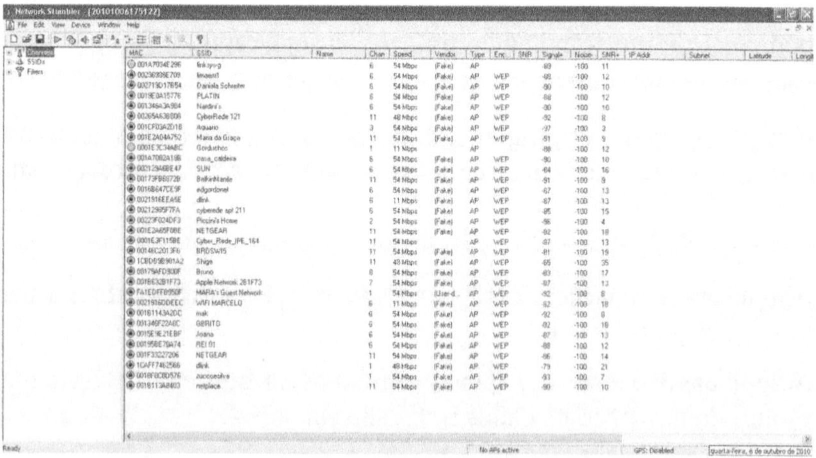

Figura 8.4 - Descoberta de redes com o NetStumbler.

O NetStumbler também possibilita verificar o nível de intensidade de sinal de um access point. Acompanhe na Figura 8.5.

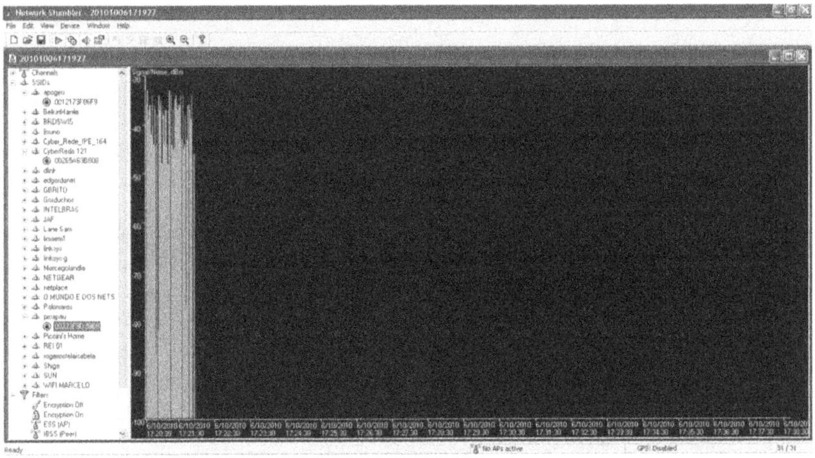

Figura 8.5 - Nível do sinal com NetStumbler.

Outra ferramenta muito utilizada para este fim é o AirSnort, que captura pacotes na rede sem fio e realiza o processo de quebra da chave WEP. Embora seja uma ferramenta muito antiga, ela consegue detectar redes com chaves WEP de até 128 bits e quebrá-las. A Figura 8.6 mostra a tela principal do AirSnort.

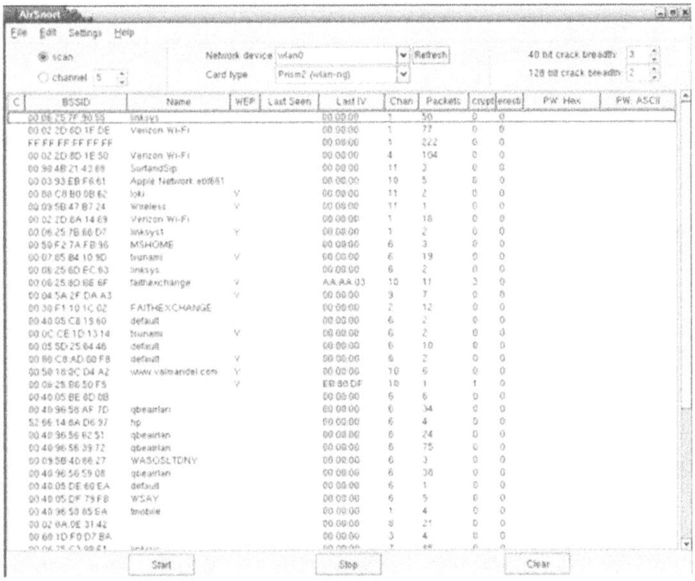

Figura 8.6 - AirSnort.

Kismet

Kismet é uma ferramenta utilizada em ambiente Linux que permite fazer o reconhecimento e a identificação de redes sem fio, inclusive de redes vulneráveis, ou seja, que estão configuradas apenas com WEP. Inicialmente o programa realiza uma captura e logo em seguida, no console, podem ser visualizados os pacotes capturados e os dados das redes identificadas. A Figura 8.7 exibe a tela do Kismet com os dados de SSID, canal da rede e o tipo de criptografia utilizado.

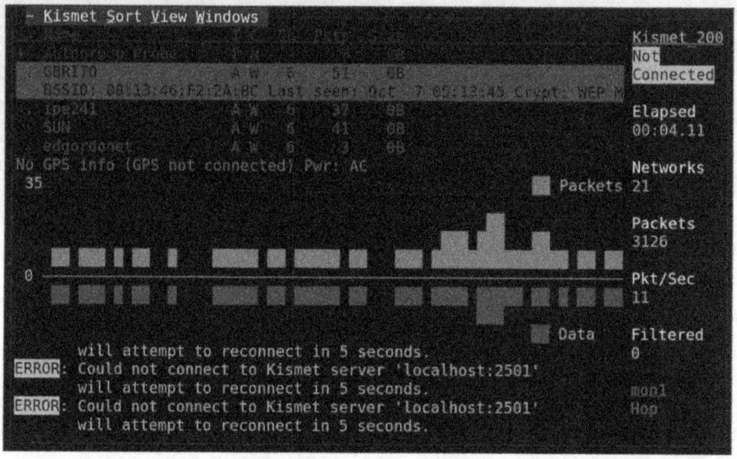

Figura 8.7 - Kismet.

Quebra de Chaves WEP

A forma mais simples de quebrar a chave WEP é usar duas ferramentas baseadas em software livre, a saber:

- **Airodump-ng:** capaz de capturar tráfego de redes sem fio. Para que essa ferramenta funcione, é necessária uma interface de rede sem fio trabalhando em modo monitoração.
- **Aircrack-ng:** capaz de quebrar a chave WEP a partir de uma captura gerada pelo Airodump.

Airodump-ng

Airodump é um software baseado em Linux que captura pacotes que podem ser utilizados para quebrar as chaves da rede sem fio. O Airodump-ng também identifica o MAC Address do access point, o nível do sinal, o canal que está sendo utilizado, a velocidade, o tipo de criptografia e o SSID da rede.

A Figura 8.8 destaca o exemplo de uma captura com o Airodump-ng. Para recuperar a chave dessas redes, é necessário focar o trabalho apenas nas redes que possuam chave WEP.

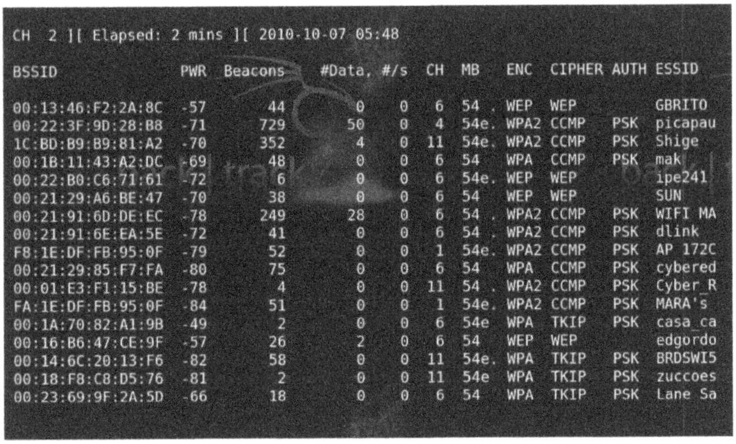

```
CH  2 ][ Elapsed: 2 mins ][ 2010-10-07 05:48

BSSID              PWR  Beacons    #Data, #/s  CH  MB   ENC  CIPHER AUTH ESSID

00:13:46:F2:2A:8C  -57       44        0    0   6  54 . WEP  WEP         GBRITO
00:22:3F:9D:28:B8  -71      729       50    0   4  54e. WPA2 CCMP   PSK  picapau
1C:BD:B9:B9:81:A2  -70      352        4    0  11  54e. WPA2 CCMP   PSK  Shige
00:1B:11:43:A2:DC  -69       48        0    0   6  54   WPA  CCMP   PSK  mak
00:22:B0:C6:71:61  -72        6        0    0   6  54e. WEP  WEP         ipe241
00:21:29:A6:BE:47  -70       38        0    0   6  54   WEP  WEP         SUN
00:21:91:6D:DE:EC  -78      249       28    0   6  54 . WPA2 CCMP   PSK  WIFI MA
00:21:91:6E:EA:5E  -72       41        0    0   6  54 . WPA2 CCMP   PSK  dlink
F8:1E:DF:FB:95:0F  -79       52        0    0   1  54e. WPA2 CCMP   PSK  AP 172C
00:21:29:85:F7:FA  -80       75        0    0   6  54   WPA  CCMP   PSK  cybered
00:01:E3:F1:15:BE  -78        4        0    0  11  54 . WPA2 CCMP   PSK  Cyber_R
FA:1E:DF:FB:95:0F  -84       51        0    0   1  54e. WPA2 CCMP   PSK  MARA's
00:1A:70:82:A1:9B  -49        2        0    0   6  54e  WPA  TKIP   PSK  casa_ca
00:16:B6:47:CE:9F  -57       26        2    0   6  54   WEP  WEP         edgordo
00:14:6C:20:13:F6  -82       58        0    0  11  54e. WPA  TKIP   PSK  BRDSWI5
00:18:F8:C8:D5:76  -81        2        0    0  11  54e  WPA  TKIP   PSK  zuccoes
00:23:69:9F:2A:5D  -66       18        0    0   6  54   WPA  TKIP   PSK  Lane Sa
```

Figura 8.8 - Airodump-ng.

Aircrack-ng

O Aircrack-ng é um programa baseado em distribuição Linux. A partir de uma captura gerada pelo Airodump, ele é capaz de quebrar a chave WEP utilizada. Na Figura 8.9 a ferramenta executa um ataque de força bruta na chave WEP.

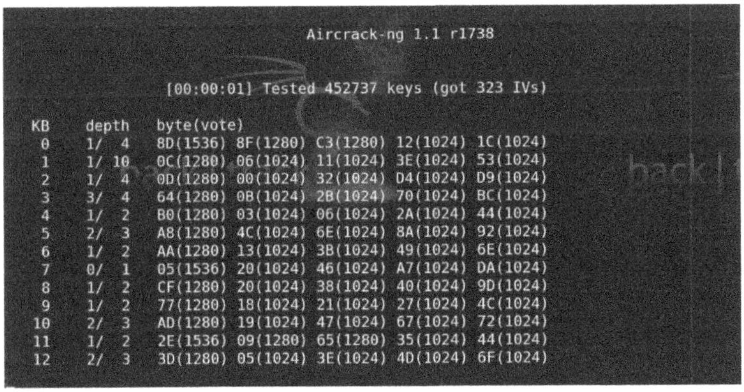

```
                         Aircrack-ng 1.1 r1738


           [00:00:01] Tested 452737 keys (got 323 IVs)

KB    depth   byte(vote)
 0    1/  4   8D(1536) 8F(1280) C3(1280) 12(1024) 1C(1024)
 1    1/ 10   0C(1280) 06(1024) 11(1024) 3E(1024) 53(1024)
 2    1/  4   0D(1280) 00(1024) 32(1024) D4(1024) D9(1024)
 3    3/  4   64(1280) 0B(1024) 2B(1024) 70(1024) BC(1024)
 4    1/  2   B0(1280) 03(1024) 06(1024) 2A(1024) 44(1024)
 5    2/  3   A8(1280) 4C(1024) 6E(1024) 8A(1024) 92(1024)
 6    1/  2   AA(1280) 13(1024) 3B(1024) 49(1024) 6E(1024)
 7    0/  1   05(1536) 20(1024) 46(1024) A7(1024) DA(1024)
 8    1/  2   CF(1280) 20(1024) 38(1024) 40(1024) 9D(1024)
 9    1/  2   77(1280) 18(1024) 21(1024) 27(1024) 4C(1024)
10    2/  3   AD(1280) 19(1024) 47(1024) 67(1024) 72(1024)
11    1/  2   2E(1536) 09(1280) 65(1280) 35(1024) 44(1024)
12    2/  3   3D(1280) 05(1024) 3E(1024) 4D(1024) 6F(1024)
```

Figura 8.9 - Aircrack-ng realizando ataque de força bruta.

A Figura 8.10 exibe o resultado com a chave quebrada já apresentada. Nessa simulação usamos uma chave de 64 bits, que foi quebrada em apenas 15 segundos.

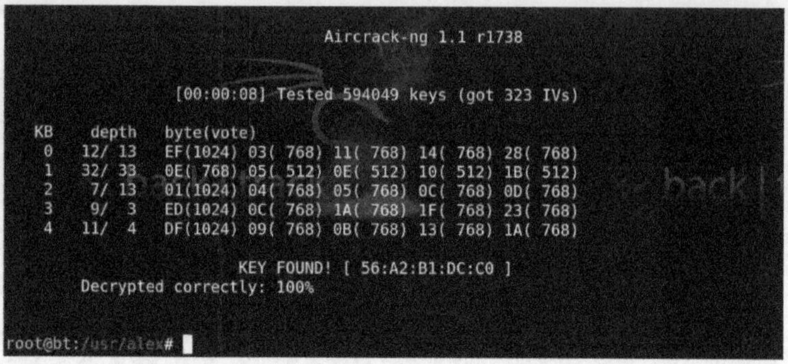

Figura 8.10 - Resultado do processo e a chave WEP utilizada.

Existem alguns ataques à produtividade das redes sem fio, os quais são direcionados à disponibilidade do serviço.

Gerix

O Gerix é uma ferramenta presente na distribuição de segurança Backtrack. Ele agrega a uma interface amigável um conjunto de ferramentas necessárias para quebrar a segurança da rede sem fio, destacando-se o Aircrack-ng, Airodump-ng e outras ferramentas, como Aireplay-ng, para injetar pacotes em uma conexão de rede sem fio.

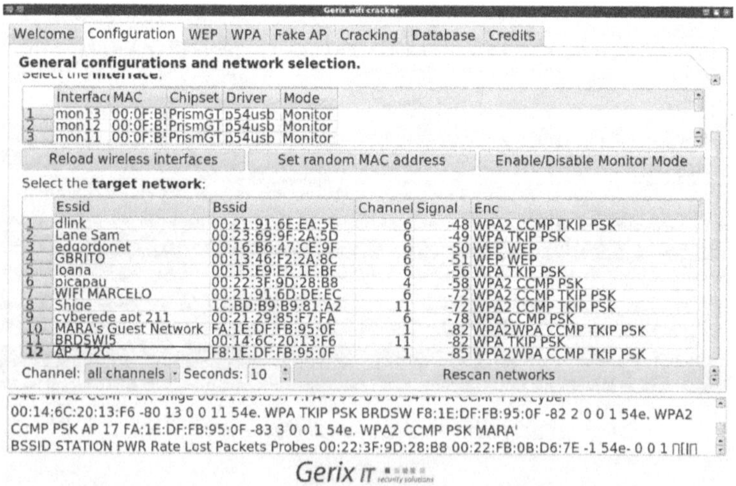

Figura 8.11

Negação de Serviço

O ataque de negação de serviço consiste em realizar inundação de pacotes na rede sem fio, afetando a disponibilidade dos recursos de rede. Devido à natureza da rede sem fio, ela é vulnerável a ataques de negação de serviço, ainda mais porque as taxas de transmissão são relativamente baixas se comparadas com as redes cabeadas a Gigabit Ethernet.

Outra forma de gerar o ataque de negação de serviço é por um rádio que emite interferência na frequência da rede sem fio, prejudicando diretamente os canais de comunicação.

Existem outras fontes de interferência na rede sem fio, como o aparelho de micro-ondas e telefones sem fio que trabalham na frequência de 2.4 GHz.

A Figura 8.12 apresenta a interferência por sistemas que trabalham em 2.4 GHz.

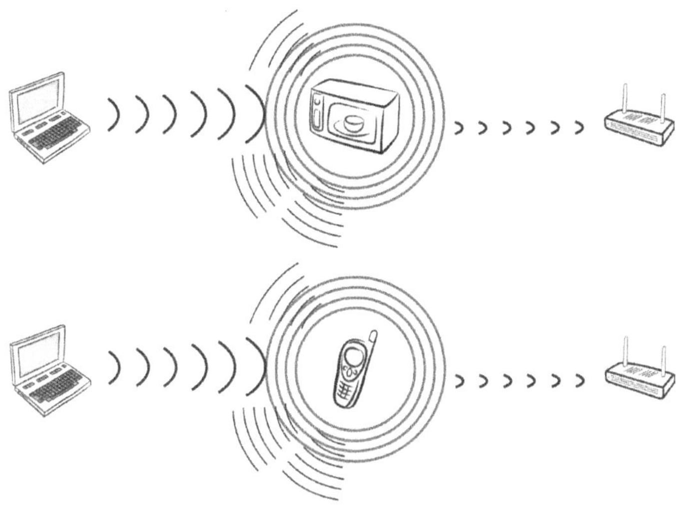

Figura 8.12 - Negação de serviço (DoS) gerador de interferência.

Existem algumas ferramentas que permitem criar uma inundação de pacotes na rede sem fio com o objetivo de gerar indisponibilidade, como a AirDrop-ng, explicada a seguir.

AirDrop-ng

Essa ferramenta derruba estações da rede sem fio injetando pacotes na rede. A Figura 8.13 ilustra essa situação.

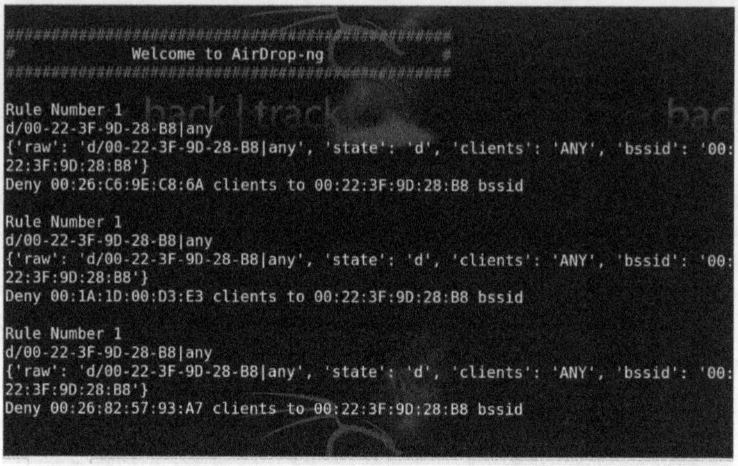

Figura 8.13 - AirDrop-ng injetando pacotes na rede.

DoS por Rádio Via Frequency Jammers

Existem ainda equipamentos que permitem gerar interferência na faixa de frequência de 2.4 GHz, os quais são conhecidos como frequency jammers.

Basicamente consiste em um rádio sintonizado na frequência de 2.4 GHz que gera sinais, interferindo em todo o espectro e tornando todas as rede que operam nessa faixa indisponíveis. Na Figura 8.14 podemos observar um frequency jammer.

Figura 8.14 - Frequency jammer. Foto extraída de http://www.stopshop.co.za/

Man in the Middle Attack

O ataque Man in the Middle, ou homem no meio, pode ser realizado tanto em redes cabeadas como em redes sem fio. É uma forma ativa de interceptação dos dados na qual o hacker captura os dados das conexões entre o access point e as estações e controla os dados que estão sendo trocados nessa conexão, permitindo inclusive que o hacker injete pacotes na seção que já está ativa. Estão sujeitas a esses ataques as redes configuradas com WEP 64 e 128, porque a chave pode ser facilmente quebrada e usada na configuração do Man in the Middle, e redes que não possuem criptografia.

O hacker consegue executar esse tipo de ataque porque deixa a interface em modo promíscuo, o que permite capturar pacotes destinados à sua interface ou qualquer outra na rede. Com esse ataque o hacker intercepta dados como senhas, cookies e interfere na conexão ativa. Logicamente, é como se o hacker estivesse no meio da conexão. Usando técnicas de ARP Spoofing, ele engana a máquina da rede wireless, fazendo parecer que o MAC Address do hacker é o do access point. O mesmo é feito com o access point, que pensa que sofre também ARP Spoofing e envia os pacotes para a máquina do hacker em vez de enviar para a estação destino.

Desta maneira, a máquina do hacker atua como se fosse um proxy em que as mensagens podem ser interceptadas e alteradas. A Figura 8.15 apresenta o Man in the Middle em redes sem fio.

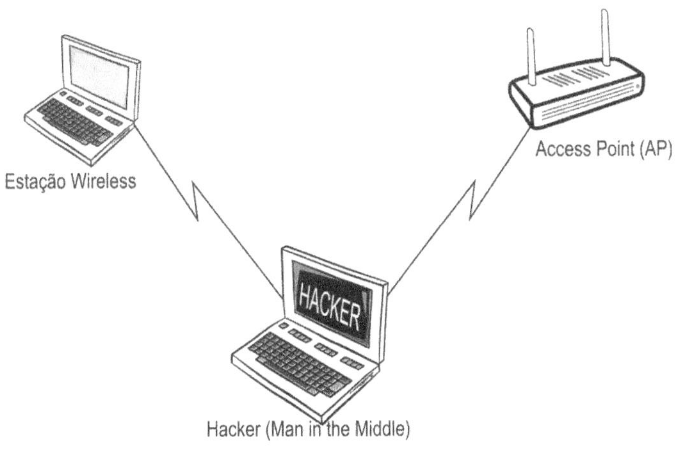

Figura 8.15 - Ataque Man in the Middle.

Evil Twins

Evil Twins é um termo usado para designar um access point falso que se passa por um access point legítimo.

O objetivo do Evil Twins é que as máquinas da rede sem fio inadvertidamente se conectem ao access point falso, achando que se trata da rede legítima. Normalmente o hacker monta uma página web de autenticação que solicita ao usuário seu nome e senha para acessar a rede.

Desta forma, o hacker consegue capturar centenas de senhas com apenas poucas horas de conexão de um Evil Twins. Os hackers normalmente fazem uso de aeroportos e hotspots públicos para acionar o access point falso.

O sistema é muito simples e normalmente requer apenas um notebook com interface wireless configurada no modo Basic Service Set. A solução para Evil Twins é a utilização de criptografia e certificados digitais nos sistemas de autenticação em hotspots, desde que, é claro, o usuário perceba que não foi enganado e não se conectou a um servidor inseguro.

A Figura 8.16 apresenta o cenário do Evil Twins.

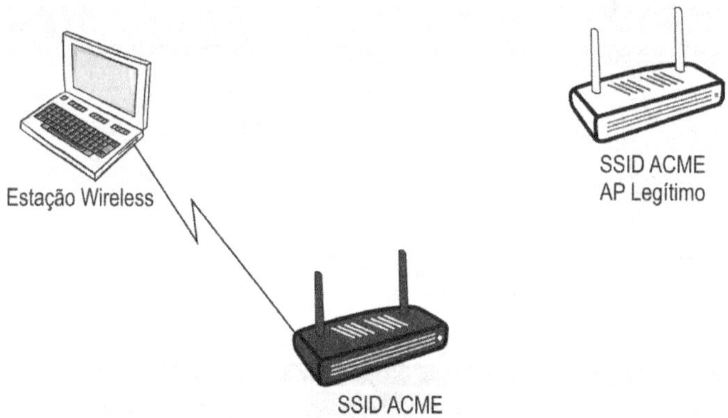

Figura 8.16 - Evil Twins.

Resumo do Capítulo 8

Este capítulo introduziu as ameaças e vulnerabilidades das redes sem fio, desde o conhecido método de War Driving e warchalking, as antenas usadas para esses ataques, destacando importantes ferramentas, como NetStumbler, Kismet e outras de distribuição de segurança Backtrack: Airodump-ng, Aircrack-ng e AirDrop-ng. Mostrou os ataques de negação de serviço, Man in the Middle e Evil Twins.

Exercícios

1. O que significa o símbolo)(no warchalking?
   a. Rede que faz broadcast de SSID
   b. Rede fechada com WEP
   c. Rede sem criptografia aberta
   d. Rede com AES
2. Qual o software usado para quebrar chaves WEP?
   a. Airodump
   b. AirDrop
   c. Bitget
   d. Aircrack
3. Como é possível capturar o tráfego de redes sem fio a mais de dois quilômetros?
   a. Com o uso de um amplificador de sinal.
   b. Com o uso de uma antena Yagi.
   c. Com uma antena adaptada feita de uma latinha com revestimento interno de alumínio.
   d. Através da rede campus.
4. Quais as chaves possíveis de serem quebradas com o Aircrack?
   a. AES-128
   b. AES-64
   c. WEP-256
   d. WEP-128
5. Qual a melhor distribuição Linux para testes de invasão em redes sem fio?
   a. Knoppix
   b. Ubantu
   c. Backtrack
   d. Redhat

6. Qual dos equipamentos seguintes pode ser usado para gerar interferência na rede sem fio 802.11g?
   a. Telefone celular
   b. Telefone sem fio a 5.8 GHz
   c. Forno de micro-ondas
   d. Traffic Jammer GPS
7. Qual funcionalidade não está disponível no NetStumbler?
   a. Descobrir os SSIDs
   b. Descobrir as estações
   c. Medir o nível de intensidade dos sinais
   d. Quebrar as chaves WEP
8. O que é necessário para snifar ou interceptar a rede?
   a. Uma máquina com interface de rede apenas
   b. Um software de sniffing apenas
   c. Uma máquina com interface wireless em modo promíscuo
   d. Um access point
9. Por que é tão simples snifar ou interceptar uma rede sem fio?
   a. Porque existem muitos softwares no mercado.
   b. Porque o ar é um meio físico compartilhado.
   c. Porque todos trabalham na mesma frequência de 8 GHz.
   d. Porque não é um meio seguro.

Capítulo 9

Implementação de VPN em Redes sem Fio - Firewalls, IDS e IPS

Existem alguns cenários em que não é possível a implementação de algoritmos criptográficos seguros diretamente nas interfaces de redes sem fio, porque a empresa já possui um legado de equipamentos que não suportam o WPA2 com criptografia AES, somente a criptografia WEP que, como já discutimos neste livro, é vulnerável a ataques de quebra de chave.

Qual seria a solução?

A solução seria tratarmos a criptografia em camadas superiores do modelo OSI, como a camada 3 de Rede ou a camada 4 de Transporte. Para isso, é necessário usar aplicativos específicos para este fim nas estações de redes sem fio e nos servidores. Esses aplicativos muitas vezes já são nativos do sistema operacional, como no caso do Windows, e permitem criar o que se conhece como VPN (Virtual Private Network), ou uma Rede Privada Virtual.

A VPN implementa uma camada de criptografia com protocolos seguros à aplicação, permitindo que a comunicação entre as estações de rede sem fio e os servidores ocorra de forma segura. A VPN executa à risca os conceitos de segurança da informação:

- Confidencialidade dos dados;
- Garantia de integridade;
- Autenticação de usuários.

A forma mais simples de implementar uma VPN é trabalhar com uma tecnologia padrão de mercado como o IP Sec, ou IP Seguro.

A estratégia é montar a rede com todo o aparato de segurança suportado nas placas de access points, como WEP, filtragem de MAC Address e, se ela suportar, o WPA com TKIP. Em seguida, implementa-se essa camada adicional de proteção com VPN.

Para a implementação dessa VPN, vamos precisar de um servidor que seja o concentrador de VPN ou Firewall, onde o túnel de criptografia vai terminar, e instalar clientes IP Sec nas estações. A Figura 9.1 apresenta esse cenário.

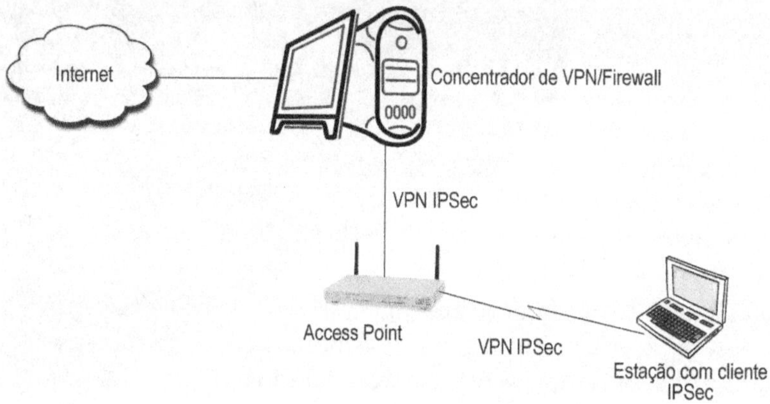

Figura 9.1 - Rede sem fio com VPN IPSec.

O próximo passo é compreender o IPSec e os recursos que garantem a confiabilidade e a confidencialidade da VPN.

IPSec

Com base na RFC 2401, o IPSec foi implementado para operar tanto num ambiente de estação do usuário como em gateway (roteador, concentrador etc.), garantindo a proteção para o tráfego IP, a qual se baseia nas necessidades da política de segurança estabelecida e mantida pelo usuário ou administrador do sistema.

O IPSec é um protocolo de tunelamento desenhado tanto para IPv4 como IPv6, e disponibiliza segurança fim a fim entre redes IP.

O IPSec disponibiliza mecanismos de segurança e criptografia na camada IP. Basicamente os seguintes serviços estão disponibilizados:

- **Integridade dos dados:** os pacotes são protegidos contra modificação acidental ou deliberada.
- **Autenticação:** a origem de um pacote IP é autenticada criptograficamente.
- **Confidencialidade:** a parte útil de um pacote IP ou o próprio pacote IP pode ser criptografado.
- **Antirreplay:** o tráfego IP é protegido por um número de sequência que pode ser usado pelo destino para prevenir ataques do tipo replay (que repete a mesma sequência antes enviada).

Ele permite a interoperabilidade de implementações de diferentes fabricantes e é uma solução de segurança fim a fim entre roteadores, firewalls, estações de trabalho e servidores. O IPSec se integra com a pilha TCP/IP, tornando-se transparente para todas as aplicações, ou seja, não há necessidade de executar nenhuma alteração nos sistemas existentes para aplicação do IPSec.

O IPSec utiliza criptografia simétrica, devido à rapidez do mecanismo para encriptar os dados, e criptografia assimétrica para prover mecanismos de troca de chaves criptográficas. Os algoritmos de hashing no IPSec geram hashings de tamanho de 128 ou 160 bits.

Algoritmos suportados pelo IPSec:

- **Criptografia:** AES, DES, 3DES, RC5, IDEA, CAST e Blowfish
- **Hashing:** MD5, SHA-1 e Tiger
- **Autenticação:** assinaturas digitais RSA e DSS.

Associação de Segurança

É um acordo entre os dois pontos da comunicação para negociação de parâmetros do túnel IPSec. Esse acordo deve ser estabelecido antes da criação do túnel IPSec.

Entre os mesmos dois pontos podem existir múltiplas associações de segurança, as quais ficam armazenadas na SPD (Security Policy Database), ou base de dados da política de segurança, e na SAD (Security Association Database). Cada associação de segurança possui seu identificador único reconhecido pelo SPI (Security Parameter Index).

Na associação de segurança são negociados os seguintes mecanismos:

- Modo do túnel IPSec: ESP ou AH;
- Algoritmo de criptografia;
- Método de autenticação;
- Função de Hashing;
- Método de autenticação do usuário: RADIUS, SecurID;
- Escolha das chaves criptográficas e de autenticação.

Base de Dados da Associação de Segurança (SAD)

Base de dados dinâmica que contém todas as associações de segurança em uso. Ela possui os seguintes campos:

- Endereço IP destino;
- Protocolo usado no túnel IPSec;
- SPI (identificador da associação de segurança);
- Número de sequência;
- Janela antirreplay;
- Parâmetros do AH;
- Parâmetros do ESP;
- Modo;
- Tempo de vida da associação de segurança.

Na base SAD estão os parâmetros negociados. São eles:

- Algoritmo de autenticação AH e chaves;
- Algoritmo de autenticação ESP e chaves;
- Tempo de vida da associação de segurança;
- Modo, que pode ser túnel ou transporte.

Base de Dados da Política de Segurança (SPD)

Ela deve ser consultada no processamento de todo o tráfego de entrada e saída, pois define se o pacote deve ser descartado e se será aplicado o IPSec. Essa base possui os seguintes campos:

- Endereço IP origem e destino;
- Porta origem e destino;
- Nome;
- Nível de sensibilidade dos dados;
- Protocolo da camada de Transporte.

A SPD especifica os serviços de segurança que devem ser oferecidos ao pacote IP. Cada entrada nessa tabela indica se o tráfego deve ou não ser descartado e se está sujeito a processamento IPSec. Caso esteja, o SPD define o serviço que deve ser provido: protocolos de segurança, modo do protocolo, serviços de autenticação ou encriptação e algoritmos de encriptação ou autenticação.

A Figura 9.2 apresenta os tipos existentes de associação de segurança SA; já a Figura 9.3 mostra o pacote IPSec com os cabeçalhos envolvidos.

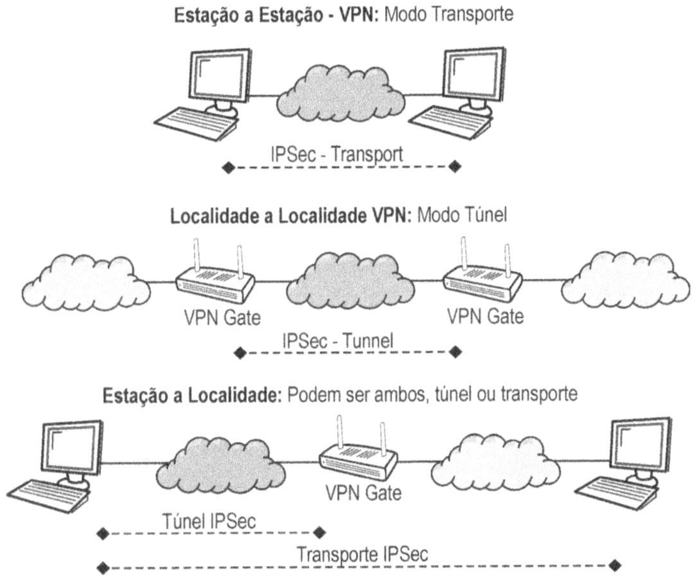

Figura 9.2 - Tipos de associação de segurança.

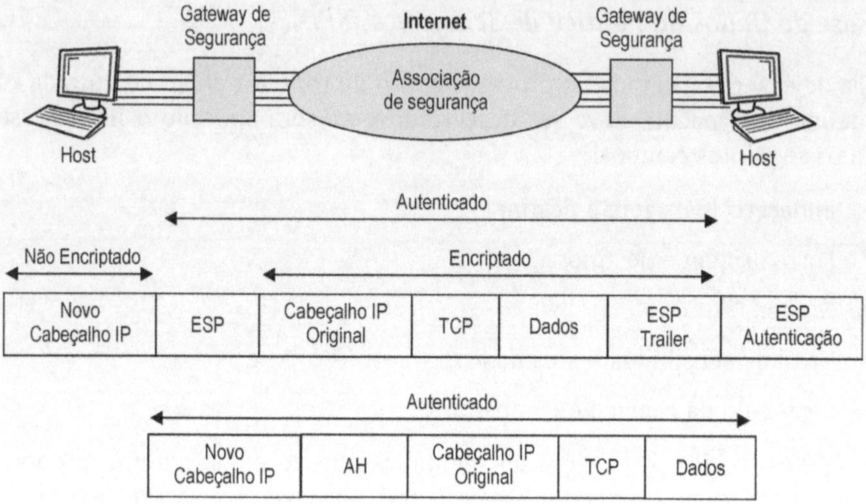

Figura 9.3 - Pacote IPSec com os cabeçalhos envolvidos.

Estabelecimento da Associação de Segurança

O estabelecimento da associação de segurança pode ser gerenciado manual ou automaticamente.

Estabelecimento Automático

Neste caso, o processo é executado com mecanismos de troca de chaves criptográficas, como ISAKMP ou IKE. O processo dinâmico é melhor para grandes corporações.

Estabelecimento Manual

Definido na base de estação para estação, mais simples e melhor para pequenas corporações.

Internet Key Exchange (IKE) - Algoritmo de Troca de Chaves

Padronizado pela RFC 2409, usado para negociar e prover mecanismos de autenticação de chaves para associações de segurança (SA). É um protocolo híbrido que utiliza o ISAKMP (RFC 2408) e o Oakley (RFC 2412).

O propósito do IKE é negociar e prover segurança para as associações de segurança IPSec. Os pacotes IKE são transportados por UDP e a porta de origem e destino é a 500.

O protocolo IKE define duas fases:

- **Fase 1**: para definir com confiança uma associação de segurança IP, os dois pontos devem inicialmente estabelecer um canal seguro, sendo necessário:
  - acordar o método de autenticação;
  - selecionar os algoritmos de autenticação e encriptação;
  - trocar as chaves;
  - verificar as identidades de cada uma das partes.

  O canal de segurança é determinado a partir de uma associação de segurança chamada ISAKMP. É uma política compartilhada e preestabelecida usada pelos dois pontos para a troca de chaves da futura negociação da associação de segurança IPSec.

- **Fase 2**: a associação de segurança é negociada uma vez que o canal seguro ISAMKP foi estabelecido. Todo o pacote trocado na fase 2 é autenticado e encriptado de acordo com as chaves e algoritmos definidos na fase anterior. Quem inicia pode enviar propostas para uma ou mais associações de segurança. Veja a Figura 9.6.

A primeira fase é complexa e requer muito recurso de CPU das duas máquinas que estão estabelecendo a associação de segurança. A segunda fase é menos complexa e ocorre mais frequentemente que a primeira fase. Uma única fase 1 pode ser usada para negociação de várias fases 2 no processo de associação de segurança.

Modos do IKE (Internet Key Exchange)

- **Principal**: usado para negociar a fase 1 da associação de segurança ISAKMP, com base na troca de chaves autenticadas usando Diffie-Hellman, garantindo a proteção da identidade das partes. Esse mecanismo é eficiente para a troca de chaves criptográficas. Existem dois métodos para completar a fase 1:
  - **Modo principal**: nesse modo a negociação utiliza seis mensagens. As primeiras duas mensagens são usadas para negociar a política, as próximas duas para definir a troca das chaves públicas via Diffie-Hellman e as últimas para autenticação das partes. Observe a Figura 9.4.

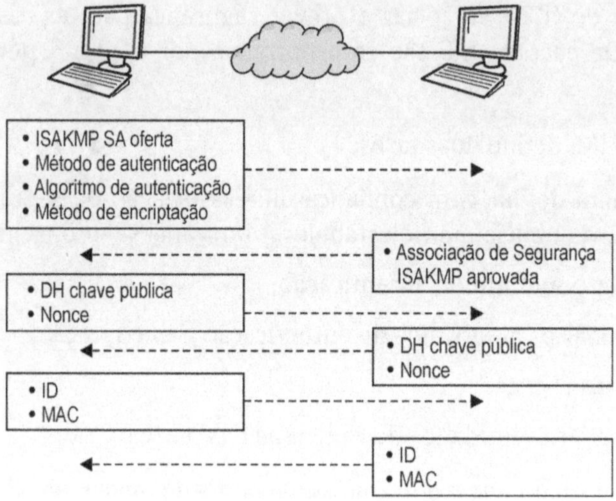

Figura 9.4 - IKE fase 1 - Modo principal.

– **Modo agressivo**: nesse modo o serviço é disponibilizado como no modelo principal, porém apenas dois ou três pacotes são usados para completar a fase 1, em vez de seis como no modo principal. A primeira mensagem negocia a política e determina a identidade das partes, a segunda autentica quem recebe a mensagem e a terceira autentica quem a envia, Figura 9.5.

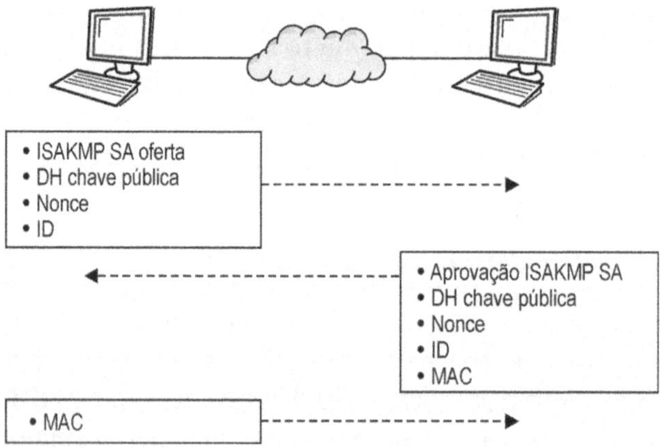

Figura 9.5 - IKE fase 1 - Modo agressivo.

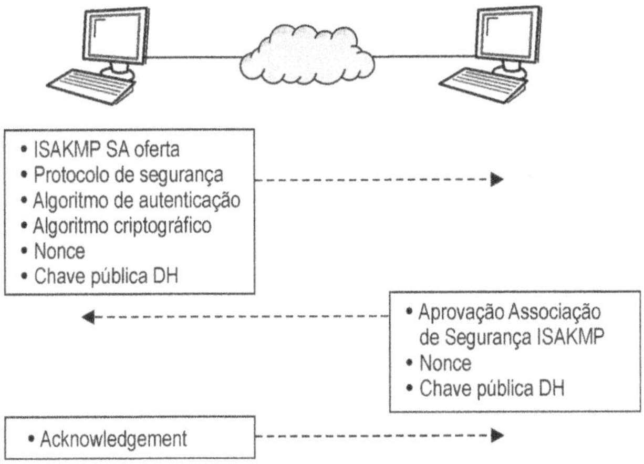

Figura 9.6 - IKE fase 2 - Modo rápido.

IKE - Geração de Chaves

Os dois pontos que estão executando a comunicação devem trocar suas chaves públicas. Uma chave compartilhada é então criada usando a chave secreta de quem está criando e a chave pública recém-recebida.

A chave compartilhada é usada para a criação de três chaves adicionais:

- Chave de derivação (usada para gerar chaves no modo rápido);
- Chave de autenticação;
- Chave de encriptação.

As novas chaves de autenticação e encriptação trocam informações adicionais na fase 1.

Cada ponta gera localmente uma chave usando Diffie-Hellman. Veja em detalhes no capítulo 5.

Ataque "Homem no Meio"

O processo de troca de chaves pode ser interceptado por um terceiro. As chaves públicas são então substituídas no trânsito e toda a comunicação é interceptada, sendo realizado um processo de spoffing, mascarando o endereço do hacker. A Figura 9.7 apresenta o mecanismo do ataque homem no meio.

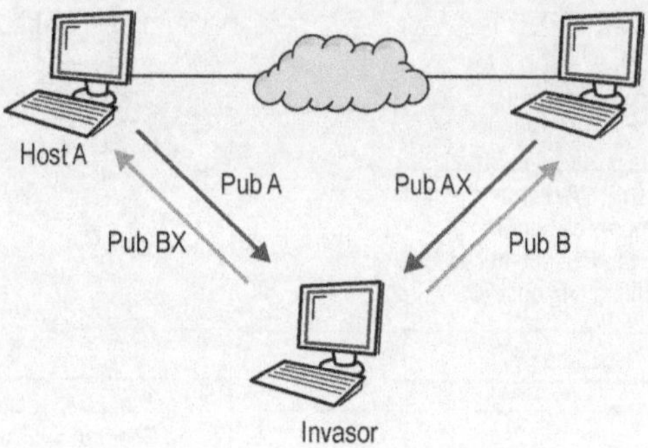

Figura 9.7 - Ataque homem no meio.

Geração do MAC

O MAC torna possível verificar a integridade dos dados e a autoria usando uma combinação de sistemas de criptografia simétricos e assimétricos. O MAC é computado de diferentes maneiras de acordo com o método de autenticação.

Protocolos de Segurança do IPSec

O padrão IPSec define dois protocolos de segurança:

- **AH (Authentication Header)**, ou simplesmente cabeçalho autenticado;
- **ESP (Encapsulating Security Payload)**, ou simplesmente encapsulamento de segurança da parte dos dados transmitidos no pacote, que garante também integridade, serviços de antirreplay e confidencialidade, ou seja, a criptografia que o AH não disponibiliza.

A forma correta é utilizar uma combinação de AH e ESP.

Authentication Header (AH) - Cabeçalho Autenticado

A autenticação do cabeçalho é baseada na posse da chave pública e garante:

- integridade;
- autenticação da origem;
- opcionalmente serviços de antirreplay.

No modo transporte o AH é inserido após o cabeçalho IP. Esse protocolo sozinho não garante a confidencialidade dos dados, pois não suporta criptografia. A Figura 9.8 mostra onde o AH é encaixado no pacote.

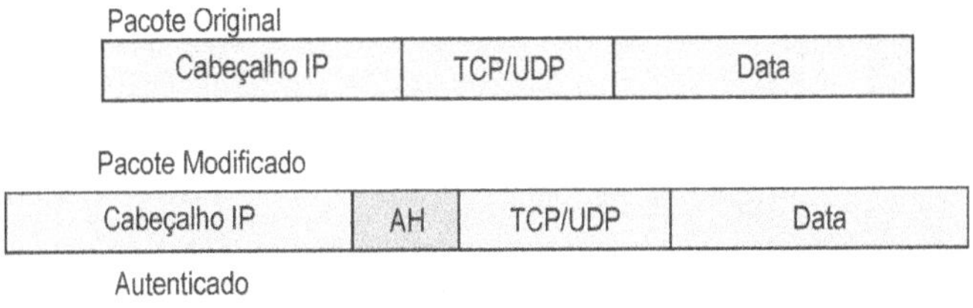

Figura 9.8 - Inclusão do AH no pacote IP.

Formato do Pacote AH

- **Próximo cabeçalho:** tipo de dados diretamente seguido pelo cabeçalho de autenticação.
- **Tamanho dos dados:** esse campo define o tamanho do pacote AH.
- **Reservado:** 16 bits reservados para uso futuro, atualmente setado em 0.
- **Security Parameters Index (SPI):** esse índice é usado para identificar a associação de segurança correta.
- **Número de sequência:** usado para evitar antirreplay.
- **Dados de autenticação:** contêm Integrity Check Value (ICV) e deve suportar algoritmo MD5 e SHA-1.

A Figura 9.9 apresenta o formato do pacote AH.

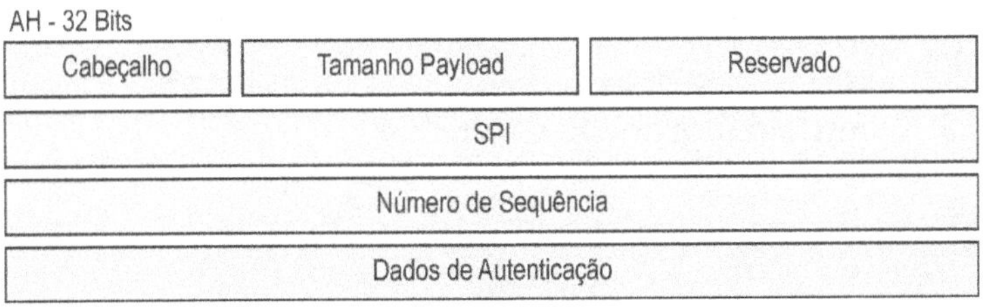

Figura 9.9 - Formato do pacote AH.

Encapsulating Security Payload (ESP) - Encapsulamento Seguro

Esse protocolo permite o uso de vários serviços de segurança:

- Confidencialidade (opcional);
- Integridade de dados;
- Autenticação da origem (opcional);
- Serviço de antirreplay (opcional).

Na Figura 9.10 podemos verificar onde o ESP se encaixa no pacote IP tradicional.

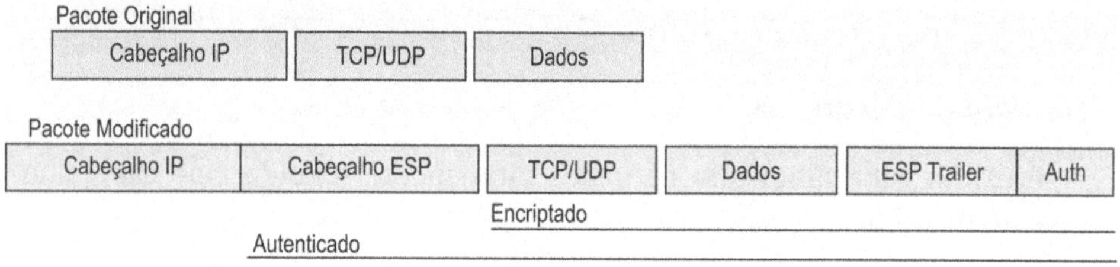

Figura 9.10 - Inclusão do cabeçalho ESP no pacote IP.

Formato do Pacote ESP

- **SPI**: usado para identificar a correta associação de segurança.
- **Número de sequência**: é incrementado para detectar antirreplay.
- **Dados:** contêm os dados do pacote IP a serem transmitidos.
- **Próximo cabeçalho:** identifica o tipo de dados contido no campo de dados.
- **Dados de autenticação:** contêm os valores de autenticação computados em todo pacote ESP.

A Figura 9.11 ilustra o formato do pacote ESP.

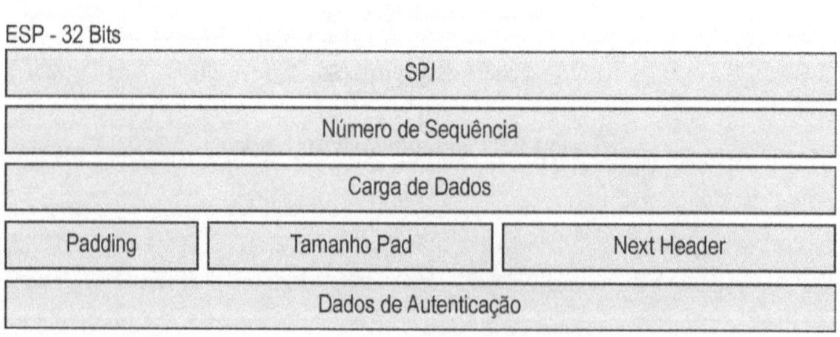

Figura 9.11 - Formato do pacote ESP.

IPSec - Modo Transporte e Modo Túnel

No modo túnel um cabeçalho adicional é incluído no pacote original, existindo, portanto, dois endereços, sendo o do túnel e o do pacote IPSec, como observamos na Figura 9.12.

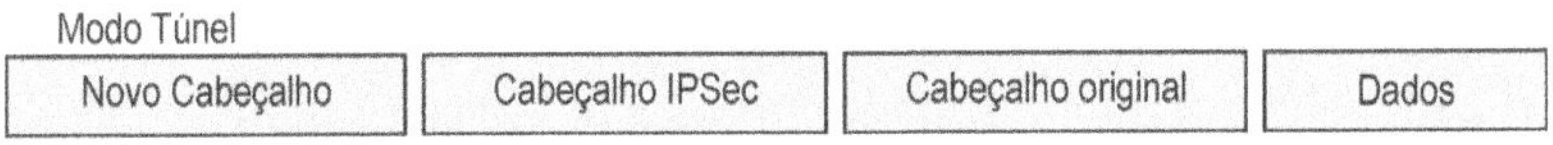

Figura 9.12 - Novo cabeçalho no pacote IPSec modo túnel.

O pacote original torna-se a parte de dados do pacote novo. Os endereços do túnel e do pacote original não precisam ser os mesmos. A vantagem do modo túnel é a completa proteção dos datagramas encapsulados e a possibilidade do uso de endereçamentos distintos.

Modo Transporte

Nesse modo o cabeçalho é mantido intacto, e o cabeçalho do protocolo de segurança é colocado após o cabeçalho original. Veja a Figura 9.13.

Figura 9.13 - Novo cabeçalho do modo transporte do IPSec.

Serviço de Antirreplay do IPSec

Oferecido opcionalmente no AH e ESP, usa um número de sequência de 32 bits. O contador é incrementado cada vez que um pacote é enviado. Quem recebe verifica cada número de sequência para evitar que os pacotes não estejam duplicados.

Em seguida, listamos as RFCs que definem o padrão IPSec:

- **RFC 1828:** Autenticação do IP usando MD5
- **RFC 1829:** The ESP DES-CBC Transform
- **RFC 1851:** The ESP Triple DES Transform (status experimental)
- **RFC 2085:** HMAC-MD5 IP Authentication with Replay Prevention - Feb 97
- **RFC 2104:** HMAC: Keyed-Hashing for Message Authentication - Feb 97
- **RFC 2401:** Security Architecture for the Internet Protocol - Nov 98

- **RFC 2402:** IP Authentication Header - Nov 98
- **RFC 2403:** The Use of HMAC-MD5-96 within ESP and AH - Nov 98
- **RFC 2404:** The Use of HMAC-SHA-1-96 within ESP and AH - Nov 98
- **RFC 2405:** The ESP DES-CBC Cipher Algorithm With Explicit IV - Nov 98
- **RFC 2406:** IP Encapsulating Security Payload (ESP) - Nov 98
- **RFC 2407:** The Internet IP Security Domain of Interpretation for ISAKMP - Nov 98
- **RFC 2408:** Internet Security Association and Key Management Protocol (ISAKMP) - Nov 98
- **RFC 2409:** The Internet Key Exchange (IKE) - Nov 98
- **RFC 2410:** The NULL Encryption Algorithm and Its Use With IPSec - Nov 98
- **RFC 2411:** IP Security Document Roadmap
- **RFC 2412:** The OAKLEY Key Determination Protocol - Nov 98
- **RFC 2451:** The ESP CBC-Mode Cipher Algorithms - Nov 98

Firewalls

Os firewalls podem desempenhar o papel de concentradores de VPN na rede sem fio e ainda serem utilizados para proteger o acesso da Internet para as redes sem fio e corporativa. Ele ainda protege o perímetro da rede sem fio, ou seja, impede que algum hacker que consiga comprometer a segurança da rede sem fio acesse a rede corporativa da empresa.

Os access points tradicionais têm recursos muito simples de firewall, o qual na maioria das vezes não passa de um simples ACL, entretanto alguns firewalls possuem placas de redes Wireless, funcionando na verdade como um access point na rede sem fio e fornecendo todo o recurso de segurança existente em um firewall. Um exemplo é o equipamento da SonicWall mostrado na Figura 9.14.

Figura 9.14 - Firewall Wireless da SonicWall. Foto extraída de www.sonicwall.com

O que na verdade é um firewall?

O firewall ou "parede de fogo" é um sistema que atua como ponto único de defesa entre a rede privada e a rede pública. Ele pode ainda controlar o tráfego entre as sub-redes de uma rede privada. Basicamente todo o tráfego de entrada e saída da rede deve passar obrigatoriamente por esse sistema de segurança. O firewall pode autorizar, negar, além de registrar tudo o que está passando por ele.

Embora existam muitos programas vendidos com a denominação firewall, um firewall não é um programa e sim um conjunto de recursos de hardware e de software destinados a garantir a segurança da rede.

Principais funções:

- Estabelecer um perímetro de segurança;
- Separar as redes e controlar os acessos;
- Ser um elemento central de controle e aplicação de políticas de segurança;
- Proteger sistemas vulneráveis na rede;
- Aumentar a privacidade;
- Logar e gerar estatísticas do uso da rede e acessos indevidos.

O firewall pode ser simples, como um roteador que aplica um filtro de pacotes, ou complexo, como um gateway que combina funções de filtros de pacotes e proxy na camada de aplicação. O firewall é sempre proprietário, pois a regra é não seguir padrões para aumentar a segurança.

Controla todas as mensagens que passam por ele. Em geral interconecta uma rede segura (como a rede interna das empresas) e uma rede insegura (como a Internet).

Os firewalls têm como configuração padrão barrar todos os tráfegos que passam por ele. O administrador de segurança, a partir da definição de uma política de segurança, deve configurar regras no firewall que liberem os tráfegos permitidos. Um exemplo é o servidor de e-mail. Caso não se crie uma regra no firewall liberando a porta 25 para o servidor de e-mail, a empresa não pode receber e-mails, pois o firewall bloqueará esses pacotes.

Geralmente o firewall também é configurado para não restringir tráfego de saída, ou seja, dos usuários internos à Internet. Pode ainda ser utilizado na proteção entre redes internas da mesma empresa; por exemplo, um banco pode querer isolar a rede da tesouraria do resto da rede do banco, permitindo com a adoção do firewall um nível de segurança ainda maior para esses usuários, impedindo um ataque proveniente da rede do banco à tesouraria.

Além de controlar os acessos, possui recursos para registro detalhado dos usuários e do tráfego que passa por ele.

O processo de avaliação e identificação de protocolos que os roteadores fazem fornece o primeiro tipo de serviço de firewall. Os filtros podem ser baseados em:

- Análise do endereço de origem e destino;
- Análise das portas de origem e destino.

As primeiras arquiteturas de firewalls isolavam as redes em nível lógico. Hoje existem firewalls dos seguintes tipos:

- **Filtros de Pacotes:** verificam todos os pacotes, e de acordo com uma lista chamada ACL (Access List) confere se o pacote será bloqueado ou permitido.
- **Stateful Inspection:** examina a aplicação e a identificação do pacote conforme um contexto.
- **Circuit Level Gateways ou Gateways de Aplicação:** examina o pacote em detalhes, verificando inclusive o seu conteúdo.

Filtro de Pacotes

Os filtros de pacotes consideram apenas os endereços IP e as portas TCP/UDP. Esses firewalls trabalham com uma lista de controle de acesso, também conhecida como Access List, que é verificada antes que um pacote seja encaminhado para a rede interna. A lista relaciona o tráfego permitido e o que deve ser bloqueado.

Vantagens

- Rapidez e eficiência;
- Facilidade de compreensão;
- Transparência;
- Disponibilidade em diversos dispositivos;
- Flexibilidade.

Desvantagens

- O tráfego entre as redes não é totalmente isolado;
- Requer muitos testes para verificar as funcionalidades;
- Em geral é difícil a aplicação de políticas;

- Sintaxe difícil: o controle e a administração das listas de acesso são complexos e trabalhosos;
- O processamento dos pacotes nos filtros se restringe à camada de transporte do modelo OSI;
- A inspeção é feita em um pacote por vez;
- Está sujeito a ataques de fragmentação;
- Os recursos de logs e auditoria são mínimos;
- Não esconde automaticamente os endereços de rede;
- Não avalia o tamanho do cabeçalho IP.

O filtro de pacotes não faz nenhuma alteração no pacote que passa pelo firewall.

A primeira ou última regra da lista de acesso deve negar todo o tráfego não explicitamente permitido. Como consequência, cada lista necessita de pelo menos uma permissão para o tráfego. Na Tabela 9.1 observamos uma lista de acesso.

IP da Origem	Porta na Origem	IP do Destino	Porta no Destino	Ação	Registro

Tabela 9.1 - Lista de acesso.

Os critérios que avaliam se o pacote passará ou será bloqueado são:

- Lista de controle de acesso;
- Avaliação do ID do protocolo;
- IP de origem;
- Porta de origem;
- IP de destino;
- Porta de destino.

A Figura 9.15 apresenta o funcionamento do filtro de pacotes no nível de camada OSI.

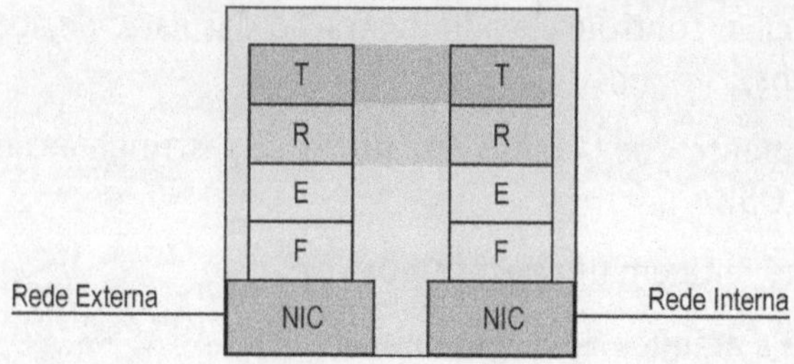

Figura 9.15 - Funcionamento do filtro de pacotes em nível de camada OSI.

Stateful Inspection - Verificação por Contexto

Nessa arquitetura cada pacote é individualmente verificado de acordo com o pacote anterior ou subsequente. Existe, portanto, uma verificação de contexto. Os pacotes são verificados num fluxo de comunicação.

O Stateful Inspection examina os pacotes com base no estado da sessão da aplicação TCP ACK#, SEQ#, informações de portas etc. Os pacotes são examinados usando informações de dados de comunicações passadas. Esses firewalls têm ainda a habilidade de criar sessões de informação virtual para manter a inspeção sobre protocolos não orientados à conexão de pacotes que possam ter conteúdo não legal.

Os principais critérios de avaliação são:

- Lista de acesso (ACL);
- Regras de autorização;
- Verificação de padrões conhecidos de bits ou bytes;
- Avaliação do cabeçalho;
- Verificação do endereço IP de origem;
- Tamanho do cabeçalho IP;
- Indicador do fragmento IP;
- Avaliação do status da conexão.

Características Adicionais

Além desses critérios, esse tipo de firewall deve ser capaz de prover serviços de roteamento. A verificação do contexto pode exigir muito da CPU, em um proxy de aplicação, não gerando muitas vezes o benefício esperado.

Um firewall statefull apenas enviará respostas de DNS se elas estiverem associadas com uma query interna de DNS, ou seja, ele não aceita uma resposta caso não tenha enviado uma requisição. No caso do Telnet, uma sessão em andamento deve ser avaliada com base no fluxo apropriado da sequência de números e ACKs.

A Figura 9.16 mostra as camadas usadas para as decisões de filtragem.

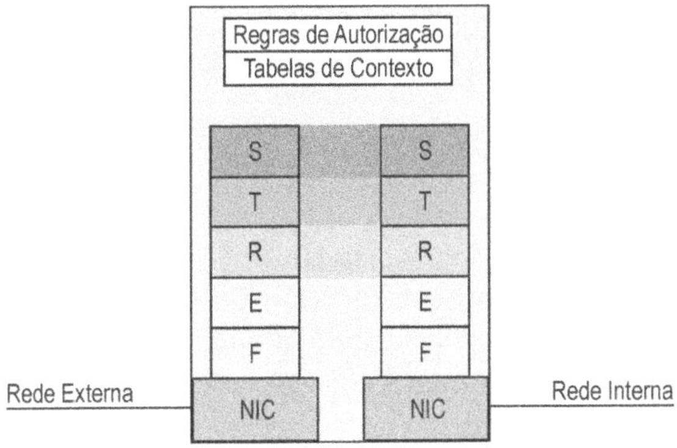

Figura 9.16 - Camadas OSI utilizadas na verificação do contexto.

O processamento de pacotes por um filtro stateful envolve a verificação nas camadas de transporte e sessão. Fazendo a associação da quíntupla: Endereço IP Remoto + Endereço IP Local + Porta Remota + Porta Local + Protocolo de Transporte.

Proxy

O proxy é um servidor que literalmente faz a intermediação da comunicação de um equipamento na rede segura com um equipamento na rede externa. Vamos imaginar que um computador A deseja se comunicar com um computador B. Todas as conexões devem ser estabelecidas pelo proxy. Assim sendo, o computador A realiza uma conexão com o proxy, que estabelece uma conexão com o computador externo à rede (B), sendo o proxy responsável pela monitoração e controle do tráfego.

Vantagens

- As redes são totalmente isoladas umas das outras;
- Recursos de log/registro;
- Recursos de cache;
- Balanceamento de carga.

Desvantagens

- São mais lentos e menos flexíveis;
- Podem exigir configuração dos clientes;
- Existe a necessidade dos proxies sofrerem update para cada novo serviço/ aplicação criada e inserida na rede.

Os dados são analisados e modificados em nível de protocolo de aplicação, ou seja, o pacote é todo reescrito e remontado pelo proxy.

Os proxies podem ser transparentes (neste caso não existe nenhum tipo de configuração das máquinas clientes) ou não transparentes, o que já exige configuração.

Na Figura 9.17 a máquina interna inicia uma conexão usando o endereço IP remoto, a porta remota e o protocolo de transporte. O proxy fica posicionado no meio, interceptando a requisição, avaliando e iniciando a conexão com a máquina externa de destino. O proxy usa o endereço IP externo próprio como origem e cria seu próprio número de sequência.

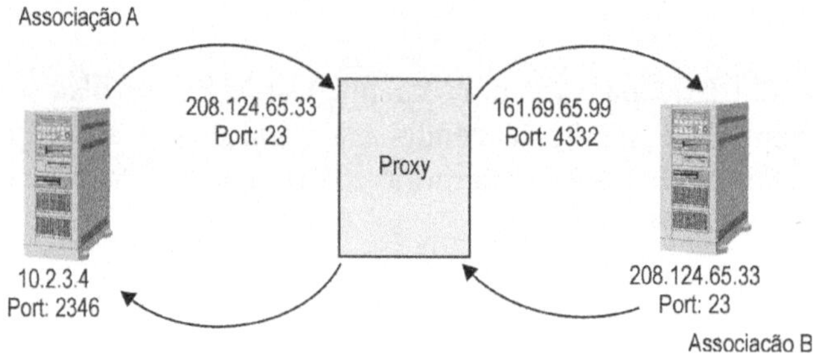

Figura 9.17 - Funcionamento do proxy.

O reply da máquina remota é enviado de volta para o proxy que, por sua vez, casa a resposta com a requisição inicial da máquina interna, então remonta o pacote enviado com o endereço da máquina interna como destino, o endereço de origem da máquina remota e a porta remota.

Se o recurso de transparência não é usado, significa que a máquina interna deve estar configurada para trabalhar com o proxy. Em vez de os pacotes serem direcionados para a máquina remota, eles inicialmente são enviados ao proxy que efetiva a comunicação e envia a resposta à máquina de origem.

Existem proxies que trabalham apenas em circuito, criando associações completas entre o cliente e o servidor, sem a necessidade de interpretação do protocolo de aplicação.

Os pacotes são tratados pelo proxy, segundo um critério de avaliação que inclui regras de autorização, tabelas de associação e avaliação do cabeçalho.

Quando utilizamos um proxy, as conexões podem apenas ser executadas pelo proxy, que tem a função de separar a rede interna da externa.

Proxy na Camada de Aplicação

Além dos atributos do proxy em nível de circuito, esse tipo de proxy executa processamento de protocolos na camada de aplicação. Os critérios de avaliação usados para o pacote ser permitido ou negado são:

- Autenticação do usuário;
- Tabelas de associação;
- Regras de autorização;
- Regras de aplicação;
- Avaliação do cabeçalho;
- Auditoria.

Os proxies de aplicação trabalham com dados complexos das camadas de aplicação, detectando tentativas de quebra de segurança. Justamente devido a essas funcionalidades são mais lentos que firewals baseados em filtro de pacotes. Em razão da interatividade com as aplicações, esses proxies não estão disponíveis para alguns tipos de serviços de aplicações específicas. A Figura 9.18 apresenta as camadas OSI utilizadas na decisão por um proxy.

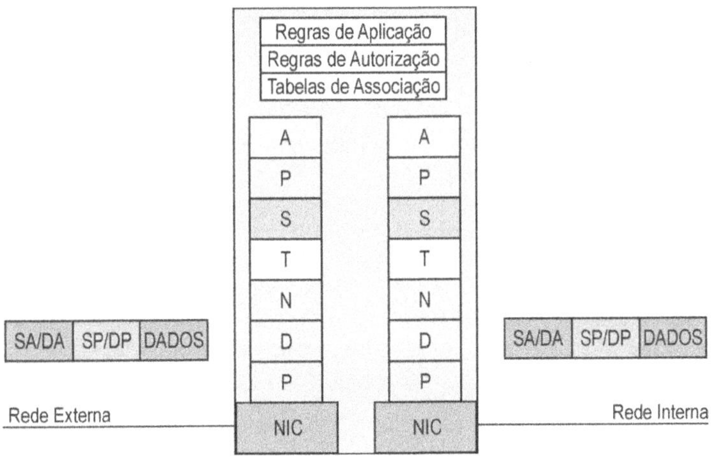

Figura 9.18 - Camadas OSI utilizadas no proxy.

Passos da Política de Segurança em um Firewall Baseado em Proxy

Os principais passos para configurar uma política de segurança em um firewall:

- Determinar os tipos de proxy usados no firewall;
- Listar as máquinas internas que podem usar o proxy;
- Ajustar os requerimentos de permissão ou negação a determinados destinos e os requisitos de autenticação.

O padrão é definir as seguintes permissões:

- Da rede interna: permitir FTP, TELNET, NNTP, NetShow, Real Audio, HTTP.
- Da rede externa: permitir POP3 e eventualmente FTP e TELNET.
- O endereço de origem ou o nome do host deve ser usado para determinar a política aplicável.
- Algumas regras podem ser aplicadas a grupos de máquinas, criando políticas de segurança gerais.

Principais Tipos de Proxies

- **Proxies de aplicação:** WWW, FTP, TELNET, MAIL, NNTP, SQL etc.
- **Proxies de circuito:** que estejam em nível de rede (endereços IP e portas TCP/UDP).
- **Proxies reversos:** trabalham na forma reversa, permitindo o acesso a recursos internos.
- **Proxies de cache:** retêm os sites mais usados para reúso, sem a necessidade do acesso direto à Internet.

A Tabela 9.2 apresenta um comparativo entre os tipos de firewalls.

	Autenticação	Autorização	Auditoria
Filtro de pacotes simples	Não	Sim, apenas endereços IP	Não
Filtro de pacotes stateful	Não	Sim	Limitado
Proxy de circuito	Não	Sim	Limitado
Proxy de aplicação	Sim	Sim, endereços IP e ID de usuários	Sim

Tabela 9.2 - Comparativo entre os tipos de firewalls.

Firewall Proxy e Filtro

Essa arquitetura de firewall trabalha tanto no modo proxy, como no modo filtro. O modo filtro bloqueia e filtra o tráfego de serviços considerados seguros, enquanto o modo proxy é aplicado em um serviço inseguro que necessite do nível de segurança de um proxy.

Além de monitorar o tráfego entre redes, um firewall pode também desempenhar as seguintes funções:

- Análise de conteúdo (Content Screening);
- Gateway de VPN (Virtual Private Network);
- Tradução de endereços de rede NAT (Network Address Translation);
- Autenticação de usuários;
- Balanceamento de carga (Load Balancing).

Análise de Conteúdo

Um firewall pode ser usado para bloquear determinadas URLs, como de sites pornográficos, piadas, jogos e cujo conteúdo não faça parte da política de segurança da empresa. Essas listas de sites proibidos podem ser inseridas manualmente no firewall a partir de regras, ou dinamicamente utilizando um software que se agrega à solução de firewall e recebe diariamente a lista de distribuição de sites não permitidos pela Internet.

Gateway de VPN

Além de executar as funções de controle de acesso e do tráfego, o firewall funciona como um gateway de VPN (Virtual Private Network), realizando conexões criptografadas e tuneladas usando um protocolo como o IPSec, que implementa algoritmos criptográficos como AES e 3DES.

NAT

O NAT foi uma solução introduzida pela Cisco Systems, que resolve a maior parte dos problemas relacionados ao esgotamento do número de endereços IP da Internet. O firewall que executa NAT realiza um mapeamento entre endereços válidos na Internet e endereços inválidos (que são utilizados pelos computadores da rede interna), sendo desnecessário que cada estação possua seu próprio endereço IP válido na Internet.

O mapeamento entre os endereços válidos e inválidos pode ocorrer da seguinte forma:

- Único, ou seja, existe um único endereço inválido mapeado em um endereço válido;
- Um para um, o que significa que para cada endereço inválido deve existir um endereço válido;
- Muitos para um, a forma mais utilizada, em que muitos endereços inválidos compartilham o mesmo endereço válido.

O mapeamento do NAT pode ser visto na Figura 9.19.

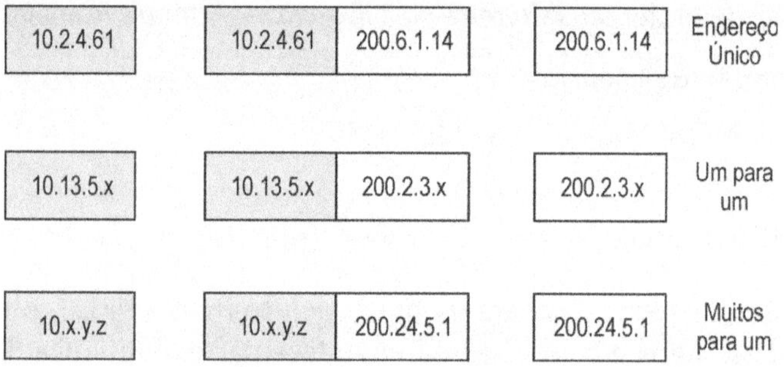

Figura 9.19 - Mapeamento dos endereços com NAT.

O uso do NAT aumenta ainda mais a segurança da rede interna, porque os endereços das estações ficam mascarados.

Autenticação de Usuários

Os usuários externos à rede podem ser autenticados no firewall para ter acesso a algum servidor ou aplicação. Esse processo em geral leva em conta o uso de um servidor de autenticação RADIUS.

Essa autenticação pode ser configurada para ser solicitada quando do acesso da página HTML. Neste caso, é aberto um menu pop-up para o usuário ser autenticado, entrando com login e senha.

Balanceamento de Carga

O firewall pode executar o balanceamento de carga entre servidores, gerenciando assim a carga entre eles com base no tempo de resposta de cada servidor.

Limitações de um Firewall

O firewall só controla o tráfego que passa por ele. Assim sendo, em ataques provenientes de usuários internos à rede cujo tráfego não passa pelo firewall, ele não provê proteção.

Existem alguns ataques que os firewalls não conseguem evitar, como:

- Back Orifice;
- Alguns tipos de Denial of Services;
- Autenticação fraudulenta;
- Backdoors;
- Erros humanos.

Arquitetura de um Firewall

A Figura 9.20 ilustra a arquitetura de uma solução de firewall, sendo destacadas três redes:

- **Rede externa**: os firewalls são alocados para o acesso à Internet, portanto podemos considerar essa rede como a Internet. É bom lembrar que todos os endereços dessa rede são válidos, por isso a interface externa do firewall deve possuir um endereço válido na rede.

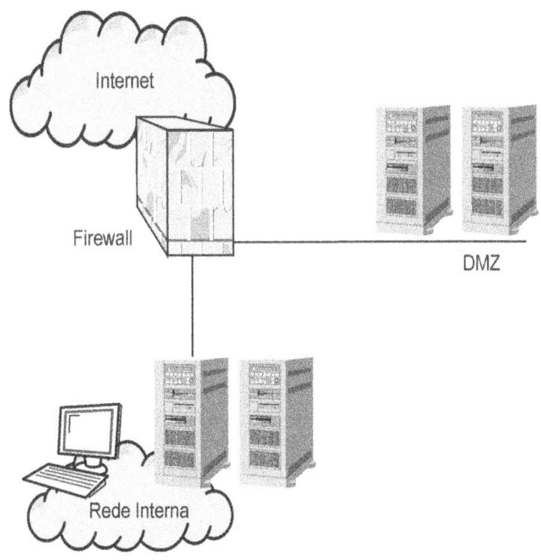

Figura 9.20 - Arquitetura de um firewall.

- **Rede interna:** corresponde à rede interna da empresa que desejamos proteger. Em geral as máquinas dessa rede trabalham com endereços não registrados ou inválidos, cabendo ao firewall a função de NAT já descrita anteriormente. O tráfego interno dessa rede, ou seja, que não passa para a Internet, não pode ser tratado pelo firewall em virtude de não passar por ele.
- **DMZ:** também conhecida como zona desmilitarizada, essa sub-rede disponibiliza uma proteção adicional à rede interna. Os servidores de serviços como WEB, FTP etc. são alocados nessa sub-rede. Assim sendo, o tráfego de usuários externos à rede fica permitido apenas a essa sub-rede, não sendo permitido que usuários externos, provenientes da Internet, tenham acesso à rede interna da empresa.

  Normalmente os equipamentos da rede sem fio ficam conectados em uma DMZ específica para esse fim.

Detecção e Prevenção de Intrusão - IDS e IPS

A tripla que buscamos para garantir a segurança de uma rede é:

- **Prevenção:** IPS, firewalls, encriptação, autorização;
- **Detecção:** IDS, scanning por antivírus, auditoria;
- **Reação:** política, procedimentos e resposta automática.

Os sistemas de detecção de intrusão suplementam a proteção quando existe necessidade de deixar alguma porta em aberto nos firewalls, como, por exemplo, quando existe troca de informação entre uma aplicação externa e uma interna.

Muitas empresas se preocupam muito em fechar as portas com um firewall, pois assim se sentem seguras, e acabam deixando de lado um investimento em sistemas de detecção de intrusão. Como já citamos, os firewalls não possuem mecanismos de controle de ataques que ocorrem de dentro da rede, ou seja, em que o tráfego não passa por ele. Para estes casos a detecção de intrusão é extremamente eficiente, sinalizando ao administrador da rede a existência de tentativa de ataques nos servidores e derrubando a conexão do invasor.

Modo de Operação

Os sistemas de detecção de intrusão utilizam os seguintes métodos para a detecção:

- **Análise de assinatura de ataques:** esses sistemas já possuem armazenados os principais ataques realizados por hackers. Eles simplesmente monitoram o comportamento dos servidores para verificar a ocorrência do ataque. Se o hacker utiliza-se de um ataque novo cuja assinatura o sistema de intrusão não possui, ele não será reconhecido.

- **Análise de protocolos:** está sempre verificando os protocolos de aplicação para determinar se existe algo de errado. Por exemplo, um ataque de DNS do tipo overflow do buffer do BIND pode ser detectado pela análise de protocolo, pois esse tipo de ataque inclui alguns bytes no pacote que são identificáveis.
- **Detecção de anomalias:** este é o método mais complexo de detecção de intrusão. Ele envolve o monitoramento de CPU, logs do sistema operacional, memória e discos dos servidores para verificar se alguma anomalia que pode ou não ser um ataque está ocorrendo no servidor. Existem anomalias que podem ser detectadas de aplicações, como a realização de uma query DNS num servidor web que a princípio não deveria ter o DNS rodando.

Muitas pessoas acreditam que os sistemas de detecção de intrusão detectam mau uso da rede ou ataques. O fato é que esses sistemas detectam problemas ou anomalias. A função do administrador de redes é determinar se esses problemas ou anomalias correspondem ou não a ataques. Na verdade, as detecções falso-positivas são o grande problema dos sistemas de detecção de intrusão, o qual foi resolvido com sistemas de prevenção de intrusão de última geração que eleminam drasticamente o número de falsos-positivos.

O software é apenas capaz de identificar padrões maliciosos ou atividades anormais. Quando um processo é identificado, devem ser definidas prioridades. Esses sistemas trabalham 24 horas por dia, portanto devem existir administradores de rede de plantão que podem ser acionados quando os sistemas de detecção detectarem ataques.

A detecção de anomalias é a metodologia mais complexa dos sistemas de IDS. Ela necessita de intervenção manual para verificar se a anomalia é verdadeira.

Tipos de Sistema de Detecção de Intrusão

- **Sistemas baseados na rede:** trabalham com a análise de pacotes da rede.
- **Sistemas baseados nas estações:** trabalham com logs e eventos do sistema operacional das estações.
- **Sistemas baseados na integridade de arquivos:** verificam a integridade dos arquivos utilizando sistemas antivírus e auditoria.

Existem ainda sistemas híbridos que permitem a coleta de informações baseadas na rede e nas estações. Já os sistemas baseados na integridade de arquivos criam um hashing criptografado dos arquivos mais importantes do sistema e alarmam quando ocorre alguma mudança neles.

As principais características de um sistema de detecção de intrusão são:

- **Execução contínua:** independente do horário comercial das empresas, os sistemas de detecção devem funcionar 24 horas, como os servidores.
- **Tolerante a falhas:** falhas nesse sistema podem facilitar a ocorrência de ataques.
- **Mínimo overhead na rede:** devido a suas características de scanning contínuo da rede, devem trabalhar com baixo overhead, de modo a não prejudicar o tráfego de dados normal.
- **Dificuldade de ser atacado:** devem ser sistemas nos quais exista uma grande dificuldade de ataque, pois um ataque a um sistema de detecção de intrusão é uma grande vulnerabilidade na rede.

Prevenção de Intrusão (IPS)

Os Sistemas de Prevenção de Intrusão (IPS) permitem, além de alertar uma tentativa de ataque, realizar o seu bloqueio. Esses equipamentos normalmente estão conectados nos segmentos críticos da rede, em linha, ou seja, todo o tráfego a ser inspecionado precisa passar por ele. Eles permitem a detecção e o bloqueio automático de ataques.

Esse tipo de equipamento normalmente trabalha na camada de enlace do modelo OSI, camada 2, e não necessita de nenhum tipo de reconfiguração da rede para ser instalado.

Os IPS realizam um nível de inspeção no pacote muito profundo, que vai até a camada de aplicação do modelo OSI (camada 7). Um IPS permite detectar as seguintes ameaças na rede, incluindo a rede sem fio:

- Propagação de vírus;
- Propagação de worms;
- Ataques direcionados a sistemas operacionais;
- Ataques direcionados à aplicação Web, como cross site script, php injection e sql injection;
- Exploração de vulnerabilidades das principais aplicações;
- Spams e phising;
- Spyware;
- Uso da rede por aplicações não permitidas como P2P, incluindo Bittorrent.

Esses equipamentos podem ser utilizados para proteger a rede corporativa dos acessos à rede sem fio. Normalmente têm alta capacidade de processamento, trabalham com interfaces Gigabit Ethernet ou 10 Gigabit Ethernet e realizam a inspeção em arquitetura de processamento distribuído com microprocessadores de uso dedicado ASICs e FPGAs.

Os IPS possuem baixas taxas de falso-positivos e permitem detectar também ataques de negação de serviço.

Na Figura 9.21 observamos a implementação de um sistema de prevenção de invasões (IPS) para proteger a rede sem fio.

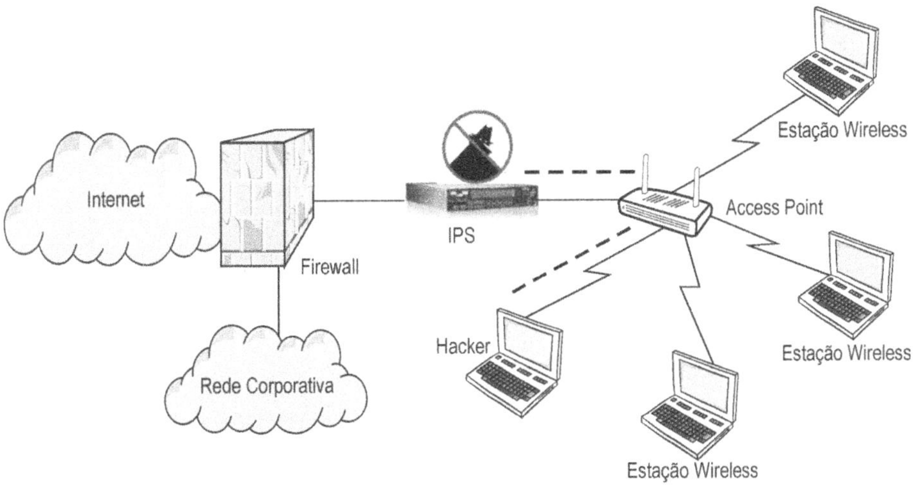

Figura 9.21 A implementação do firewall e o IPS na rede corporativa sem fio.

Na figura, o IPS realiza um bloqueio da tentativa de ataque proveniente da rede sem fio.

Resumo do Capítulo 9

Este capítulo apresentou conceitos de VPN. A Rede Privada Virtual é uma das soluções a ser implementada em caso de incapacidade do uso de sistemas mais seguros nas redes sem fio, como o WPA2. Abordou o IPSec em detalhes, arquitetura e funcionalidades de um firewall, e os sistemas de detecção (IDS) e prevenção de invasões (IPS) que auxliam a identificar e bloquear as ameaças provenientes da rede sem fio.

1. Quais são os dois modos do IPSec?
   a. Transporte e criptografia
   b. Criptografia privada e túnel
   c. Preshared e transporte
   d. Túnel e tunelado
2. Quais as três formas de autenticação do IPSec?
   a. Diffie-Hellman, RSA e certificados
   b. Kerberos, certificados e pre-shared key
   c. SSL, chave privada e certificado
   d. Reconhecimento, SSL e pre-shared key
3. Em qual camada do modelo OSI trabalha o IPSec?
   a. Física
   b. Aplicação
   c. Transporte
   d. Rede
4. O que o firewall stateful não consegue fazer?
   a. Analisar em detalhes tentativas de exploração de vulnerabilidades na porta 80.
   b. Filtrar acesso a endereços IP.
   c. Filtrar acessos à rede.
   d. Ser concentrador de VPN.
5. O que é IDS?
   a. Intrusion Defeat System
   b. Invasion Detection System
   c. Intrusion Detection System
   d. Improve Detection System

6. Qual a diferença entre um IPS e um IDS?
   a. O IDS bloqueia o ataque, o IPS não.
   b. O IDS é mais avançado e possui menor taxa de falso-positivo.
   c. O IPS bloqueia o ataque, o IDS não.
   d. O IPS é implementado apenas no firewall.
7. Como podemos isolar a rede sem fio?
   a. Colocando-a junto com os servidores.
   b. A partir da criação de uma DMZ.
   c. Com um IPS.
   d. Conectando-a diretamente à rede externa.
8. Por que o IPS é implementado em arquitetura ASIC?
   a. Porque é mais barato.
   b. Porque é mais simples.
   c. Devido à alta performance obtida com uma arquitetura em ASIC, inspeção por hardware.
   d. Porque é mais fácil programar.
9. A VPN resolve em parte vulnerabilidades de segurança de qual mecanismo existente na rede sem fio?
   a. WPA2
   b. WEP 256
   c. WEP 64 e WEP 128
   d. TKIP
10. Qual a melhor solução de segurança?
    a. Usar um firewall que tenha também capacidade de IPS.
    b. Usar um IPS que tenha capacidade de firewall.
    c. Usar um firewall limitado à capacidade de firewall e um IPS limitado ao trabalho de IPS.
    d. Não usar nem IPS nem firewall.

Anotações

Capítulo 10

Implementação da Rede sem Fio

A implementação de uma rede sem fio envolve uma série de etapas:

- Realizar um bom projeto e o Site Survey como apresentados no capítulo 4.
- Fazer a configuração de rede do access point.
- Configurar a rede sem fio.
- Fazer a configuração da segurança da rede.
- Configurar as estações.

Para tornar este capítulo mais prático, após as recomendações apresentamos uma configuração segura dos seguintes fabricantes:

- Cisco LinkSys modelo WRT54G ver.2, versão de firmware 4.21.1
- Netgear modelo WGR614v7
- D-Link modelo DI-524

Site Survey

O Site Survey foi explicado em detalhes no capítulo 4. Nesta etapa espera-se que o Site Survey já tenha sido executado. A informação necessária para a implementação é saber qual dos três canais será utilizado: 1, 6 ou 11.

Para este capítulo vamos configurar todos os access points do exemplo no **canal 6**. A decisão é sempre baseada na utilização dos canais da rede sem fio no local onde vamos fazer a instalação. Normalmente escolhemos canais menos utilizados pelas redes preexistentes.

Configuração de Rede

Normalmente o access point possui um wizard para a configuração de rede. Nesta etapa precisamos definir os parâmetros para a configuração do access point à Internet ou à rede corporativa.

Para que a configuração funcione, é importante que o modem de banda larga esteja conectado corretamente no access point com um cabo de rede UTP. Essa conexão pode ser observada na Figura 10.1. Precisamos conectar a porta LAN do modem Internet na porta WAN do access point.

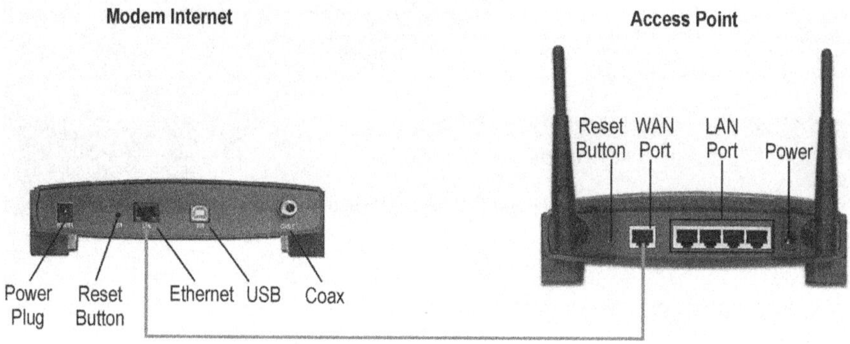

Figura 10.1 - Conexão do modem Internet com o access point.

Passo 1 - O primeiro passo é definir a configuração da Internet. Geralmente existem as seguintes opções:

- **DHCP:** nessa opção o access point recebe automaticamente de um roteador ou modem de banda larga um endereço IP, máscara de rede, configurações de DNS e Default Gateway. Esta é a forma mais simples porque toda a configuração é recebida pelo serviço de DHCP.
- **Static IP:** essa opção é utilizada também quando se usa o access point na rede corporativa. Neste caso o usuário deve informar manualmente as configurações de endereço IP, máscara, gateway e servidores de DNS. Essa opção é para uma configuração mais avançada, em que o access point sempre terá um endereço IP fixo.

- **PPOE:** muitos serviços de Internet via cable modem e ADSL utilizam o protocolo PPP over Ethernet. Essa forma de encapsulamento dos dados permite que os provedores cadastrem um login e um password para o usuário. Nessa configuração o modem vai fazer o papel do software fornecido pelo provedor de serviço. O usuário precisa apenas configurar no access point seu usuário e senha, e todas as outras configurações de endereçamento IP, máscara, gateway da rede e servidores de DNS serão recebidos do provedor de serviço automaticamente.
- **PPTP:** realiza um túnel PPTP entre o access point e o provedor de serviços. Devem ser configurados o endereço IP, a máscara, o gateway e o DNS conforme informado pelo provedor de serviços. Além dessas informações, é necessário também usuário e senha para autenticação.
- **L2TP:** realiza um túnel L2TP entre o access point e o provedor de serviços. Neste caso não é necessário informar nenhuma configuração de endereçamento IP para o access point, apenas o endereço IP do servidor L2TP, além de usuário e senha. Esse tipo de configuração é muito utilizado na Europa.

Passo 2 - Configuração do endereçamento das estações da rede sem fio.

O passo 2 consiste em realizarmos o setup de endereçamento de rede para as estações que vão se conectar à rede sem fio e o próprio endereço do access point, que será utilizado para que as estações se conectem a ele. O endereçamento default da maioria dos fabricantes para o access point é 192.168.1.1, e as estações da rede sem fio começam a receber seu endereçamento pelo servidor DHCP do access point a partir do endereço 192.168.1.100. Essas opções podem ser reconfiguradas de acordo com a necessidade do usuário. Na configuração da rede sem fio é possível também configurar o servidor de DNS, que será informado às estações caso não se deseje usar o mesmo servidor recebido pelo access point do modem (provedor Internet). É importante configurar o horário do roteador.

Configuração da Rede sem Fio

Nesta etapa vamos realizar a configuração da rede sem fio.

Passo 3 - Configurar o modo de operação do access point.

Este livro trabalha com access points nos padrões IEEE 802.11b e IEEE802.11g, os modelos mais utilizados no Brasil. Neste passo temos de definir o modo em que o access point vai trabalhar, se 802.11b, 802.11g ou mix. Recomenda-se deixar em mix, ou seja, trabalhando tanto em 802.11b como 802.11g. Se configurarmos em 802.11b, todas as estações vão acessar com velocidade máxima de 11Mbps. Se, por outro lado, deixarmos como 802.11g, caso haja algum dispositivo com interface 802.11b, ele não vai funcionar. O mais flexível é deixarmos em modo mix, ou seja, 802.11b/g.

Passo 4 - Configurar o SSID.

O SSID é o identificador da rede. Todas as estações na rede devem compartilhar o mesmo SSID. Por configuração de fábrica os access points que estamos utilizando vêm com os seguintes SSIDs:

- **Cisco/LinkSys:** Linksys;
- **Netgear:** Netgear;
- **D-Link:** D-Link.

Por questões de segurança, principalmente se a rede sem fio for instalada em ambiente corporativo, não se deve utilizar o nome da empresa como SSID, e sim escolher um nome que não correlacione a rede utilizada à empresa ou à posição física. Nos exemplos de configuração escolhemos um nome próprio como SSID, Mickey, portanto a rede será SSID Mickey.

Passo 5 - Broadcast do SSID.

Este é um ponto muito importante, pois existe uma opção de projeto que deve ser definida. Se desejamos estender a rede a visitantes, é mais simples fazer o broadcast do SSID; caso contrário, se desejamos um ambiente com mais segurança, recomenda-se não realizar o broadcast do SSID. O broadcast do SSID serve para que as estações consigam identificar a rede sem fio. Se desabilitarmos o broadcast, o usuário deve inserir manualmente o nome do SSID da rede que deseja configurar.

Passo 6 - Configuração de Wireless Security.

A configuração de criptografia já foi apresentada no capítulo 7 deste livro. Basicamente precisamos realizar as opções para configurar os modos WEP, WPA ou WPA2. Como já foi discutido ao longo deste livro, a configuração realmente segura e recomendada é trabalhar com o modo WPA2, utilizando o algoritmo de criptografia AES.

> ***Nota:*** *O usuário deve estar ciente dos riscos de configurar sua rede sem criptografia, além de fornecer um ponto de acesso à Internet sem controle, o que pode favorecer que inclusive hackers usem a rede para ataques. A falta da criptografia implica também que os dados do usuário sejam interceptados a qualquer momento. As empresas que não utilizam criptografia em suas redes sem fio devem estar cientes do risco legal caso as redes sejam utilizadas para desfechar um ataque na Internet.*

Passo 7 - Filtragem de endereços MAC.

A filtragem de MAC Address traz uma segurança adicional à rede sem fio. A ideia do filtro é permitir que apenas as estações de rede sem fio com endereços MAC autorizados tenham acesso à rede sem fio. Esse recurso hoje em dia é muito pouco eficiente, uma vez que usuários mal-intencionados podem simplesmente realizar uma técnica simples conhecida como MAC Spoofing, que altera o endereço MAC da placa de rede sem fio para o endereço de uma estação autorizada, possibilitando o acesso à rede. Os endereços das máquinas autorizadas podem ser obtidos com qualquer software que faça captura dos dados de redes sem fio, como o NetStumbler, já apresentado neste livro.

Embora seja um recurso vulnerável, é uma proteção adicional e recomendada. Para realizar essa configuração, o usuário deve inicialmente descobrir os endereços MAC das interfaces de rede. Isso pode ser facilmente alcançado com o uso do comando ipconfig /all. Na Figura 10.2 observamos o resultado do comando ipconfig /all em uma máquina Windows 7.

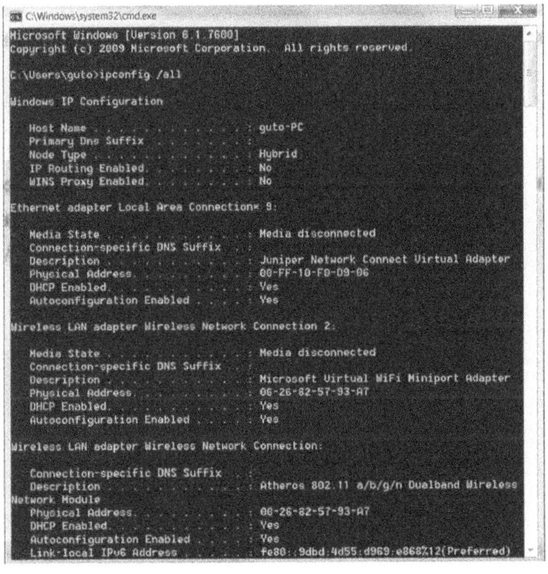

Figura 10.2 - Comando ipconfig /all.

A Figura 10.2 exibe o resultado da execução do comando e o endereço MAC da estação, neste caso **06-26-82-57-93-A7**.

Passo 8 - Configuração do firewall interno do access point.

Alguns access points implementam regras de Access Control List internamente, o que lhes permite, por exemplo, bloquear tentativas de conexões da Internet diretamente à rede sem fio, tráfego de multicast ou qualquer outro indesejado. O usuário pode criar regras de bloqueio de acordo com as necessidades de sua rede para os principais serviços, como DNS, ping, HTTP, HTTPS, FTP, POP3, IMAP, SMTP, NNTP, Telnet, SNMP, TFTP, IKE, ou qualquer outra aplicação ou serviço. Basta conhecer as portas TCP/UDP da aplicação.

Recomendamos deixar o firewall habilitado com a configuração default.

> ***Nota:*** *O firewall interno do access point é muito simples. Executa apenas filtros de tráfego, não realizando nenhum tipo de inspeção nos pacotes trafegados nas portas autorizadas. Em um ambiente corporativo, recomenda-se adicionar a rede wireless a uma DMZ em separado controlada por um firewall e um dispositivo de IPS (Intrusion Prevention Systems).*

Passo 9 - Configuração da administração do access point.

Importantíssimo é alterar a senha do access point; caso contrário, qualquer usuário com acesso à rede sem fio pode colocar a segurança em risco, alterando as configurações dos access points. Troque a senha do access point por uma difícil de ser adivinhada, ou seja, uma senha forte que contenha pelo menos oito caracteres maiúsculos e minúsculos, além de caracteres especiais como $, @, &, !, ?, :, -, /. Isso aumenta a segurança da senha. Tenha sempre o hábito de trocar a senha regularmente, de preferência a cada 45 dias.

Os access points usados neste livro vêm com as seguintes senhas padrão:

LinkSys:

usuário: <deixar em branco>, senha: admin

Netgear:

usuário: admin, senha: password

D-Link:

usuário: user, senha: <Sem senha>

Configuração das Estações de Rede sem Fio

Passo 10 - Configurar as estações para acessar a rede sem fio.

Para configurar a estação para a rede sem fio, é necessário que a estação já esteja com o endereço MAC configurado na lista de endereços MAC disponíveis. Vamos apresentar a configuração no Windows XP e no Windows 2007.

No Windows XP, o primeiro passo é acessar o Painel de controle, Figura 10.3.

Em Painel de controle, selecione o ícone Conexões de rede, Figura 10.4.

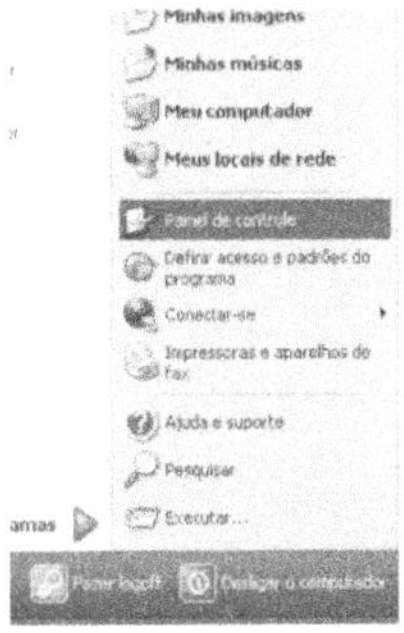

Figura 10.3 - Painel de controle.

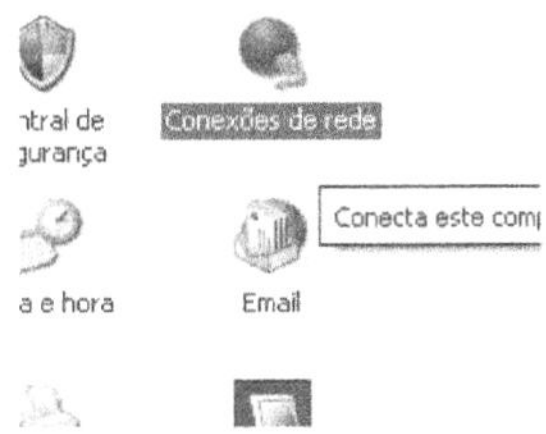

Figura 10.4 - Conexões de rede.

Em Conexões de rede, selecione Conexão de rede sem fio, Figura 10.5.

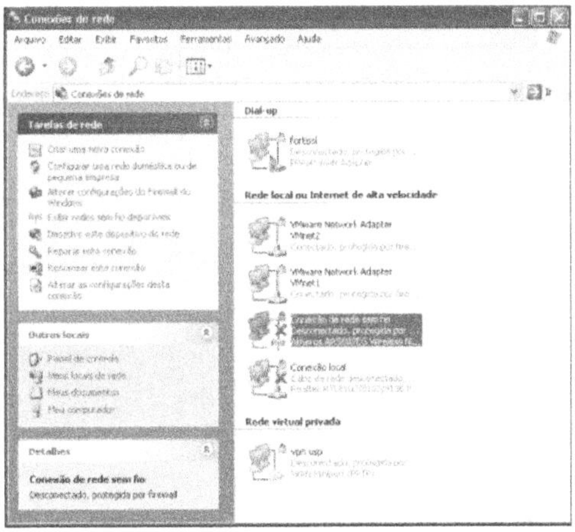

Figura 10.5 - Conexão de rede sem fio.

Em seguida, observe que a rede Mickey está disponível, Figura 10.6.

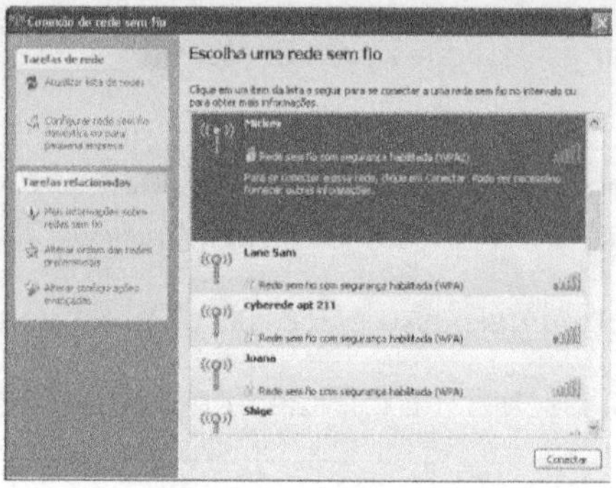

Figura 10.6 - Rede Mickey.

Clique duas vezes na rede Mickey, Figura 10.7, e entre com a chave configurada de pre-shared key. No livro usamos a chave &dit0r@&ric@ (Editora Érica).

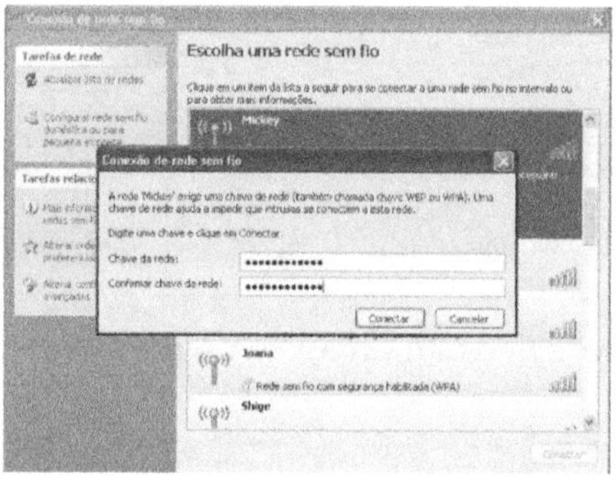

Figura 10.7 - Chave configurada no access point.

Após este passo, verifique que a rede está conectada, Figura 10.8.

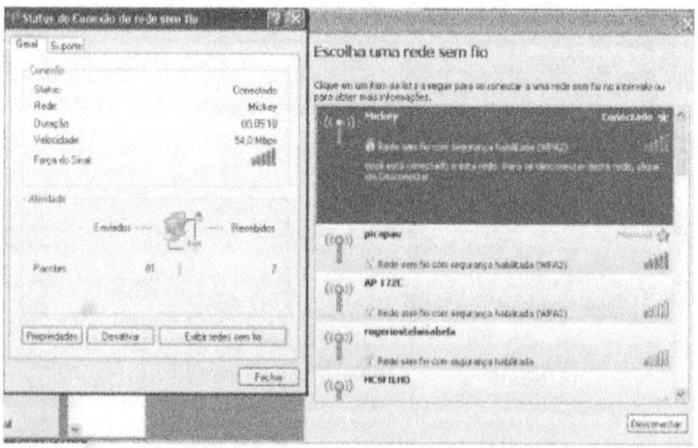

Figura 10.8 - Rede Mickey conectada.

No Windows 7, o primeiro passo é acessar o Painel de Controle, Figura 10.9.

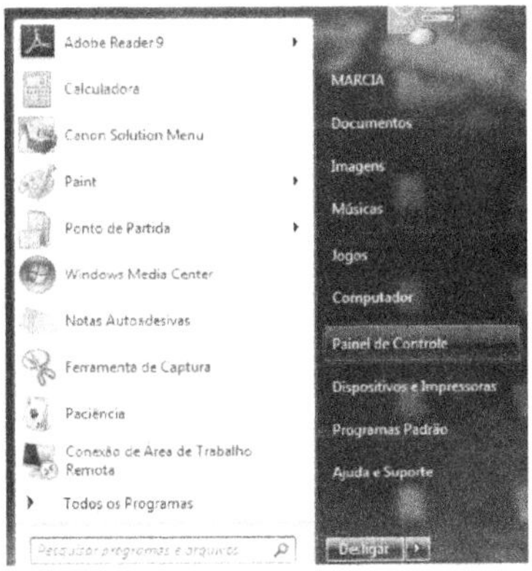

Figura 10.9 - Painel de Controle.

Em seguida, acesse Central de Rede e Compartilhamento, Figura 10.10.

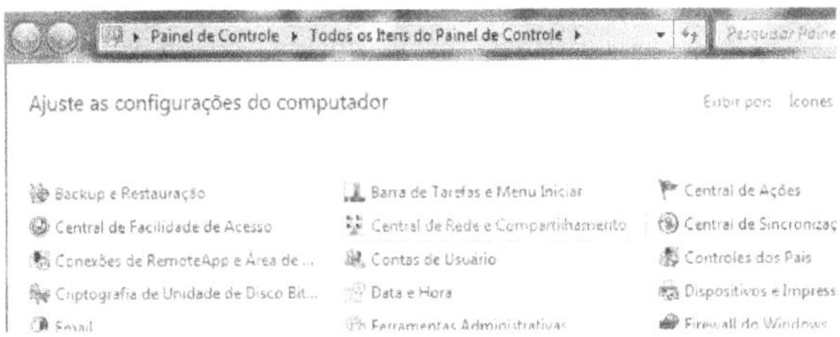

Figura 10.10 - Central de Rede e Compartilhamento.

Clique no botão Conectar a uma rede, Figura 10.11.

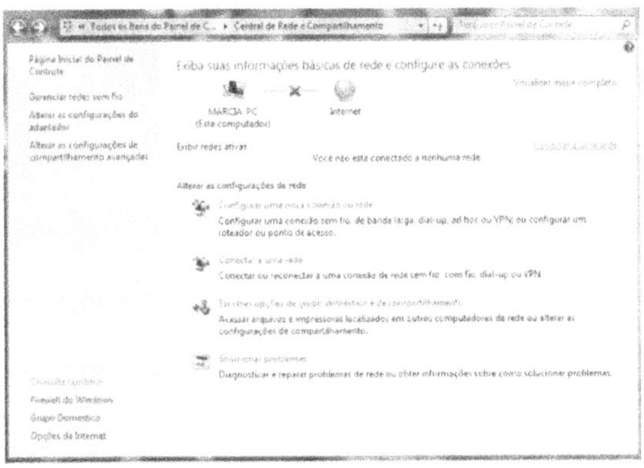

Figura 10.11 - Conectar a uma rede.

Selecione a rede Mickey, conforme a Figura 10.12.

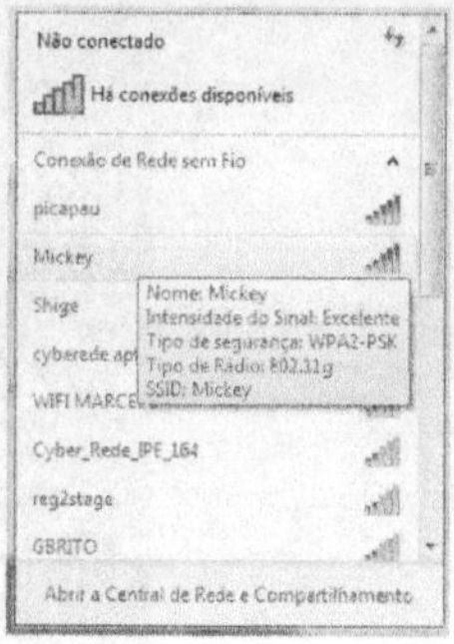

Figura 10.12 - Seleção da rede Mickey.

Insira a chave para conectar-se à rede, Figura 10.13.

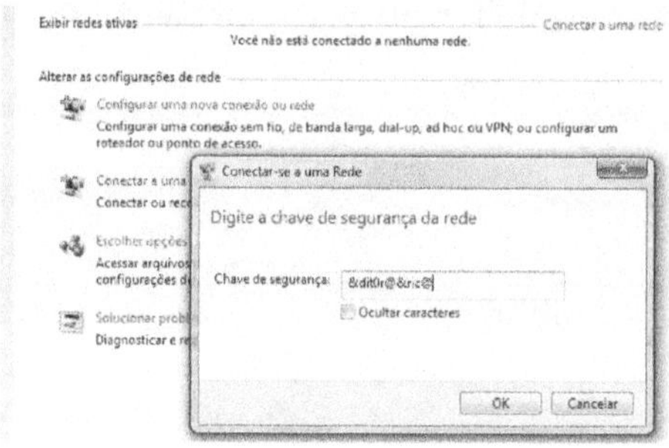

Figura 10.13 - Inserção da chave de segurança (pre-shared key) do WPA2.

Por fim, selecione o perfil da rede a que está se conectando, Figura 10.14.

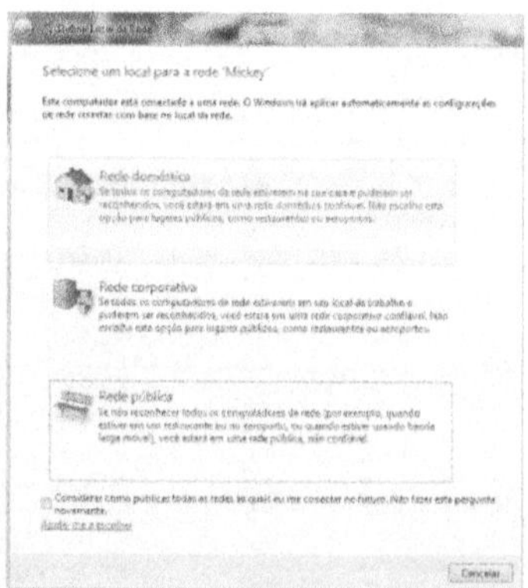

Figura 10.14 - Perfil da rede a que está se conectando.

Configuração Segura do Roteador Linksys

Toda a configuração do access point deve ser realizada com a conexão de cabo UTP diretamente das portas LAN do access point ao computador, como observamos na Figura 10.15.

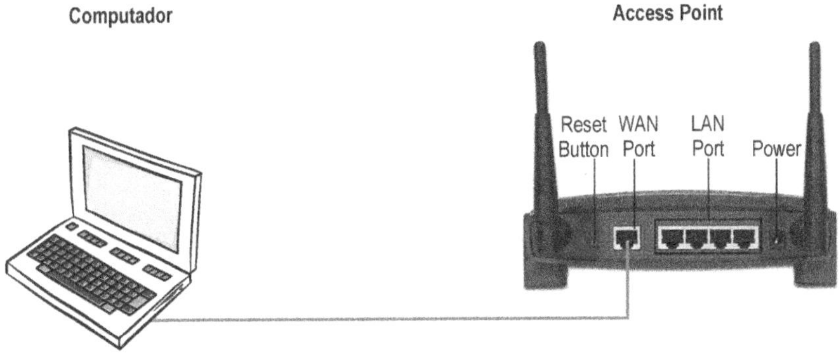

Figura 10.15 - Conexão do computador ao access point Linksys.

Passo 1a

Estamos considerando que o access point está com configuração de fábrica. Caso ele já possua alguma configuração, pressione com um lápis ou clipe o botão de Reset com o equipamento ligado, Figura 10.16.

Passo 2a - Certifique-se de que o computador está com configuração de rede para DHCP.

No Windows XP, o primeiro passo é acessar o Painel de controle, Figura 10.17.

Figura 10.16 - Botão de Reset no Linksys.

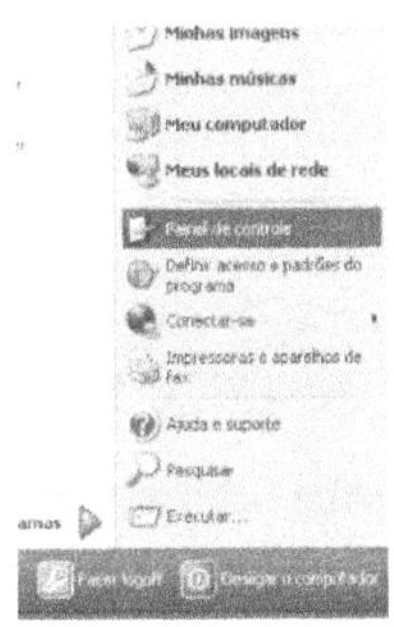

Figura 10.17 - Painel de controle.

Em Painel de controle, selecione o ícone Conexões de rede, Figura 10.18.

Em Conexões de rede, selecione Conexão local, clicando duas vezes, Figura 10.19.

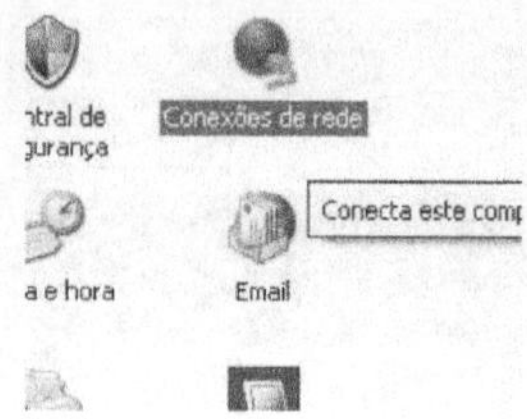

Figura 10.18 - Conexões de Rede.

Figura 10.19 - Conexão Local.

Observe que a conexão está ativa. Clique no botão Propriedades, Figura 10.20.

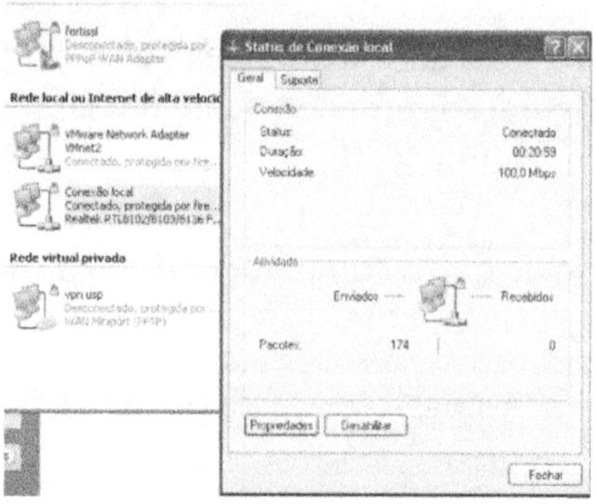

Figura 10.20 - Propriedades de Conexão de rede local.

Em seguida, nas opções selecione Protocolo TCP/IP e clique em Propriedades. A configuração de rede deve fornecer: **Obter um endereço IP automaticamente** e **Obter o endereço dos servidores DNS automaticamente**, Figura 10.21.

Clique na aba Suporte o observe o endereço IP atribuído pelo access point, Figura 10.22.

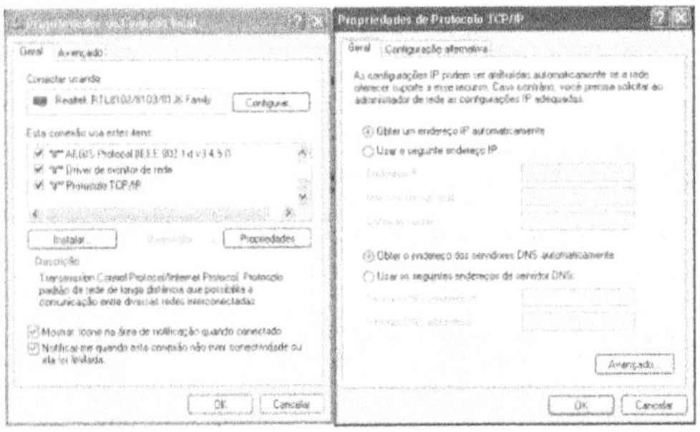

Figura 10.21 - Propriedades TCP/IP.

Figura 10.22 - Endereçamento IP atribuído.

Passo 3a - Acessar o console do access point.

Para isso, você deve navegar no endereço padrão do access point, neste caso http://192.168.1.1, Figura 10.23.

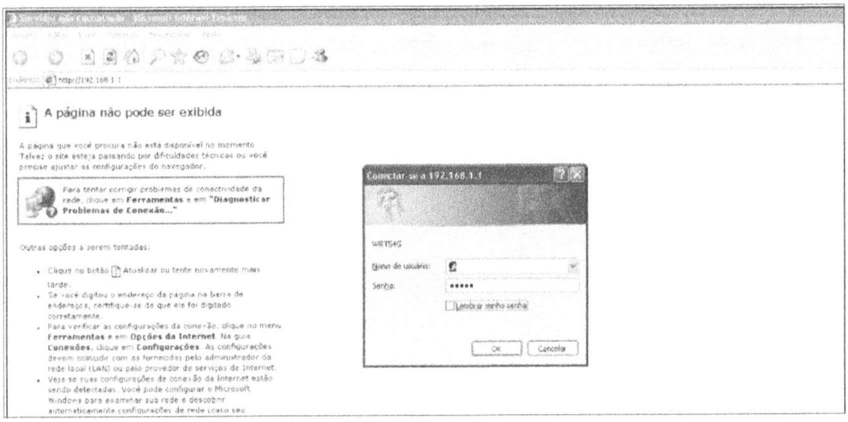

Figura 10.23 - Acesso ao console Web do access point.

Deixe o nome do **usuário em branco** e coloque a senha **admin**.

Passo 4a - Basic Setup.

Para este exemplo vamos deixar a configuração de Internet em Automática, Figura 10.24, uma vez que esse provedor de serviço não exige autenticação do usuário. Vamos também deixar o endereço padrão da interface de rede local do roteador, ou seja, **192.168.1.1**. O servidor DHCP interno para as estações será mantido com a configuração padrão, iniciando a atribuição dos endereços por 192.168.1.100 adiante.

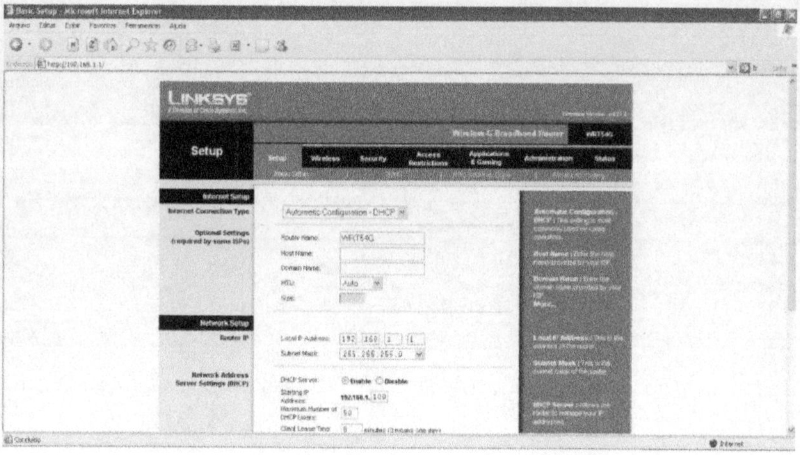

Figura 10.24 - Basic Setup.

A seguir, vamos baixar a página e alterar o fuso horário para GMT -3, que é o do Brasil, Figura 10.25.

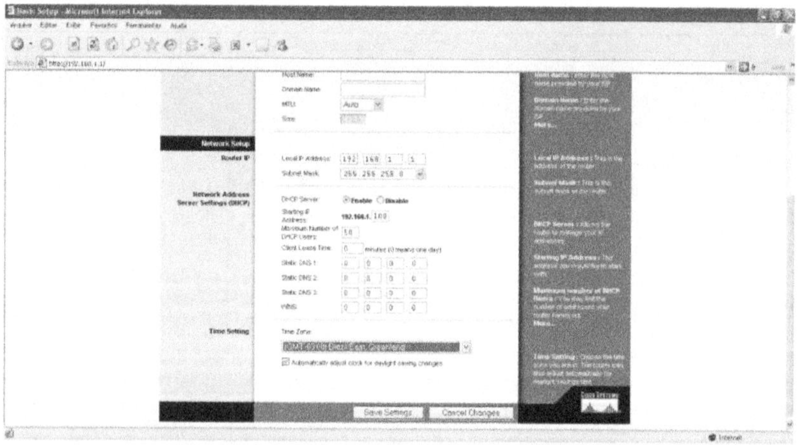

Figura 10.25 - Alteração do fuso horário.

Passo 5a - Configuração básica do Wireless.

O próximo passo é a configuração básica do Wireless. Clique na aba Wireless, Figura 10.26, selecione o modo Mix (802.11b/g) e o SSID a ser utilizado, no caso **Mickey**. Agora vamos definir o canal. Neste exemplo, o canal menos utilizado encontrado no Site Survey foi o 11. Existem duas opções: habilitar ou não o broadcast do SSID. Se optarmos por desabilitar, é mais seguro, porém exige alguns passos a mais de configuração no cliente. Vamos desabilitar o broadcast do SSID e mais adiante mostrar as mudanças para adicionar novas máquinas à rede. Em seguida, selecione Save Settings para salvar a configuração.

Figura 10.26 - Configuração básica de Wireless.

Passo 6a - Configuração Wireless Security.

Neste passo vamos configurar o modo de segurança, Figura 10.27. Selecione WPA2 Personal e coloque como shared key &DITOR@&RIC@.

> ***Nota:*** *Este é apenas um exemplo de configuração. Neste ponto o usuário deve criar a sua chave secreta.* ***Não use*** *a chave do exemplo para não gerar um problema de segurança na rede.*

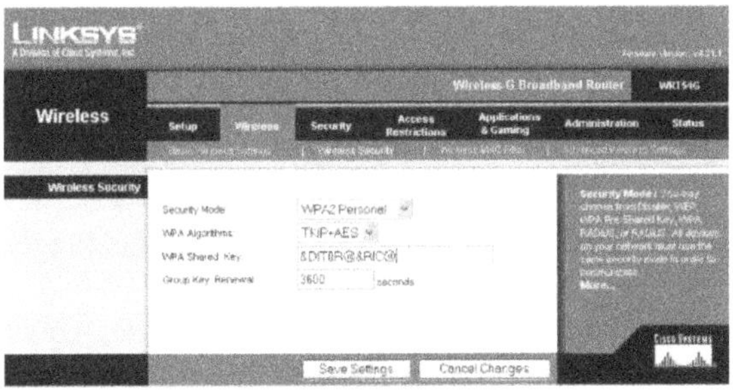

Figura 10.27 - Configuração do modo de segurança.

Salve a configuração usando a opção Save Settings.

Passo 7a - Configuração de filtragem de endereços MAC

Selecione a aba de Wireless MAC Filter, em seguida as opções **Enable** e **Permit only PCs listed to access the wireless network**, Figura 10.28. Assim, apenas as máquinas na lista de MAC address terão acesso à rede.

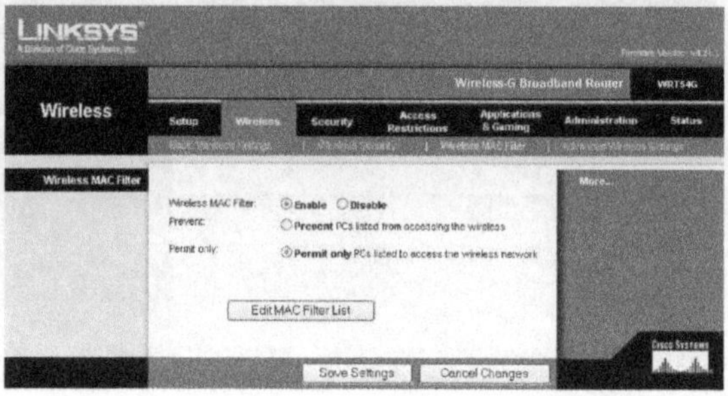

Figura 10.28 - Filtragem de endereços MAC.

Clique no botão Edit MAC Filter List para adicionar os computadores que terão acesso à rede, Figura 10.29. No passo 7 deste capítulo há maiores detalhes de como obter os endereços MAC das estações.

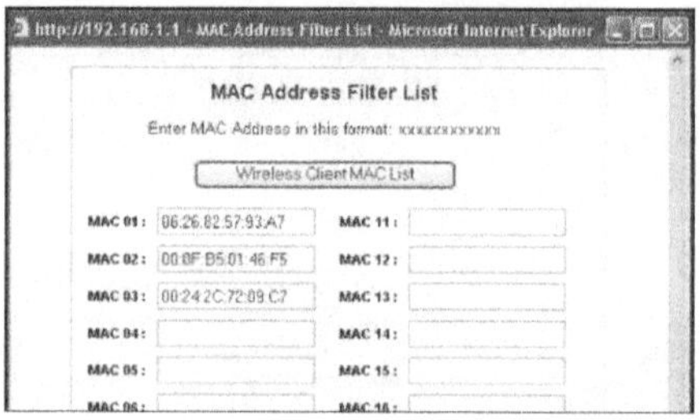

Figura 10.29 - Lista de endereços MAC.

Nota: *Esses endereços MAC são apenas um exemplo. Você deve fazer um levantamento e configurar os endereços MAC das estações da sua rede sem fio.*

Passo 8a - Configuração de firewall

Deixe a configuração do firewall como default, ou seja, com as opções listadas na Figura 10.30. Em seguida, salve as configurações.

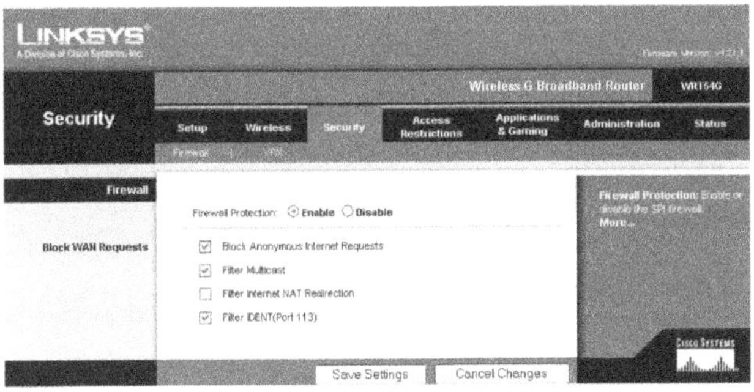

Figura 10.30 - Opções de firewall.

Passo 9a - Configuração de administração.

Não podemos nos esquecer de trocar a senha padrão do equipamento. Este passo é fundamental. Clique na aba Administration, em seguida em Management, digite uma nova senha e confirme. O acesso à administração é mais seguro se for feito por https. Desabilite o acesso via HTTP, Figura 10.31. Clique em Save Settings para salvar a configuração.

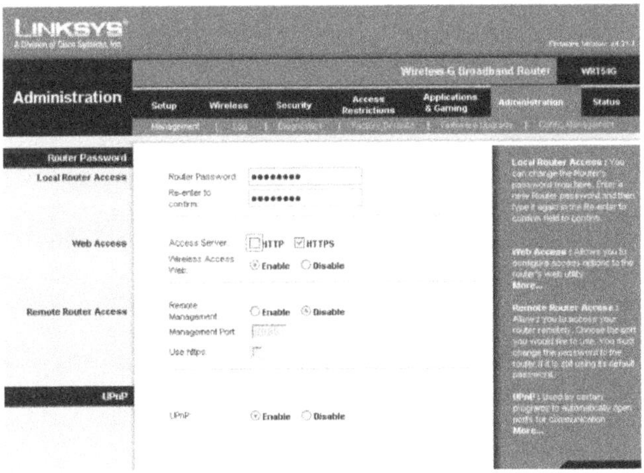

Figura 10.31 - Senha de administração.

A partir deste ponto o acesso deve ser feito com https.

Passo 10a - Adição de uma estação à rede sem fio.

Inicialmente certifique-se de que o endereço MAC da máquina que vai configurar foi adicionado à lista de MAC Address. Clique em Conexão de rede sem fio, Propriedades, depois na aba Redes sem fio. Clique em Adicionar, coloque o nome da rede Mickey e a autenticação WPA2-PSK com AES.

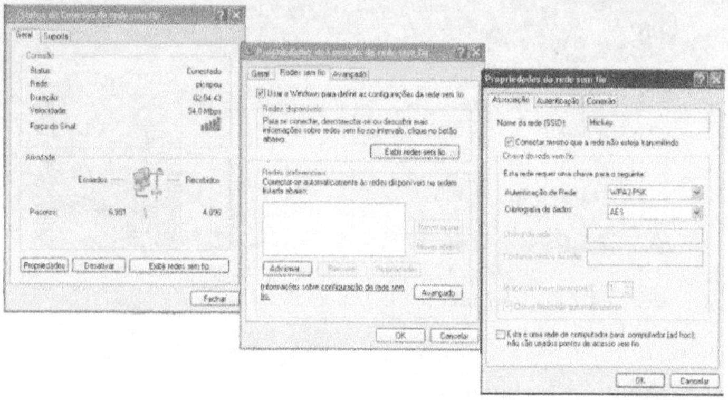

Figura 10.32 - Configuração manual de uma nova rede.

Pronto! Agora basta selecionar a rede Mickey e adicionar a chave secreta compartilhada, no caso do exemplo **&dit0r@&ric@**, Figura 10.33.

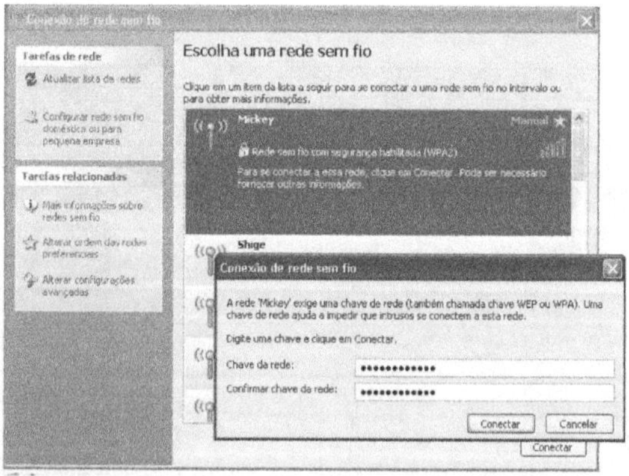

Figura 10.33 - Adição da chave secreta à rede Mickey.

Configuração Segura do Roteador Netgear

Passo 1b

Idêntico ao passo 1a (Linksys).

Passo 2b

Idêntico ao passo 2a (Linksys).

Passo 3b

Idêntico ao passo 3a (Linksys), mas assegure-se de ter digitado o usuário admim e a senha password.

Passo 4b

Deixe as configurações de rede padrão, Figuras 10.34 e 10.35, ou seja, o roteador Wireless vai receber as configurações de IP, máscara e servidores de DNS automaticamente do provedor de serviço via modem.

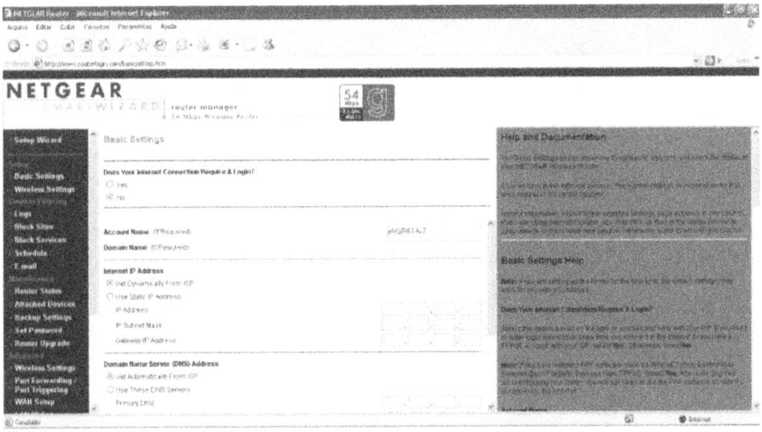

Figura 10.34 - Configurações de rede padrão.

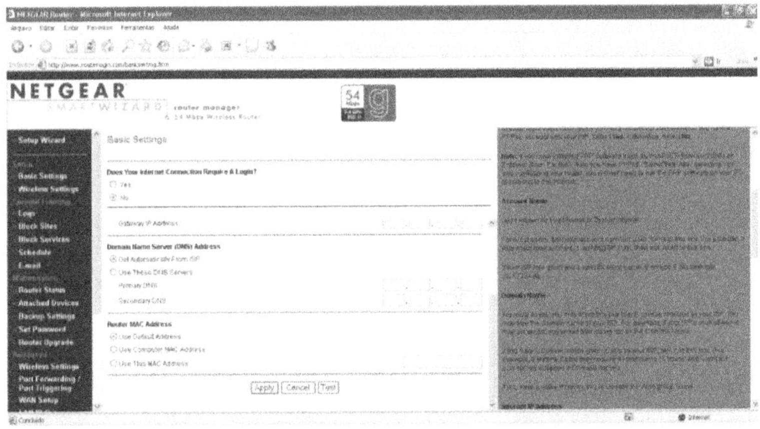

Figura 10.35 - Configurações de rede padrão (continuação).

Passo 5b

Na opção de Wireless Settings, defina o **SSID** da rede como **Mickey** e o **canal 11** indicado no Site Survey. Deixe o modo de operação no **g and b**. Na opção de segurança (Security Options) escolha **WPA2-PSK [AES]**. Na chave secreta (**Passphrase**) use **&dit0r@&ric@**. Em seguida, clique em **Apply** para salvar a configuração.

> ***Nota:*** *Este é apenas um exemplo de configuração. Neste ponto o usuário deve criar a sua chave secreta.* ***Não use*** *a chave do exemplo para não gerar um problema de segurança à rede.*

Figura 10.36 - Configuração de Wireless Settings.

Passo 6b

Na opção de Maintenance, escolha Set Password, Figura 10.37, defina uma nova senha para o access point e clique em Apply para salvar.

Figura 10.37 - Defina uma nova senha para o roteador.

Passo 7b

Na opção de Advanced Wireless Settings, Figura 10.38, desabilite o broadcast do SSID e clique em Setup Access List para definir a lista dos endereços MAC das máquinas permitidas para acessar a rede.

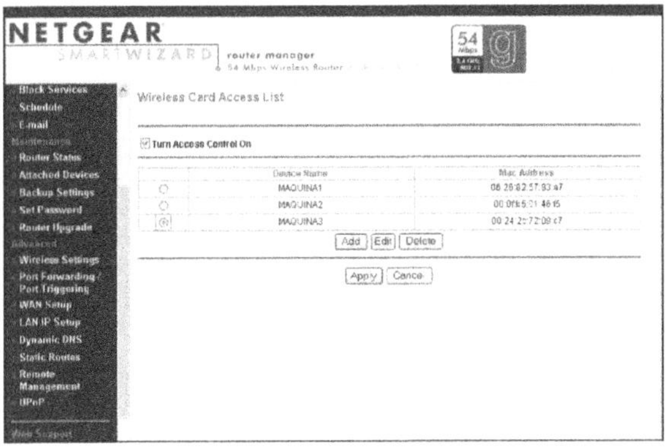

Figura 10.38 - Configuração de Advanced Wireless Settings.

Na opção de Setup Access List, adicione manualmente todas as máquinas que fazem parte da rede sem fio, Figura 10.39.

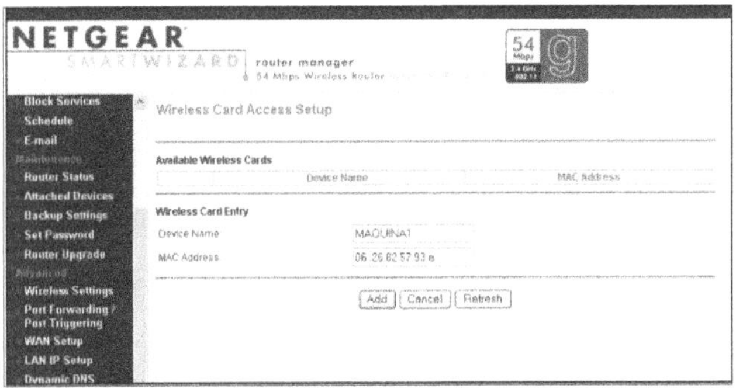

Figura 10.39 - Configuração dos endereços MAC das estações.

O resultado final deve estar como a lista que aparece na Figura 10.40. Não se esqueça de selecionar Turn Access On, e finalmente Apply para salvar a configuração.

> ***Nota:*** *Estes endereços MAC são apenas um exemplo. Você deve fazer um levantamento e configurar os endereços MAC das estações da sua rede sem fio.*

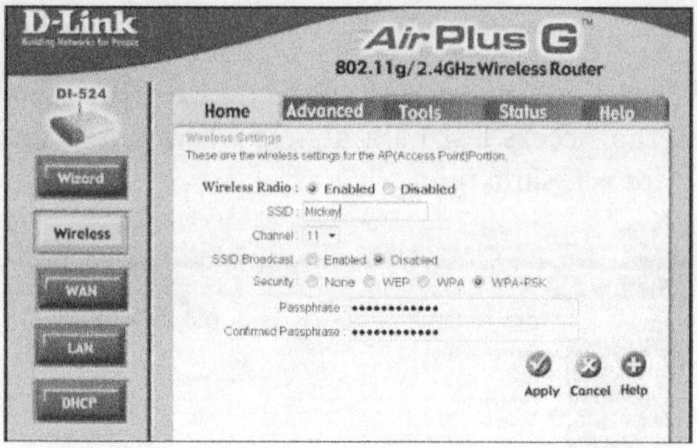

Figura 10.40 - Tabela final das máquinas do exemplo.

Para adicionar as estações à rede sem fio, utilize o mesmo processo do passo 10.

Configuração Segura do Roteador D-Link

Passo 1c

Idêntico ao passo 1a (Linksys).

Passo 2c

Idêntico ao passo 2a (Linksys).

Passo 3c

Idêntico ao passo 3a (Linksys), mas assegure-se de ter digitado o usuário user e a senha em branco.

Passo 4c.

Em Wireless Home, Figura 10.41, faça a configuração do SSID para Mickey, coloque o canal como 11, dê um disable no SSID, configure Security para WPA-PSK e defina a pre-shared key como &dit0r@&ric@.

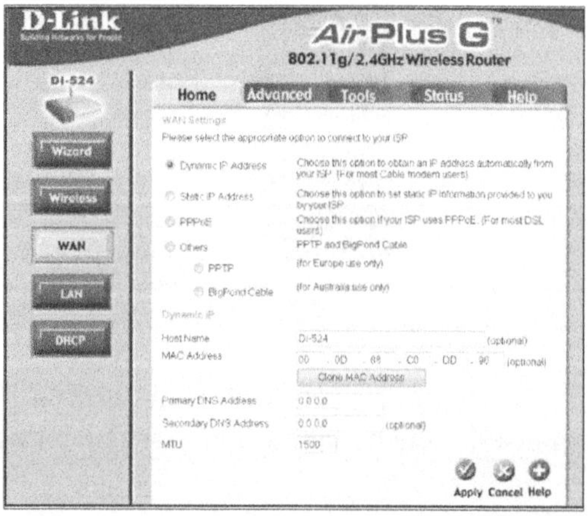

Figura 10.41 - Configuração de Wireless Settings.

Passo 5c

Em WAN Home, Figura 10.42, deixe com as configurações básicas para receber endereço IP, máscara e servidores de DNS do provedor de serviços.

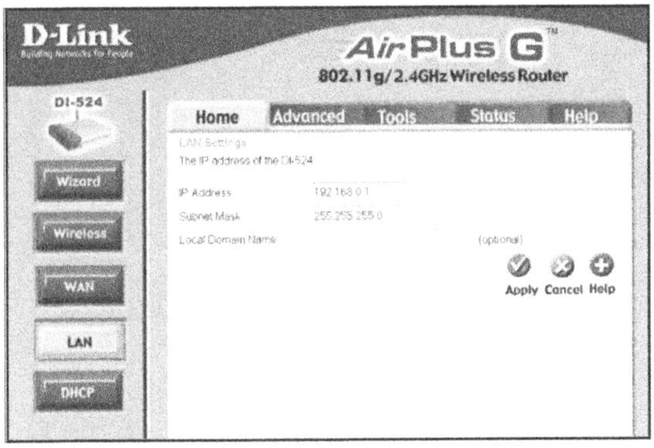

Figura 10.42 - Configuração de WAN Settings.

Passo 6c

Em LAN Home, Figura 10.43, deixe o endereço LAN do access point como default, ou seja, 192.168.0.1.

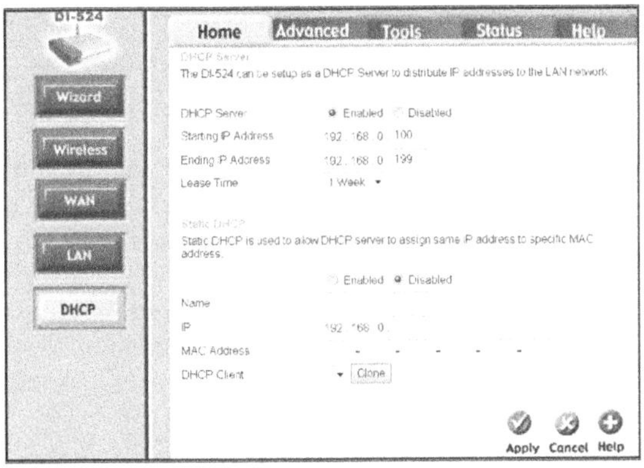

Figura 10.43 - Configuração do endereço LAN do access point.

Passo 7c

Em DHCP Home, Figura 10.44, deixe o DHCP habilitado com a configuração padrão e clique em Apply para salvar.

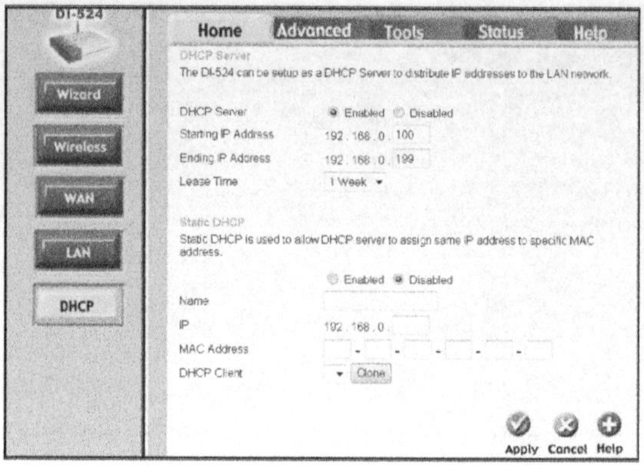

Figura 10.44 - Configuração de DHCP.

Passo 8c

Em Admin Tools, Figura 10.45, troque a senha default do access point.

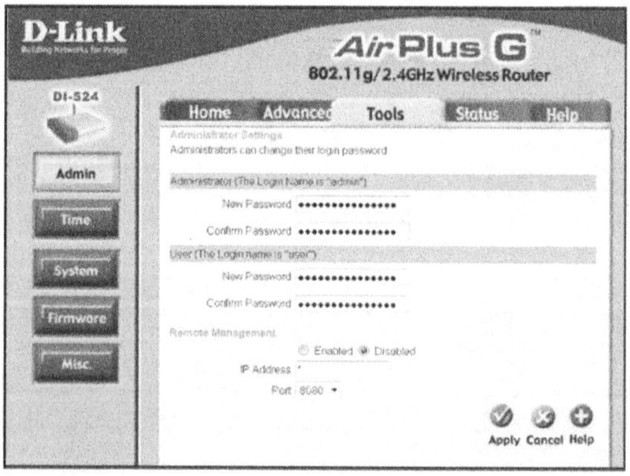

Figura 10.45 - Configuração da senha de administração.

Passo 9c

Em Advanced Filters, Figura 10.46, inclua os endereços MAC das estações de rede sem fio. Clique em Apply para salvar.

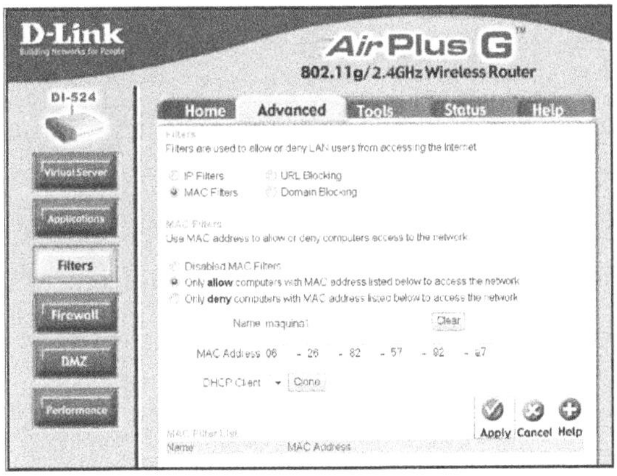

Figura 10.46 - Configuração dos endereços MAC da rede.

> ***Nota:*** *Estes endereços MAC são apenas um exemplo. Você deve fazer um levantamento e configurar os endereços MAC das estações da sua rede sem fio.*

Passo 10c

Para adicionar as estações à rede sem fio, utilize o mesmo processo do passo 10.

Resumo do Capítulo 10

Este último capítulo foi o mais prático de todos e mostrou passo a passo como configurar a rede sem fio com access points de três fabricantes: Linksys/Cisco, Netgear e D-Link. As configurações apresentadas são bem básicas, mas garantem um nível adequado de segurança à rede sem fio.

1. Qual o canal escolhido para a configuração do exemplo?
    a. 1
    b. 12
    c. 11
    d. 3

2. Como deve ser a pre-shared key utilizada no WPA-2?
    a. Somente com números.
    b. Somente com letras.
    c. Usar uma política de senha forte, incluindo caracteres especiais.
    d. Usar apenas caracteres especiais.

3. Como é feito o acesso de configuração?
    a. Protocolo telnet
    b. Protocolo serial
    c. Protocolo HTTP
    d. Protocolo HTTPS em todos os exemplos

4. Qual a desvantagem de não fazer broadcast do SSID?
    a. A configuração fica padronizada.
    b. É necessário adicionar as redes manualmente.
    c. É mais complexo.
    d. A chave acaba sendo menos forte.

5. Qual o problema de configurar filtro de MAC?
    a. É demorado.
    b. Nunca muda.
    c. O gerenciamento é complexo, uma vez que cada nova estação adicionada à rede necessita de reconfiguração.
    d. É a melhor solução para empresas muito grandes.

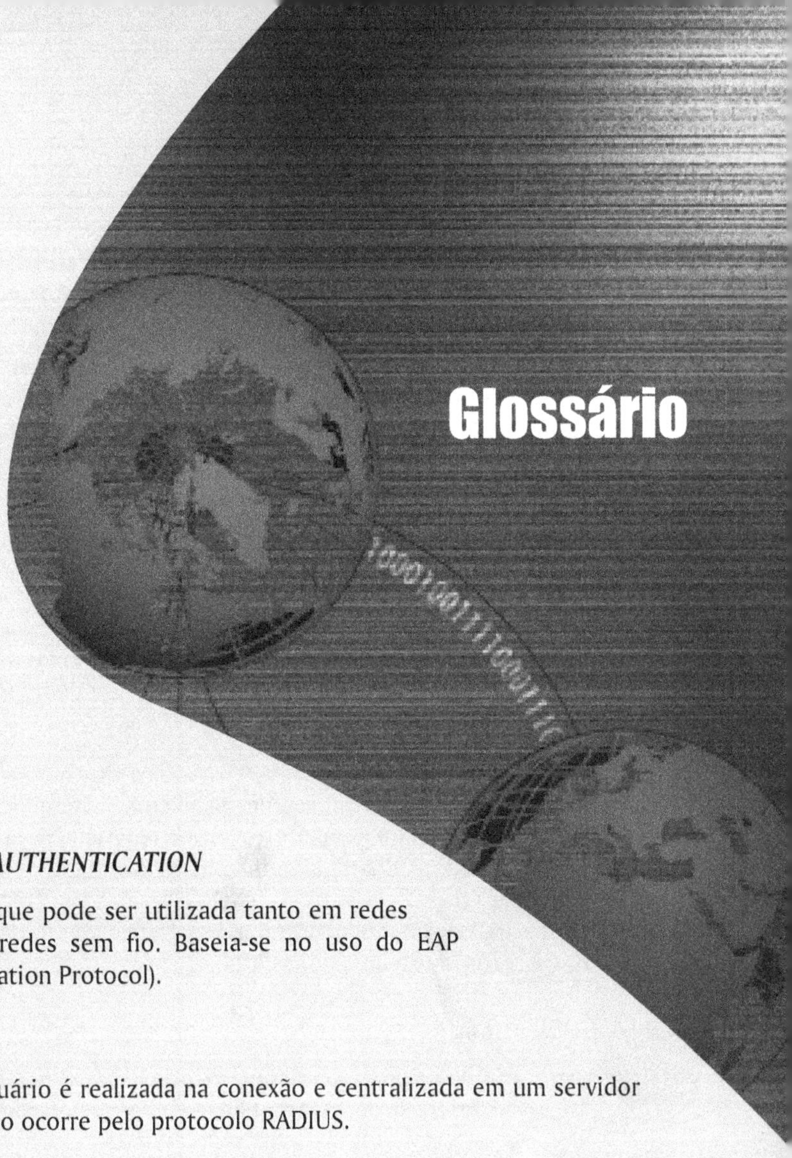

Glossário

802.1X PORT BASED AUTHENTICATION

- É uma especificação que pode ser utilizada tanto em redes cabeadas como em redes sem fio. Baseia-se no uso do EAP (Extensible Authentication Protocol).

RFC 2284

- A autenticação do usuário é realizada na conexão e centralizada em um servidor em que a comunicação ocorre pelo protocolo RADIUS.

ACCESS LIST - LISTA DE ACESSO

- Uma lista que controla o acesso do roteador, como, por exemplo, restringindo certos pacotes que vêm de endereços IP não desejáveis.

ACCESS POINT - PONTO DE ACESSO

- Na rede wireless é chamado de o ponto de acesso de uma rede cabeada com a rede sem fio (wireless).

ACESSO

- Habilidade de um sujeito visualizar, mudar ou se comunicar com outro objeto em um sistema de computação. Tipicamente, o acesso envolve um fluxo de informações entre um sujeito e um objeto (por exemplo, um usuário pode ler um arquivo; um programa pode criar um diretório).
- Oportunidade de se aproximar, inspecionar, revisar e fazer uso de dados ou informações.
- O transporte baseado em TCP/IP de pacotes entre computadores fim a fim por meio de uma rede. O acesso é em geral fornecido por operadoras que possuem backbone de dados IP.

ACESSO DEDICADO

- Acesso contínuo 24 horas por dia e sete dias por semana.

ADMINISTRADOR DE SISTEMAS DE SEGURANÇA

- Pessoa que administra e controla o acesso a sistemas de computação, definindo privilégios, códigos de acesso, revogando acessos e definindo os parâmetros de proteção.

ALGORITMO

- Procedimento para resolver um problema matemático com um número finito de passoas, que frequentemente envolve a repetição de uma operação. Em 1972, o NBS (Organismo de Padrões) identificou a necessidade de um sistema padrão de criptografia para o uso em aplicações não classificadas. O DES (Data Encription Standard) representa o primeiro algoritmo criptográfico aberto desenvolvido pelo governo americano e tornou-se um padrão ANSI.

ALGORITMO RSA

- Algoritmo de criptografia assimétrico inventado por Ron Rivest, Adi Shamir e Len Adelman. Baseia-se em chave pública e na exponenciação do módulo de funções aritméticas.
- Algoritmo de criptografia de chave pública, baseado em números primos muito grandes.

AMEAÇA

- Ação ou evento que prejudica a segurança.
- Dano possível a um sistema de computação.
- Exploração potencial de uma vulnerabilidade em um sistema.

AMEAÇA ATIVA

- Tipo de ameaça que envolve alteração, não apenas interceptação, de informações. Por exemplo, um grampo que pode ser usado para acessar informações e dados confidenciais, ou mesmo utilizado para gerar falsas mensagens ou sinalização com o objetivo de alterar a comunicação entre usuários legítimos. O perigo de uma ameaça ativa é principalmente na autenticação da informação que está sendo transmitida, contrastando com a ameaça passiva.

ANSI (AMERICAN NATIONAL STANDARDS INSTITUTE)

- O principal organismo de padronização nos Estados Unidos. Os membros em geral são fabricantes, operadoras, além do IEEE.

ARIN (AMERICAN REGISTRY FOR INTERNET NUMBERS)

- Órgão americano responsável pelo controle e delegação de endereços IP.

ARPANET (ADVANCED RESEARCH PROJECTS AGENCY NETWORK)

- Rede baseada na comutação de pacotes, desenvolvida em meados dos anos de 1970 e fundada pela ARPA. A ARPANET evoluiu para Internet e o termo ARPANET deixou oficialmente de ser usado em 1990.

ARQ (AUTOMATIC RETRANSMISSION QUERY)

- Técnica de confirmação de mensagens do Bluetooth.

ARQUITETURA

- Um arranjo de componentes intencionalmente arrumados para atender a determinada necessidade.

ARQUITETURA DE SISTEMAS ABERTOS

- Tecnologia padrão e estruturas para hardware, sistemas operacionais, bases de dados, tolerâncias a falhas e sistemas de rede e transporte.

ASSINATURA DIGITAL

- Porção de dados que passou por uma transformação criptográfica que é anexada à mensagem original e serve de prova da origem e autenticidade da informação, impedindo que os dados sejam forjados e o não repúdio.
- Mecanismo de autenticação que permite ao criador da mensagem adicionar um código chamado assinatura. Essa assinatura garante a origem da mensagem e a integridade.
- Ferramenta de autenticação que verifica a origem da mensagem e a identidade do emissor e do receptor. Uma assinatura digital é única para cada transação.

ASSINATURA DIGITALIZADA

- Uma imagem eletrônica de uma assinatura feita à mão digitalizada. Uma assinatura digitalizada parece com a original, porém não provê a mesma proteção que uma assinatura digital que não pode ser forjada ou copiada.

ASSINATURA ELETRÔNICA

- Atributo fixado a um documento eletrônico para amarrar a uma entidade em particular. Um assinatura eletrônica é um processo que garante a autenticação de usuário como um sistema biométrico. A verificação da assinatura em um documento confere a integridade do documento e atributos associados, além de verificar a identidade de quem o assinou. Existem algumas tecnologias de autenticação de usuários, incluindo senhas, criptografia e biometria.

ATAQUE

- Ato de agressivamente tentar sobrepor controles de segurança. O fato de que um ataque foi realizado não significa necessariamente que ele obteve sucesso. O nível de sucesso depende da vulnerabilidade do sistema e das medidas de proteção tomadas.
- Uma tentativa de sobrepor um sistema de controle de segurança. Um ataque ativo altera os dados; um ataque passivo apenas obtém os dados.

AUDITORIA

- Registrar independentemente e depois examinar as atividades de um sistema (por exemplo, logins e logouts, acessos a arquivos e violações de segurança).

AUDITORIA DE SEGURANÇA

- Uma revisão independente dos registros de atividade dos sistemas com o objetivo de testar os sistemas de controle, garantir a conformidade com as políticas e procedimentos operacionais, detectar falhas de segurança e recomendar e indicar mudanças na política de controle e procedimentos.

AUTENTICAÇÃO

- A verificação de que a entidade é quem diz ser.
- O processo de provar que determinado usuário ou sistema é quem diz ser. A autenticação é uma medida usada para verificar a elegibilidade de um sujeito e a sua habilidade para acessar certas informações. Ela protege contra o uso fraudulento do sistema ou a transmissão fraudulenta de informações. Existem três formas clássicas de autenticar um elemento a ele mesmo: algo que você sabe, algo que você tem ou algo que você é.
- Disponibilizar garantia da identidade de um usuário ou informação.

AUTENTICAÇÃO DE MENSAGENS

- Garantir tipicamente que o código de autenticação de uma mensagem bate com o código da mensagem enviada.

AUTENTICAÇÃO FORTE

- Processo de autenticação que utiliza um mecanismo de geração dinâmica de senhas, como um cartão de autenticação, ou PIN.

AUTENTICIDADE

- Princípio de segurança que garante que uma mensagem foi recebida exatamente na forma como foi enviada.

AUTORIDADE CERTIFICADORA (CA) - CERTIFIED AUTHORITY

- Entidade segura responsável pelo mapeamento e fornecimento de chaves públicas por meio da identificação do portador do certificado. Em alguns sistemas, as autoridades de certificação podem inclusive gerar as chaves públicas.
- Entidade segura responsável pela distribuição de certificados. Um certificado de chave pública é um arquivo que associa o nome do usuário a uma chave pública digitalmente assinada pela autoridade certificadora. O ambiente para o uso de certificados de chave pública foi definido pelo CCITT na norma do padrão X.509. O certificado contém o nome do usuário, o número de série e o período de validade, entre outros campos.

AUTORIZAÇÃO

- Conceder direitos que incluem a concessão de acesso a determinados arquivos, dados ou aplicações.

AVALIAÇÃO DE RISCO

- Uma análise pela qual um sistema passa para verificar as vulnerabilidades de forma a determinar o custo da perda e recuperação do sistema.

BANDWIDTH

- Largura de banda, capacidade de banda que pode ser enviada por meio de um link. Fazendo uma analogia, se água fosse os dados, a largura de banda seria o cano.

BIOMETRIA

- Estudo estatístico de dados biológicos. Em segurança de redes, o uso de características únicas do indivíduo, como físicas, de comportamento e de morfologia, disponibiliza identificação positiva pessoal. Exemplos dessas características são impressões digitais, padrões de retina e assinaturas.
- Um sistema de identificação biométrico identifica um humano pela medida de um fator físico ou pela ação repetitiva de um fator individual (por exemplo, geometria das mãos, mapeamento da retina, padrões da íris, impressões digitais, características da face, sequência de DNA, impressões da voz e assinatura).

BLUETOOTH

- Tecnologia desenvolvida pela Ericsson e que virou padrão de mercado para a substituição de cabos por ondas de rádio para interconectar dispositivos, criando-se assim uma PAN (Personal Area Network).

BLUESNARFING

- Ataque realizado em rede Bluetooth para tentar buscar os dados do telefone como contatos, agenda etc.

BOMBA LÓGICA

- É um programa de computador que verifica se um conjunto de condições está presente em um sistema. Quando essas condições são casadas, a bomba lógica executa funções que resultam em ações não autorizadas.

CAVALO DE TROIA

- Tipo de programa que representa uma ameaça. Programa independente que executa uma função útil de utilitário, mas esconde um programa não autorizado internamente. Esse programa em geral é utilizado para capturar informações digitadas via teclado e enviá-las a um provável invasor.

CCK (COMPLEMENTARY CODE KEYING)

- Técnica de modulação baseada em código utilizada nas redes IEEE 802.11b.

CERTIFICAÇÃO

- Avaliação técnica para o suporte, ou validação de um processo estabelecida entre um sistema de computação em particular, uma implementação ou uma arquitetura de rede que é aderente a determinados requisitos de segurança pré-especificados.

CFP (CONTENTION FREE PERIOD)

- Período de liberação de tráfego para qualidade de serviço no IEEE 802.11e.

CHAVE

- Na criptografia, é um valor secreto usado para encriptar e decriptar mensagens.
- Uma sequência de símbolos, formada por números grandes, que usualmente apenas quem envia e quem recebe as mensagens conhece.
- Uma das entradas de controle da transformação de dados por um algoritmo criptográfico.

CHAVE ASSIMÉTRICA

- Uma das chaves do par de chaves usado em sistemas criptográficos do tipo chave pública. Um sistema criptográfico assimétrico possui duas importantes propriedades: a chave usada para encriptar é diferente da usada para decriptar e nenhuma das chaves pode ser derivada da outra.

CHAVE PRIVADA

- Uma das duas chaves utilizadas em sistemas de criptografia assimétricos. Por motivos de segurança apenas o criador da chave privada deve conhecê-la.
- Uma das chaves utilizadas por algoritmos assimétricos. A posse da chave é restrita, usualmente, a uma entidade.

CHAVE PÚBLICA

- Uma das duas chaves usadas em sistemas criptográficos assimétricos. A chave pública deve ser usada em conjunto com a chave privada correspondente nos processos criptográficos.
- Em um sistema criptográfico assimétrico, pública é a chave que pode ser revelada.

CHAVE SECRETA

- Chave usada em algoritmos criptográficos simétricos que deve ser mantida em sigilo por ambas as partes envolvidas na comunicação.

CHAVE SIMÉTRICA

- Chave usada em sistemas criptográficos simétricos. Em alguns desses sistemas a mesma chave é usada para encriptação e decriptação.

CHECKSUM

- Número somado de acordo com um conjunto de regras particulares e usado para verificar se os dados transmitidos sofreram modificação durante a transmissão.
- Dígitos ou bits somados de acordo com regras arbitrárias e usado para verificar a integridade dos dados.

CIFRAR

- Um algoritmo usado para encriptar e decriptar. Um algoritmo de cifragem substitui um pedaço da informação (um elemento em texto claro) por outro objeto com a intenção de esconder o significado.

CLASSIFICAÇÃO

- A classificação é o nível básico de sensibilidade de um documento. No ramo militar as informações podem ser classificadas como **não classificadas**, **confidenciais**, **secretas** e **altamente secretas**. Quando um rótulo de sensibilidade é incluso, existe um mecanismo de limitar o acesso às informações para aquele determinado nível de classificação.

CÓDIGO CONFIÁVEL

- Código assumido para executar um conjunto de operações corretamente.

CÓDIGO DE AUTENTICAÇÃO DE MENSAGENS

- Código calculado durante a encriptação e anexado à mensagem. Se o código de autenticação calculado é igual ao código calculado durante a decriptação, a mensagem não foi alterada no processo de transmissão. É o acrônimo do MAC.

COMUNICAÇÃO SEGURA

- Proteção às informações enquanto estão sendo transmitidas, particularmente via meios de telecomunicação. O principal foco é verificar a autenticidade da mensagem.

CONECTIVIDADE

- Potencial de um computador ou sistema de computação em estabelecer links (enlaces) de comunicação ou interagir efetivamente.

CONFIABILIDADE

- Medida de consistência dos dados baseada na capacidade de reprodução da informação e na medida estimada de erros.

CONFIANÇA

- Habilidade de um sistema em cumprir as especificações.

CONFIDENCIAL

- Informação que não pode ser livremente divulgada; informação privada, a qual é enviada ao emissor que se compromete a não divulgá-la sem a devida autorização para mudança de classificação, principalmente porque possui conteúdo sensível.

CONFIDENCIALIDADE

- Condição para que uma informação seja compartilhada ou despachada de maneira controlada.
- O conteúdo da informação não é disponibilizado ou revelado para usuários, indivíduos, entidades ou processos não autorizados.
- Princípio de segurança que mantém a informação sensível guardada, impedindo que usuários não autorizados possam acessá-la.
- Status associado a dados ou informações que se caracterizam como sensíveis por determinada razão e por isso necessitam de proteção contra roubo ou uso impróprio, podendo ser disseminadas apenas por indivíduos ou organizações que possuem autorização para tê-las.

CONTROLE DE ACESSO

- A prevenção para que usuários não autorizados acessem um recurso.

- Política de uso de informações que determina quem deve ter acesso a quais informações, políticas e procedimentos para prevenir o acesso a informações de usuários não autorizados.

CP (CONTENTION PERIOD)

- Período de contenção de tráfego usado para qualidade de serviço no IEEE 802.11e.

CRC (CYCLIC REDUNDANCY CHECK)

- Byte de checagem para a verificação da existência de erros no pacote enviado.
- Função matemática que cria uma impressão digital em um bloco de dados de forma a verificar a existência de erros, principalmente na transmissão ou armazenamento.

CREDENCIAIS

- Informações que descrevem atributos de segurança (identidade ou privilégio) de um usuário ou em uma comunicação. As credenciais são utilizadas para autenticação ou delegação e uso no controle de acesso.

CRIPTOANÁLISE

- Parte da criptologia responsável por quebrar os códigos criptográficos e descobrir e recuperar o texto claro a partir do cifrado, sem que para isso seja conhecida a chave criptográfica.

CRIPTOGRAFIA

- Parte da criptologia responsável pela execução de algoritmos para encriptação e decriptação com a intenção de garantir a segurança e autenticidade das mensagens.
- Morfologicamente o nome criptografia vem do grego "kryptos" que significa esconder e de "graphia" que significa escrita.
- Arte de manter dados em segredo, inicialmente por meio do uso de funções matemáticas e lógicas que transforma dados legíveis em não legíveis e vice-versa.

CRIPTOGRAFIA ASSIMÉTRICA

- Forma de sistema criptográfico em que os processos de encriptação e decriptação são realizados utilizando duas chaves distintas, uma conhecida como chave pública e outra como chave privada. Também conhecido como sistemas criptográficos de chave pública.

CRIPTOGRAFIA SIMÉTRICA

- Sistema criptográfico no qual a encriptação e a decriptação são realizadas usando a mesma chave.

CRIPTOLOGIA

- Ciência que estuda tanto a criptografia como a criptoanálise.

CSMA/CA (CARRIER SENSE MULTIPLE ACCESS WITH COLLISION AVOIDANCE)

- Método de acesso utilizado no padrão Ethernet IEEE 802.11.

DADOS

- Sequência de símbolos que possuem determinado significado.

dBm

- dBm é usado para definir o nível de potência de um sinal em cabo e em redes sem fio nas frequências de transmissão. O símbolo é uma abreviação de «decibéis relativos a um miliwatt», em que 1mW é igual a 1/1000 de um watt (0.001W ou 10 -3W). Essa unidade é utilizada para medir o nível de intesidade do sinal de rede sem fio.

DECRIPTAÇÃO

- A tradução de um texto encriptado ou dados, chamado de texto cifrado no texto original.
- A transformação de um texto encriptado, chamado de texto cifrado no texto original.

DELEGAÇÃO

- O ato de um usuário autorizar outro usuário a usar sua identidade ou privilégio, as vezes com restrições.

DENIAL OF SERVICE (DoS) - NEGAÇÃO DE SERVIÇO

- Ataque que tem como objetivo derrubar a máquina que está sob ataque, impedindo assim que os usuários acessem as operações.

DES (DATA ENCRYPTION STANDARD)

- Algoritmo de criptografia de chave privada adotado como padrão pelo governo americano e usado extensivamente como proteção para dados em transações comerciais também.

DICIONÁRIO DE DADOS

- Informação que descreve especificações e localização de todos os dados contidos em um sistema. Ele disponibiliza uma fonte central que garante definições padrão para elementos de dados e estruturas de dados usados em um sistema de computação.

DÍGITO DE CHECAGEM

- A representação resultante de uma operação de checksum.

DIRECT SEQUENCE

- Método de acesso da rede sem fio que espalha o sinal em uma faixa maior de frequência para garantir maior confiabilidade na transmissão.

DIREITO

- A habilidade conferida para a execução de determinadas ações em um sistema. Para tomar uma decisão de controle de acesso, são comparados os direitos do usuário com os direitos requeridos para a realização de determinada operação.

DISPONIBILIDADE

- A propriedade de ser acessível por demanda a uma entidade autorizada.

DNS (DOMAIN NAME SYSTEM)

- Servidor de nomes, responsável na Internet pela resolução de endereços IP a partir de nomes (domínios).

DOMÍNIO DE SEGURANÇA

- Um conjunto de sistemas em uma organização que tem como responsabilidade a implementação e manutenção da política de segurança.

DOWNSTREAM

- Tráfego ou banda de dados que são recebidos pelo usuário do serviço.

EAP (EXTENSIBLE AUTHENTICATION PROTOCOL)

- Protocolo utilizado em conjunto com o 802.1x no WPA Enterprise para autenticar as estações e realizar a troca de chaves.

EMULAÇÃO DE PORTA SERIAL (SERIAL PORT PROFILE)

- Permite criar uma porta serial virtual entre os dispositivos Bluetooth.

ENCRIPTAÇÃO

- Transformação criptográfica de dados para produzir um texto cifrado.
- Processo de codificar uma mensagem com o objetivo de esconder o seu significado.

ENCRIPTAÇÃO DE CHAVE PRIVADA

- Tipo de encriptação que usa a mesma chave tanto para o processo de encriptação como de decriptação. Chamada também de criptografia simétrica.

ENCRIPTAÇÃO DE CHAVE PÚBLICA

- Tipo de encriptação que usa duas chaves matemáticas. A chave pública é de conhecimento do grupo de usuários; a chave privada, entretanto, apenas o proprietário possui.

ENCRIPTAÇÃO DE LINKS

- Tipo de encriptação pelo qual a mensagem é encriptada quando é transmitida e decriptada na recepção.

ENDEREÇO IP

- Uma sequência numérica formada por 32 bytes que identifica um computador na rede IP. Os endereços IP identificam vários computadores conectados à Internet e usados para rotear pacotes aos destinos.

EVENTO DE AUDITORIA

- Os dados coletados em um sistema de eventos para a inclusão em um log de auditoria de sistemas.

EWC (ENHANCED WIRELESS CONSORTIUM)

- Desenvolve um novo conjunto de testes.
- Usado para testar os sistemas baseados em 802.11n.

FALHA DE SEGURANÇA

- Uma ação de um usuário autorizado ou não autorizado que resulta em um impacto negativo sobre os dados em um sistema ou sobre o sistema em si mesmo, ou que possa causar a revelação não autorizada dos dados, modificação, destruição ou negação de serviço.

FCC (FEDERAL COMMUNICATIONS COMMISSION, USA)

- Órgão regulatório americano de equipamentos eletroeletrônicos.

FIREWALL

- Sistema ou computador dedicado para proteger uma rede ou sub-rede definida.

FREQUÊNCIA

- Número de oscilações periódicas ou ondas que ocorrem em uma unidade de tempo.

FTP (FILE TRANSFER PROTOCOL)

- Protocolo de aplicação da família TCP/IP para transporte de arquivos entre nós da rede.

FUNÇÕES DE HASHING

- Função que mapeia uma porção de dados de tamanho variável ou mensagens em valores de tamanho fixo, chamados códigos Hash.
- Função desenvolvida para, quando protegida, garantir a autenticação de dados ou mensagens.
- Função matemática unidirecional fácil de ser computada que gera como resultado uma string de bytes que é única para o mesmo texto, a partir da qual é impossível encontrar o texto original.

FREQUENCY HOPPING

- Método de acesso usado em redes sem fio que produzem saltos (hops) nas frequências usadas para transmissão de forma a dificultar a sintonização do sinal.

GAP (GENERIC ACCESS PROFILE)

- Define como dois dispositivos dentro da rede Bluetooth descobrem a si mesmos.

GARANTIA

- Medida de confiança que um sistema de segurança possui.
- Confiança justificada em um sistema de segurança.
- Desenvolvimento, documentação, teste, atividades operacionais que garantem que um sistema de segurança disponibiliza de fato o nível de proteção especificado.

GARANTIA OPERACIONAL

- Garantia de que um sistema implementa uma política de segurança definida. Em geral se cria o chamado Orange Book, um conjunto de garantias operacionais que incluem arquitetura do sistema, integridade do sistema, análise e recuperação.

GATEWAY

- Tipicamente sistemas interconectados a dois sistemas, dispositivos ou redes que, por outro lado, não se comunicam. A comunicação entre um sistema ou rede a outro em geral é roteada por meio de um gateway. Um sistema de gateway pode ser utilizado com a função de firewall entre uma rede confiável e outra não confiável. Os gateways filtram todas as informações que não são permitidas entre um sistema ou rede não confiável para um sistema ou rede confiável ou vice-versa.
- Os gateways em geral são empregados para conectar redes em que a organização possui controle e redes em que não há controle.

GERENTE DE SEGURANÇA

- Responsável pelo gerenciamento do programa de segurança nas empresas.

GOEP (GENERIC OBJECT EXCHANGE PROFILE)

- Define um conjunto de protocolos e procedimentos usados para a troca de objetos entre os dispositivos.

ICMP (INTERNET CONTROL MESSAGE PROTOCOL)

- Protocolo padrão usado no aplicativo Ping, muito utilizado no troubleshooting de redes IP.

IDENTIFICAÇÃO

- Processo de informar a um sistema a identidade de um sujeito (usuário ou outro sistema). Usualmente é feito entrando com o nome do usuário ou usando um token de acesso ao sistema.

IEEE

- Instituto dos Engenheiros Elétricos e Eletrônicos.

IEEE 802.11

- Primeiro padrão de rede sem fio estabelecido pelo IEEE, especifica redes sem fio com velocidades de 1 a 2Mbps com base no uso do Frequency Hopping.

IEEE 802.11a

- Padrão de rede sem fio estabelecido pelo IEEE, especifica redes sem fio com velocidades de 54Mbps com base na técnica de multiplexação e acesso OFDM, a 5GHz de frequência.

IEEE 802.11b

- Padrão de rede sem fio estabelecido pelo IEEE, especifica redes sem fio com velocidades de 11Mbps com base na técnica de acesso DSS (Direct Sequence SpreadSpectrum), a 2.4GHz de frequência.

IEEE 802.11g

- Padrão de rede sem fio estabelecido pelo IEEE, especifica redes sem fio com velocidades de 54Mbps com base na técnica de multiplexação e acesso OFDM, a 2.4GHz de frequência.

IEEE 802.11i

- Padrão de segurança para redes sem fio estabelecido pelo IEEE, especifica o WPA2 com o algoritmo criptográfico AES (Advanced Encryption Standard).

IEEE 802.11n

- Padrão de rede sem fio estabelecido pelo IEEE, especifica redes sem fio com velocidades de 600Mbps trabalhando com múltiplos canais baseadas em tecnologia MIMO (Multiple Input Multiple Output).

IETF (INTERNET ENGINEERING TASK FORCE)

- Revisa e recria normas e padrões para a Internet.

IMPERSONALIDADE

- Mecanismo de um usuário não autorizado tentar ganhar acesso ao sistema.

INFORMAÇÃO

- Dados que possuem um certo significado, de acordo com o contexto e convenções assumidas.

INFORMAÇÕES SENSÍVEIS

- Informação que, no caso de ser perdida, pode afetar negativamente o seu proprietário, incluindo prejudicar a continuidade do negócio.

INTEGRIDADE

- Propriedade dos dados que não permite que sejam alterados ou destruídos de forma não autorizada.
- Princípio de segurança que protege a informação de ser modificada ou corrompida maliciosa ou acidentalmente.

INTEGRIDADE DE DADOS

- Os dados não são alterados ou destruídos de nenhuma maneira, nem por usuários não autorizados.

INTRUSO

- Indivíduo que ganha, ou tenta ganhar, acesso não autorizado a sistemas de computação ou privilégios não autorizados a um sistema.

INVASÃO

- Um acesso com sucesso não autorizado a um sistema de computação.

IP (INTERNET PROTOCOL)

- Protocolo IP da família TCP/IP responsável por funções de roteamento e estabelecimento de transporte fim a fim por sub-redes heterogêneas.

IP MULTICAST

- Técnica de roteamento que permite que o tráfego IP se propague de uma fonte para um número de destinos ou de muitas fontes para muitos destinos. Em vez de mandar um pacote para cada destino, um pacote é enviado para um grupo, definido por um grupo de multicast.

ISI (INTER SYMBOL INTERFERENCE)

- Interferência entre os canais da rede sem fio.

ISM (INDUSTRIAL SCIENTIFICAL AND MEDICAL)

- Faixas de frequência de uso livre internacionalmente. O ISM define três faixas de frequência: 900MHz, 2.4GHz e 5GHz.

ISO (INTERNATIONAL STANDARDS ORGANIZATION)

- Organização de padronização que criou o modelo de referência OSI.

ISP (INTERNET SERVICE PROVIDER)

- Provedor de Serviço Internet.

ITU (INTERNATIONAL TELECOMMUNICATIONS UNION)

- Organismo Internacional de Padronização em Telecomunicações.

KBPS

- Kilobits por segundo.

KERBEROS

- Nome dado ao projeto do serviço de autenticação do projeto Athenas.

LAN (LOCAL AREA NETWORK)

- Rede local. Tipo de rede com abrangência limitada, em que os computadores e outros dispositivos estão conectados em um modo de transmissão comum.

LARGURA DE BANDA

- Medida da faixa de frequência usada para transmissão de dados wireless.

LISTA DE CONTROLE DE ACESSO

- Uma lista de entidades e direitos de acesso que juntos permitem e autorizam o acesso a determinados recursos.

LOGIN

- Processo de identificar no sistema e possuir uma identidade autenticada por um sistema de computação.

MAC (MANDATORY ACCESS CONTROL)

- Um regime de controle em que o acesso é baseado em uma política de informações gerenciada por autoridade designada, considerando quem criou o recurso.
- Restrição de acesso a objetos baseada em atributos de segurança definidos por usuários, arquivos e outros objetos.

MAC ADDRESS

- Endereço físico das interfaces de rede tradicionais e sem fio.

MAGNÉTRON

- Válvula existente nos aparelhos de micro-ondas que gera ondas eletromagnéticas na faixa de frequência da rede sem fio: 2.4GHz.

MBPS

- Taxa de transmissão em megabits por segundo.

MEDIDAS DE CONTRA-ATAQUE

- Ações, dispositivos, procedimentos ou técnicas usadas para reduzir a vulnerabilidade de um sistema ou cobrir uma ameaça ao sistema.

MIC (MESSAGE INTEGRITY CODE)

- Controle adicionado aos pacotes para que os números de sequência não sejam presumíveis, evitando assim ataques de Man in the Middle.

MODELO DE CONFIANÇA

- Descrição de componentes de um sistema, em que as entidades de fora devem ser confiáveis para manter a segurança.

MODELO DE SEGURANÇA

- Declaração precisa das regras de segurança.

MODEM

- Contração de MODulação/DEModulação. Um modem converte o sinal digital de um dispositivo transmissor na forma adequada para ser transmitido em um canal analógico.

MODO DE ACESSO

- Uma operação específica reconhecida por mecanismos de proteção como uma possível operação em dados ou informações.
- Modos de leitura e escrita nos quais os arquivos em um computador possam ser acessados. Existem outros modos de acesso como execução do arquivo, criação e apagamento de objetos no diretório.

MODULATION

- Processo pelo qual as características do sinal e da onda variam de acordo com outro sinal de onda. A modulação pode ser alterada com características de frequência, fase ou amplitude.

MTU (MAXIMUM TRANSMISSION UNIT)

- Tamanho máximo do pacote Ethernet. Esse parâmetro pode ser configurado em uma rede Ethernet.

MULTIPLEX

- Dispositivo que combina vários sinais em um único canal. Esse processo possibilita que vários usuários com acesso a um único meio físico de transmissão compartilhem esse canal. Em geral existe multiplexação em frequência e em tempo.

NÃO REPÚDIO

- A evidência que previne que o executor de uma determinada ação possa negar que a tenha efetuado.

NETSTUMBLER

- Software livre utilizado para levantamento de dados sobre as redes sem fio. Além de levantar os dados sobre as redes, pode medir o nível de intesidade do sinal.

NÍVEL DE ACESSO

- Nível associado ao indivíduo que acessa a informação ou que esteja com a informação que possa ser acessada.

NÍVEL DE CORREÇÃO OU ACCURACY

- Magnitude de erros em dados como resultado da falta de controle da informação, incluindo acesso, versão etc.
- O princípio de segurança que permite que a informação seja modificada ou, por outro lado, corrompida maliciosamente ou acidentalmente. O nível de correção da mensagem a protege de fraude. É um dos sinônimos de integridade.

NÍVEL DE SEGURANÇA

- A representação do nível de sensibilidade da informação.

NOC (NETWORK OPERATION CENTER)

- Centro de operação da rede.

NSP (NETWORK SERVICE PROVIDER)

- Provedor de serviço de rede.

OBJETIVOS DE SEGURANÇA

- Requisitos de segurança e especificações que servem de base para uma avaliação de segurança.

OFDM

- Método de acesso à rede sem fio que realiza a transmissão em múltiplas subportadoras, permitindo um desempenho cinco vezes superior ao DSS (Direct Sequence SpreadSpectrum).

OSI (OPEN SYSTEMS INTERCONNECTION)

- Modelo de sistemas abertos de comunicação padronizado pela ISO e baseado em sete camadas: Física, Enlace, Rede, Transporte, Sessão, Apresentação e de Aplicação.

PAN (PERSONAL AREA NETWORK)

- Redes de dados sem fio de curtíssimo alcance, em geral até dez metros, utilizadas para interconectar dispositivos sem cabos, por exemplo, Bluetooth e ZigBee.

PCF (POINT COORDINATION FUNCTION)

- Funcionalidade de coordenação de tráfego criada no IEEE 802.11e.

PICONET

- Rede criada entre um mestre e um ou mais escravos no Bluetooh.

PDU (PROTOCOL DATA UNIT)

- O campo de dados de uma unidade de transporte, ou seja, o pacote sem o cabeçalho e bytes de controle. É também chamado de carga útil do pacote.

PERÍMETRO DE SEGURANÇA

- Fronteira imaginária entre um sistema confiável e seguro e sistemas não seguros. Exemplo: a rede da empresa é segura e o roteador é a fronteira para uma rede não segura, que é a Internet.

PERMISSÃO

- Representação do nível de sensibilidade da informação associada aos sistemas de suporte e acesso. Um usuário com determinada permissão pode tipicamente acessar apenas informações com o nível de sensibilidade igual ou menor que a sua permissão.

PERSONAL IDENTIFICATION NUMBER (PIN) - NÚMERO DE IDENTIFICAÇÃO PESSOAL

- Número ou código único para cada indivíduo e que pode ser usado para provar identidade. Em geral usado em caixas automáticos de bancos e dispositivos de acesso.

PHASE MODULATION

- Modulação de fase, técnica que modifica as características de um sinal ou onda gerada para carregar as informações.

PISTAS PARA AUDITORIA

- Dados coletados e que potencialmente possam ser usados para facilitar a auditoria de segurança.
- Conjunto cronológico de registros que disponibiliza a evidência de atividade de um sistema. Esses registros podem ser usados para reconstruir, revisar e examinar transações, de forma a verificar as atividades que ocorreram no sistema. Eles podem ser também utilizados para rastrear o uso do sistema, detectar e identificar intrusos.

PLANO DE CONTINGÊNCIA

- Plano elaborado para resposta a uma situação de emergência. Inclui procedimentos de backup, preparação do ambiente físico dos servidores (controle de incêndio etc.), que garantam a funcionalidade e a continuidade das operações em caso de emergência, permitindo a recuperação de um desastre.

PLANO DE DESASTRE

- Um plano que disponibiliza direções e procedimentos para proteger informações, minimizar perdas, garantir estabilidade e permitir a recuperação ordenada em evento de desastre, como inundação, fogo etc.

POLÍTICA DE SEGURANÇA

- Conjunto de regras, medidas e procedimentos para determinar os controles de segurança física, procedural e pessoal impostas ao gerenciamento, distribuição e proteção de ativos.
- Estrutura na qual a organização estabelece as necessidades e níveis de segurança da informação para garantir os objetivos de confidencialidade. Uma política de um conjunto de regras, responsabilidades de proteção e comprometimento da organização com os sistemas.

- É um conjunto de regras e práticas para regular como a organização gerencia, protege e distribui informações sensíveis.

PONTO BÁSICO DE SERVIÇO INDEPENDENTE

- É um ponto básico de serviço em que não existe acesso a um sistema de distribuição disponível. Uma das estações no IBSS (ponto básico de serviço independente) pode ser configurada para iniciar a rede e coordenar as funções de rede, ou seja, executar as funções de servidor.

PONTO DE SERVIÇO ESTENDIDO (EXTENDED SERVICE SET)

- É um ponto ou grupo de pontos básicos de serviço interconectados por um sistema de distribuição.

POP (POINT OF PRESENCE)

- Ponto de presença. Um POP em geral é um ponto em que uma provedora de serviço de dados localiza os equipamentos para o acesso local.

PPP (POINT-TO-POINT PROTOCOL)

- Protocolo da família TCP/IP orientado a conexões ponto a ponto sobre enlaces de comunicação WAN.

PRIVACIDADE

- Desejo do indivíduo de não revelar suas informações pessoais.
- Princípio de segurança que protege indivíduos do armazenamento e da disseminação de informações sobre eles sem autorização.

PRIVILÉGIO

- Direito concedido a determinado usuário, programa ou processo. Por exemplo, certos usuários possuem privilégios que lhes permitem acessar certos arquivos em um sistema. Apenas o administrador do sistema possui os privilégios necessários para exportar os dados de um sistema confiável.
- Muitos usuários podem compartilhar um atributo de segurança, como, por exemplo, privilégios de grupos de usuários.

PROFILES NO BLUETOOTH

- Os profiles definem como cada aplicação e cada dispositivo deve se adequar à infraestrutura Bluetooth. No profile são definidas as mensagens e especificações do uso do rádio e dos serviços Bluetooth pelo dispositivo. O profile serve como uma interface mandatória entre o dispositivo e a infraestrutura de rádio e a comunicação Bluetooth.

PROTEÇÃO DO PERÍMETRO

- Perímetro como região segura e onde os serviços de segurança são providos contra ataques.

PROTETOR DE SURTO

- Dispositivo utilizado para bloquear a propagação de raios e descargas atmosféricas aos dispositivos da rede sem fio em configuração de wireless bridging.

PROTOCOLO

- Um conjunto de regras e formatos para troca de informações, particularmente sobre uma rede de comunicação.

PROVA DE ENVIO

- Uma evidência de não repúdio que prova que a mensagem ou dado foi devidamente enviado por quem diz tê-lo enviado.

PROVA DE ORIGEM

- Uma evidência de não repúdio que prova que a mensagem ou dado foi mesmo enviado pelo originador da mensagem ou dado.

PROVA DE RECEBIMENTO

- Uma evidência de não repúdio que prova que o destinatário da mensagem a recebeu.

PROVA DE SUBMISSÃO

- Uma evidência de não repúdio que prova que a mensagem foi submetida a um determinado destino ou serviço.

PVC (PERMANENT VIRTUAL CIRCUIT)

- Circuito virtual permanente, estabelecido em um ou mais circuitos físicos em caráter permanente, muito utilizado em tecnologias como Frame Relay e ATM.

QAM (QUADRATURE AMPLITUDE MODULATION)

- Processo de conservação de banda usado rotineiramente em modems. O QAM permite que dois sinais de portadora ocupem a mesma banda de transmissão.

QUEBRA DE CONFIDENCIALIDADE

- Quebra de um contrato no qual havia um acordo de confidencialidade, que acaba revelando a informação sem o consentimento do outro indivíduo que assinou o contrato. Por exemplo, os tribunais têm julgado condutas éticas de profissionais da saúde devido a não manterem confidencialidade das informações obtidas durante o tratamento de pacientes.

QUEBRA DE SEGURANÇA

- Revelação não autorizada, destruição, modificação de informações.

RADIUS

- Protocolo utilizado em conjunto com o 802.1x para autenticação, autorização e auditoria de usuários. Normalmente existe um servidor de autenticação RADIUS que se comunica com os dispositivos que se autenticam usando este protocolo.

RC4

- Algoritmo criptográfico criado pela RSA com base em uma cifra simétrica por fluxo.

RECUPERAÇÃO

- A restauração de informações de backup de forma a garantir que a operação das atividades não seja interrompida.

REENVIO OU REPLAY

- O armazenamento de uma mensagem legítima e o reenvio não autorizado da mesma mensagem.

REGISTRO (ACCOUNTABILITY)

- Propriedade que garante que as ações executadas em cada entidade possam ser registradas e rastreadas, caso exista necessidade.
- A possibilidade de indivíduos ou entidades serem responsabilizados por determinadas ações, como obter informações confidenciais sem autorização.

REGISTRO SECUNDÁRIO

- Um registro que deriva de um registro primário e contém dados selecionados.

REPÚDIO

- A negação do envio da mensagem por quem a enviou.
- Negação de uma das entidades envolvidas na comunicação de ter participado dela.

RESÍDUO

- Dados deixados armazenados em uma mídia antes de serem reescritos ou eliminados.

RETENÇÃO

- A manutenção ou preservação de informações em algum formato (como papel, microfilme ou mídia) por um determinado período de tempo.

REVELAÇÃO AUTORIZADA

- O envio da informação pessoal a um terceiro por meio de autorização.

REVELAÇÃO INDEVIDA

- Processo de revelar informações indevidas a usuários ou sistemas não autorizados sem o consentimento do proprietário das informações.
- Em geral, a informação está relacionada com um acordo de confidencialidade, com propósitos de monitorar a qualidade, educacionais, de pesquisa e administrativos.

RISCO

- Efeito agregado da ocorrência de uma ameaça com um grau de vulnerabilidade tal que a ameaça e as consequências em potencial possam impactar a organização.

ROAMING

- Processo automático de troca do access point no qual a estação está conectada, normalmente ocorre pela mobilidade, e o roaming envolve trocar o número do canal de comunicação.

ROTA ESTÁTICA

- Uma rota incluída manualmente em uma tabela de roteamento. As rotas estáticas recebem prioridades sobre outras rotas escolhidas por protocolos dinâmicos de roteamento.

ROTEADOR

- Equipamento que executa as funções da camada 3 (camada de rede) do modelo OSI e decide o caminho em que os pacotes são roteadores, com base em algumas métricas de otimização. Roteadores enviam pacotes de uma rede para outra com base nas informações da camada de rede.

SAFETY

- Propriedade do sistema de garantir a preservação das pessoas em um eventual risco. Termo focado em segurança física, como a segurança de um veículo no caso de acidentes.

SCATTERNET

- Um conjunto de piconets coexistindo na mesma área física.

SDAP (SERVICE DISCOVERY APPLICATION PROFILE)

- Serve para que um dispositivo consiga verificar os serviços disponíveis no dispositivo com o qual ele esteja pareado, ou seja, os serviços disponíveis do dispositivo ao qual está se conectando.

SEGURANÇA

- A combinação de disponibilidade, confiabilidade, integridade e auditoria.
- Significa controlar o acesso e proteger informações da revelação acidental ou intencional para usuários não autorizados e de alteração, destruição ou perda.
- Proteção dos sistemas de informação contra acessos não autorizados, modificação das informações, nos processos de armazenamento, processamento, trânsito e contra-ataques do tipo negação de serviço, incluindo as medidas necessárias para detectar, documentar e contabilizar ameaças.
- A segurança de dados e de informações é a proteção efetiva para evitar ocorrências não desejadas e revelação acidental ou intencional de informações a usuários não autorizados. Inclui cópias não autorizadas de informações, destruição de equipamentos, deficiências de software, deficiência em sistemas operacionais, erros operacionais, dano provocado por fogo, água, fumaça, temperatura excessiva, falha elétrica ou sabotagem.
- A proteção da integridade, disponibilidade e confidencialidade de um sistema de computação e recursos usados para entrada, armazenamento, processamento e comunicação.

SEGURANÇA FÍSICA

- Proteção física de sistemas de computação, prédios, equipamentos de incêndio e outros acidentes naturais, além de intrusão. Também relaciona o uso de travas, chaves e medidas administrativas para controlar o acesso a sistemas de computação e facilidades.

SELAR

- Encriptar dados com o propósito de garantir a proteção por confidencialidade.

SENHA

- Informação de autenticação confidencial composta de uma string de caracteres.
- Uma sequência que um indivíduo apresenta a um sistema para propósito de autenticação.

SENSIBILIDADE

- Nível de importância designado à informação de acordo com o mecanismo de proteção associado.

SERVIÇOS DE SEGURANÇA

- Código que implementa e define um conjunto de funcionalidades de segurança, incluindo controle de acesso, auditoria, não repúdio, entre outros.

SISTEMA BASEADO EM RETINA

- Sistema biométrico que compara o padrão dos vasos sanguíneos da retina com o padrão pré-armazenado para verificar a autenticidade do usuário.

SISTEMA CRIPTOGRÁFICO DE CHAVE PÚBLICA

- Sistema criptográfico que usa algoritmos assimétricos.

SISTEMA CRIPTOGRÁFICO DE CHAVE SECRETA

- Sistema criptográfico que usa um algoritmo de chave criptográfica simétrica.

SISTEMA DE DISTRIBUIÇÃO (DISTRIBUTION SYSTEM)

- Local da topologia em que os pontos de acesso (access points) se interconectam numa rede cabeada, podendo ser numa rede local padrão Ethernet ou num backbone.

SISTEMA DE IMPRESSÃO DIGITAL

- Sistema biométrico que compara um padrão de impressão digital com um padrão anteriormente armazenado para verificar se as impressões são idênticas.

SISTEMA DE RECONHECIMENTO DE ASSINATURA

- Sistema biométrico que compara uma assinatura com um padrão anteriormente armazenado.

SISTEMA DE RECONHECIMENTO DE VOZ

- Sistema biométrico que compara um padrão de voz com um anteriormente armazenado para fins de autenticidade.

SISTEMA DE SEGURANÇA

- Mecanismos que protegem equipamentos, softwares, sistemas e informações.

SITE SURVEY

- Análise do local onde será instalada a rede sem fio, busca identificar como é a propagação no local e mede o nível do sinal da rede sem fio, a partir da colocação de um access point em um ponto fixo.

SMART CARD

- Cartão que contém informações codificadas, em geral armazenadas em um microprocessador. As informações armazenadas permitem a autenticação e o acesso aos sistemas.

SMTP (SIMPLE MAIL TRANSFER PROTOCOL)

- Protocolo de gerência da família de protocolos TCP/IP. A maioria dos equipamentos de rede se comunica com as plataformas de gerência com base em protocolo SNMP.

SNMP (SIMPLE NETWORK MANAGEMENT PROTOCOL)

- Protocolo para troca de informações de gerência.

SSID

- Identificador da rede sem fio. Todas as estações na mesma rede sem fio devem utilizar o mesmo identificador (SSID).

SUPER G

- Tecnologia não padronizada que aperfeiçoa a transmissão de quadros no IEEE 802.11g, permitindo transmitir a 108Mbps.

TCP (TRANSMISSION CONTROL PROTOCOL)

- Protocolo de transporte da família TCP/IP, baseado em um sistema de comunicação confiável e seguro entre dois pontos de uma rede IP.

TCP/IP

- O padrão TCP/IP foi estabelecido em 1981. Define como equipamentos com endereço de rede podem se comunicar com outros, enviando e recebendo pacotes, sendo as redes roteadas com os respectivos endereços IP. O TCP corresponde à camada de transporte, camada 4 do modelo de referência OSI, e disponibiliza uma transmissão de dados confiável. O IP corresponde à camada de rede 3 do modelo OSI.

TDM (TIME DIVISION MULTIPLEXING)

- Método de transmissão digital que combina sinais de múltiplas fontes em um único canal, com base na multiplexação por tempo.

TELCO

- Jargão americano para companhia telefônica.

TEXTO CIFRADO

- O resultado da aplicação de encriptação em dados de entrada, texto encriptado.

TEXTO CLARO

- Texto legível; texto que não passou por processo de encriptação ou foi decriptado usando uma chave correta.

TEXTO CLARO

- Texto de entrada para uma função de encriptação ou de saída de uma função de decriptação.

TKIP (TEMPORAL KEY INTEGRITY PROTOCOL)

- Método usado para troca de chaves criptográficas no WPA.

TOKEN

- Usado no contexto de autenticação, dispositivo físico necessário para a identificação de usuários.
- Dispositivo eletrônico que pode ser inserido em um sistema de computação para permitir acesso.

TOPOLOGIA AD HOC

- Nessa topologia vários dispositivos móveis estão interconectados entre si, formando uma rede. Nesse caso não existe uma topologia predefinida, uma vez que os participantes podem se mover, alterando a topologia da rede.

TOPOLOGIA ESTRUTURADA

- Nessa topologia as estações estão dispostas em uma célula, as quais são controladas por um access point.

TRABALHADORES REMOTOS

- Trabalhadores que fazem uso das novas tecnologias, como banda larga, VPN e telefonia celular para desempenhar suas funções fora de um ambiente tradicional de escritório, como, por exemplo, em suas residências.

TRÁFEGO

- Fluxo de mensagem na rede.

TRANSMISSÃO

- A troca de informações entre pessoas e programas, ou programas e programas.

TWISTED-PAIR

- Utilizados no sistema telefônico, consistem em cabos de cobre trançados entre si de forma que um cabo auxilia no cancelamento do ruído induzido do outro.

UDP (USER DATAGRAM PROTOCOL)

- Protocolo de transporte da família TCP/IP, baseado em datagrama extremamente rápido, porém não confiável e sujeito a erros.

UPSTREAM

- Tráfego ou banda enviado pelo usuário do serviço.

USUÁRIO

- Sujeito que utiliza os sistemas e realiza funções nos sistemas.

USUÁRIO MASCARADO

- Usuário não autorizado que tenta se passar por usuário autorizado para ganhar acesso ao sistema.

VÍRUS

- Programa de computador que fica escondido, atachado a outros arquivos de programas, e tem a característica de se duplicar. Em computadores pessoais, os vírus atuam à medida que um arquivo infectado é executado. Um vírus pode diretamente danificar dados e degradar a performance do sistema, utilizando recursos que ficam indisponíveis para outros sistemas.

VPN (VIRTUAL PRIVATE NETWORK)

- Usando técnicas de tunelamento, criptografia e autenticação, essa tecnologia consegue estender uma rede corporativa ou não a qualquer máquina conectada à Internet.

VULNERABILIDADE

- Fraqueza do sistema que pode ser explorada com a finalidade de violar o sistema. Existem vulnerabilidades de segurança, integridade, disponibilidade e outras. O ato de explorar uma vulnerabilidade representa uma ameaça que possui um risco associado.

ZIGBEE

- ZigBee é um padrão definido pelo IEEE 802.15.4 para comunicação de rede sem fio entre dispositivos inteligentes, fazendo parte do conjunto de especificação de Wireless Personal Area Network. A ideia é muito parecida com o Bluetooth, ou seja, substituir cabos de rede e conexões entre dispositivos.

WAN (WIDE AREA NETWORK)

- Rede geograficamente dispersa.
- Rede de longa distância.

WEP (WIRE EQUIVALENT PRIVACY)

- Método de criptografia padronizado pelo IEEE 802.11b para uso em redes sem fio. O objetivo original era prover o mesmo nível de privacidade de um sistema cabeado, entretanto, como o WEP baseia-se na cifra RC4, é facilmente quebrado.

WIFI

- Consórcio de fabricantes de rede sem fio que busca criar um modelo de testes de interoperabilidade. Os dispositivos que passam por esses testes podem receber o selo de certificado WiFi.

WIRELESS BRIDGING

- Conexão entre duas localidades, normalmente edifícios fazendo uso do sistema de rede sem fio, adicionando a ele antenas externas direcionais e amplificadores de sinal.

WLAN

- Designação conferida à Wireless Lan, ou simplesmente rede local sem fio.

WORM

- Programa que pode se autoduplicar e enviar cópias de computador a computador por meio de conexões de rede. Quando o programa é recebido, ele é ativado e replicado para novamente ser propagado pela rede.

WPA (WI-FI PROTECTED ACCESS)

- Padrão de segurança proposto pelo consórcio WiFi, em 2003, para endereçar as vulnerabilidades do WEP. A primeira implementação do WPA adiciona o TKIP ao WEP de modo a fornecer um melhor método para gerenciamento de chaves, porém continuando a utilizar a cifra RC4.

WPA2 (WI-FI PROTECTED ACCESS 2)

- Evolução do WPA, adiciona a cifra simétrica de bloco AES como substituto do RC4, tornando o sistema praticamente inquebrável.

Bibliografia

MORAES, A.F. **Redes de Computadores:** *Fundamentos.* São Paulo: Érica, 2004.

CIRONE, A.C.; MORAES, A.F. **Redes de Computadores da Ethernet a Internet.** São Paulo: Érica, 2004.

TANENBAUM, A. **Redes de Computadores.** São Paulo, Campus, 2003

SOUZA, L.B. **Redes de Computadores.** *Guia Total.* São Paulo: Érica, 2009.

SANCHES, C.A. **Projetando Redes WLAN.** *Conceitos e Práticas.* São Paulo: Érica, 2005.

NICHOLS, R.; Lekkas, P. **Wireless Security Models, Threats and Solutions.** New York: McGraw-Hill, 2002.

MAXIM, M.; Pollino, D. **Wireless Security.** Berkley: RSA Press, 2002.

MULLER, N. **WiFi for Enterprise.** New York: McGrawHill. 2003.

Sites consultados

www.3com.com

www.cisco.com

www.lynksis.com

www.alcatel-lucent.com

www.proxim.com

www.ericson.com

www.netgear.com

www.wifi.org

www.wardriving.org

www.whatis.com

www.ieee.org

www.abnt.org.br

www.sans.org

www.rsasecurity.com

www.mcafee.com

www.verisign.com

www.portalcapes.gov.br

www.sonicwall.com

www.tippingpoint.com

www.checkpoint.com

www.motorola.com

www.backtrack-linux.org

www.netstumbler.com

www.airsnort.shmoo.com

www.aircrack-ng.org

www.wi-fi.org

www.zigbee.org

www.fluke.com

Marcas Registradas

SILCOMTECH - é marca registrada da Silcom Manufacturing Technology

3COM - é marca registrada da Hewllet Packard

DLINK - é marca registrrada da DLINK Corporation Singapore

NETGEAR - é marca registrada da Netgear Inc

LUCENT - é marca registrada da Alcatel-Lucent Technologies

SYMBOL - é marca registrada da Motorola Corporation

CISCO - é marca registrada da Cisco Systems Inc.

ENTERASYS - é marca registrada da Enterasys Networks

INTERSIL - é marcar registrada da Intersil Americas Inc.

MICROSOFT WINDOWS - é marca registrada da MicroSoft Corporation

PROXIM é marca registrada da Proxim wireless corporation

WIFI ALLIANCE é marca registrada da Wireless Fidelity consortium

ZIGBEE ALLIANCE é marca registrada da Zigbee Alliance consortium

HP é marca registrada da Hewllett Packard

RSA é marca registrada da EMC2

VERISIGN é marca registrada da Verisign Inc

ERICSSON é marca registrada da ERICSSON Corporation

DELL é marca registrada da DELL Computers

MOTOROLA é marca registrada da Motorola Inc.

LINKSYS marca da Cisco Systems.

Asus é marca registrada Asus Inc;

Intel é marca regsitrada da Intel Corp

Toshiba é marca regsitrada da Toshiba Japan

Belkin é marca registrada da Belkin Corp.

SMC é marca regsitrada da SMC Corp.

Accton é marca registrada da Accton

Buffalo é marca registrada da Buffalo technologies

Nintendo é marca registrada Nintendo Corporation

Índice Remissivo

O

P

R

S

T

U

W

Engenharia de Redes de Computadores

Autor: Marcelo Sampaio de Alencar
Código: 4117 • 288 páginas • Formato: 20,5 x 27,5 cm • ISBN: 978-85-365-0411-7 • EAN: 9788536504117

O livro apresenta as redes de computadores com enfoque para Engenharia e mostra a evolução da rede mundial até a Internet, com base em tecnologia da informação. A Teoria de Filas e as principais definições da área, incluindo fluxo de dados, classes e modelos de filas e redes locais, são colocadas, além dos protocolos e arquiteturas de redes e o modelo de referência ISO. O fluxo de pacotes na rede é apresentado, assim como o protocolo Internet para voz. As redes de comunicações ópticas, de alta velocidade e a gerência integrada de redes e serviços são abordadas. O texto pode ser utilizado por estudantes, para treinamento de engenheiros de empresas de Tecnologia de Informação e Comunicação e demais profissionais da área.

Gerenciamento de Redes com Microsoft Windows 7 Professional

Autor: Eng. Francisco Baddini
Código: 3394 • 192 páginas • Formato: 17,5 x 24,5 cm • ISBN: 978-85-365-0339-4 • EAN: 9788536503394

O engenheiro Francisco Baddini, certificado MCSE (Microsoft Certified Systems Engineer) e eleito MVP (Most Valuable Professional) pela Microsoft por quatro anos seguidos, escreveu este livro para todos os profissionais e alunos da área de informática que desejam entender como o Windows 7 atua em um ambiente de rede. Apresenta os tipos de cabeamento, o padrão Ethernet, redes sem fios, topologias e protocolos de rede, bem como a instalação e a configuração de vários recursos de rede do Windows 7, compartilhamento de Internet, arquivos e impressoras, segurança, o sistema de arquivos NTFS, backup de dados e o servidor Web IIS.

Segurança em Redes - Fundamentos

Autor: Alexandre Fernandes de Moraes
Código: 325A • 264 páginas • Formato: 17 x 24 cm • ISBN: 978-85-365-0325-7 • EAN: 9788536503257

Com linguagem simples e exercícios práticos, este livro explica a segurança de redes. Aborda segurança da informação, confidencialidade, integridade, disponibilidade, principais serviços, análise e gerenciamento de riscos, políticas de segurança, AAA (Autenticação, Autorização e Auditoria), criptografia, certificação e assinatura digital, soluções de acesso remoto, o papel do RAS e dos modems, VPNs (Redes Virtuais Privadas) e protocolos, TCP/IP, IP versão 6, soluções de firewall, técnicas de projeto de segurança, sistemas de detecção de intrusão (IDS) e de prevenção de intrusão (IPS) e segurança em ambientes de rede sem fio. Destina-se a estudantes das áreas técnicas, de análise de sistemas e de tecnologia, como também ao público em geral.

Redes Sem Fio - Instalação, Configuração e Segurança - Fundamentos

Autor: Alexandre Fernandes de Moraes
Código: 3158 • 288 páginas • Formato: 17 x 24 cm • ISBN: 978-85-365-0315-8 • EAN: 9788536503158

Referência na área de redes de computadores e segurança, o livro aborda com clareza as redes sem fio. Apresenta as tecnologias de radiofrequência, laser e infravermelho, dispositivos e métodos de acesso ao meio. Explica Basic Service Set, sistema de distribuição, ponto de serviço independente, a padronização IEEE 802.11 e as tecnologias ZigBee e Bluetooth.
Esclarece os fundamentos da segurança da informação, diretrizes de política de segurança e a norma ISO NBR 1.7799. Estuda criptografia, chaves públicas e privadas, os algoritmos simétricos e assimétricos, o padrão AES, hashing, assinatura e certificados digitais. Revela os métodos de autenticação e privacidade dos dados, configuração de uma rede sem fio segura, filtragem MAC Address, técnicas de projeto de redes sem fio, soluções de firewall, ameaças às redes e ferramentas para identificá-las.

Cabeamento Estruturado - Desvendando cada passo: do projeto à instalação

Autor: Paulo Sérgio Marin
Código: 2076 • 336 páginas • Formato: 17,5 x 24,5 cm • ISBN: 978-85-365-0207-6 • EAN: 9788536502076

Este livro apresenta temas relacionados ao projeto, instalação, testes e gerenciamento de sistemas de cabeamento estruturado em cabos de cobre e fibras ópticas em diversas aplicações e ambientes, conforme as principais normas ABNT, ISO, IEC, TIA, entre outras.Detalha os subsistemas de cabeamento, espaços de telecomunicações, a Categoria 6A, práticas de instalação, blindagem e aterramento, gerenciamento, cabeamento residencial e automação predial, bem como um estudo de caso completo. A terceira edição trata da nova série de normas norte-americanas ANSI/TIA-568-C (C.0, C.1, C.2 e C.3) e de mudanças importantes nas diretrizes de projeto e instalação de sistemas de cabeamento genérico, nas práticas de instalação e nos sistemas de cabeamento óptico. Mostra os novos cabos trunking ópticos, os arranjos com conectores MPO e uma ampla discussão sobre polaridade em cabeamento óptico.

TCP/IP & Conectividade em Redes - Guia Prático - Edição Revisada, Atualizada e Ampliada

Autor: Lindeberg Barros de Sousa

Código: 2137 • 192 páginas • Formato: 17 x 24 cm • ISBN: 978-85-365-0213-7 • EAN: 9788536502137

Voltado para estudantes e profissionais da área de tecnologia, o livro aborda os conceitos gerais da arquitetura TCP/IP e suas aplicações na comunicação de dados em redes de computadores, partindo de princípios básicos, evoluindo para soluções e aplicações. Abrange a interoperabilidade dos diferentes sistemas e plataformas de hardware e de software utilizando o TCP/IP como modelo de comunicação. Com clareza apresenta os equipamentos adotados em redes TCP/IP, padrões, protocolos e suas aplicações, endereçamento IP em redes, roteamento, proxy e firewalls.
A quinta edição foi totalmente reestruturada e atualizada, detalhando e implementando assuntos como funcionamento e configuração de roteadores e switches em redes locais e remotas, estudos de casos, arquiteturas de redes corporativas e suas aplicações práticas, segurança e wireless, redes virtuais privativas (VPN), exemplos práticos e exercícios.

Redes de Computadores - Guia Total

Autor: Lindeberg Barros de Sousa

Código: 225A • 336 páginas • Formato: 17,5 x 24,5 cm • ISBN: 978-85-365-0225-0 • EAN: 9788536502250

Para profissionais e estudantes relacionados com tecnologia, o livro aborda desde os conceitos de redes de computadores até as soluções e aplicações práticas nas empresas.
É uma atualização do livro Redes de Computadores - Voz, Dados e Imagem. Incorpora novas tecnologias, equipamentos, arquiteturas de redes, além de apresentar conteúdo reestruturado.
Descreve redes LAN e WAN, TCP/IP, endereçamento IP, funcionamento e configuração de roteadores e switches, roteamento, protocolos, VPN, redes Frame-Relay, MPLS, ISDN, Internet, redes privativas, segurança, uso de rádio e satélite na comunicação de dados e demais componentes das redes corporativas. Ao final de cada capítulo fornece exercícios para prática do conteúdo.
O livro auxilia no processo de decisão e escolha da tecnologia mais adequada aos projetos.

Redes de Computadores - Fundamentos

Autor: Alexandre Fernandes de Moraes

Código: 2021 • 256 páginas • Formato: 17 x 24 cm • ISBN: 978-85-365-0202-1 • EAN: 9788536502021

O leitor encontra nesta obra os fundamentos de redes de computadores descritos em linguagem simples e objetiva, com casos reais de uso. Aborda mídias de transmissão, conceitos de sistemas de comunicação, tecnologias de redes locais e de longa distância, além de protocolos e TCP/IP.
Destaca as redes privadas virtuais (VPN), redes sem fio (WiFi) e convergência de redes, dando especial atenção a VoIP (voz sobre IP).
A partir da sexta edição foram incorporadas novas tecnologias como Ethernet 10 Gigabits e WiFi 802.11n, além de noções de IP versão 6.0. Também há um capítulo que enfatiza a segurança em redes, que trata de assuntos pertinentes como criptografia, firewalls, sistemas de detecção e prevenção de intrusões e biometria.

Data Centers

Desvendando cada passo: conceitos, projeto, infraestrutura física e eficiência energética

Autor: Paulo Sérgio Marin

Código: 3660 • 320 páginas • Formato: 17,5 x 24,5 cm • ISBN: 978-85-365-0366-0 • EAN: 9788536503660

Os vários aspectos da infraestrutura física de data centers são explorados neste livro. Traz de forma prática e abrangente conceitos de disponibilidade, confiabilidade e redundância com base em normas técnicas aplicáveis, como ABNT NBR, ISO, IEC, ANSI, BICSI, TIA, The Uptime Institute, entre outras. Aborda os sistemas elétricos, de climatização, cabeamento estruturado, segurança e proteção contra incêndio, além do comissionamento de sites de missão crítica, eficiência energética e green data centers (relacionados ao impacto ambiental).
Literatura ideal para estudantes, técnicos, engenheiros, gerentes de TI, administradores de redes e instaladores de data centers.

Projetos e Implementação de Redes

Fundamentos, Arquiteturas, Soluções e Planejamento

Autor: Lindeberg Barros de Sousa

Código: 1666 • 320 páginas • Formato: 17,5 x 24,5 cm • ISBN: 978-85-365-0166-6 • EAN: 9788536501666

Esta publicação apresenta conceitos iniciais e avançados sobre redes de computador, com exemplos práticos e estudo de soluções. É destinada aos profissionais e estudantes da área de tecnologia da informação que desejam conhecer ou aperfeiçoar suas competências e reforçar suas habilidades profissionais.
Abrange as redes de computador desde o fundamento, comunicação de dados, funcionamento de redes públicas, configurações e equipamentos de redes, como roteadores e switches, arquitetura TCP/IP, endereçamento IP, até planejamento e soluções para redes corporativas. Traz exercícios para fixação do conteúdo.

Estudo Dirigido de Microsoft Word 2013

Autores: André Luiz N. G. Manzano e Maria Izabel N. G. Manzano
Código: 4568 • 160 páginas • Formato: 17 x 24 cm • ISBN 978-85-365-0456-8 • EAN 9788536504568

As principais ferramentas do Word 2013 para criação de documentos criativos e sofisticados compõem este livro. Com diversos exercícios, ensina como inserir e remover textos, movimentar o cursor, editar documentos, acentuar palavras, fazer a correção ortográfica, usar a área de transferência, salvar arquivos e imprimi-los.
Também explora a formatação de documentos, alinhamentos, recuos de parágrafo, marcadores, tabulação, cabeçalho, rodapé e numeração de páginas, inserção de tabelas e gráficos.
Descreve como elaborar um jornal e, ainda, abrange mala direta, uso de textos automáticos e etiquetas, mesclagem de documentos e impressão. Indica como sanar dúvidas sobre o programa, usar atalhos para executar comandos, personalizar a barra de status, revisar o texto e muito mais.

Estudo Dirigido de Microsoft Excel 2013

Autor: André Luiz N. G. Manzano
Código: 449A • 208 páginas • Formato: 17 x 24 cm • ISBN: 978-85-365-0449-0 • EAN: 9788536504490

O livro apresenta os principais recursos do Excel 2013, com abordagem simples e dinâmica. Estudantes e profissionais da área podem se beneficiar de explicações didáticas, exemplos práticos, descritos passo a passo, e exercícios, para reforçar o aprendizado. Introduz a nova interface do aplicativo, incluindo grupos, comandos e guias. Ensina a criar e formatar planilhas, inserir fórmulas, trabalhar com funções matemáticas, operar com bases de dados, criar gráficos, imprimir relatórios e usar comandos de congelamento. Trata do bloqueio de edição e da criação de senhas para planilhas. Apresenta planilhas de consolidação e traz dicas sobre personalização e teclas de atalho.

Estudo Dirigido de Microsoft Excel 2013 - Avançado

Autores: José Augusto N. G. Manzano e André Luiz N. G. Manzano
Código: 4506 • 288 páginas • Formato: 17 x 24 cm • ISBN: 978-85-365-0450-6 • EAN: 9788536504506

O livro destaca os recursos avançados do Excel 2013, sendo direcionado para estudantes e profissionais da área. Em dez capítulos, apresenta, demonstra e revisa funções de cálculos; abrange a criação e a análise de bases de dados; compreende o uso de tabelas e gráficos dinâmicos. Oferece exemplos de folhas de pagamento, cadastros de alunos, planejamento financeiro e tabelas de vendas. Descreve a utilização de macros e recursos relacionados a atividades de programação, incluindo tipos de macro e sua execução, cadastros para armazenamento de dados, macros interativas e técnicas para a personalização de campos. Oferece, também, exemplos e exercícios.

Integração de Dados com PowerPivot e Microsoft Excel 2010

Autor: Newton Roberto Nunes da Silva
Código: 4254 • 192 páginas • Formato: 17 x 24 cm • ISBN: 978-85-365-0425-4 • EAN: 9788536504254

Fornece explicações passo a passo sobre o PowerPivot para Excel 2010, com exercícios e exemplos para auxiliar estudantes e profissionais da área. Explica a instalação do programa e procedimentos para importar dados, formatar colunas, vincular dados do Excel e atualizá-los no PowerPivot. Aborda relacionamentos, Expressões de Análise de Dados (Data Analysis Expressions), segmentações, relatórios de tabela e gráfico dinâmico, além do uso de funções DAX para criar medidas específicas para relatórios dinâmicos. Concluindo, abrange a formatação final do relatório no PowerPivot, deixando-o com um aspecto mais profissional e com características de painel de controle, que consolida dados e exibe-os de forma inteligível.

Guia Prático de Informática - Terminologia, Microsoft Windows 7 (Internet e Segurança), Microsoft Office Word 2010, Microsoft Office Excel 2010, Microsoft Office PowerPoint 2010 e Microsoft Office Access 2010

Autor: José Augusto N. G. Manzano
Código: 3349 • 376 páginas • Formato: 20,5 x 27,5 cm • ISBN: 978-85-365-0334-9 • EAN: 9788536503349

Esta obra apresenta os conceitos essenciais de informática para o dia a dia, principalmente para leitores nos primeiros estágios de aprendizagem. Mostra a terminologia da área, como computadores, sistemas operacionais, programas aplicativos e periféricos, bem como os recursos do Microsoft Windows 7, Internet e princípios de segurança. Abrange as principais ferramentas do Microsoft Office 2010: Word (processador de textos), Excel (planilha eletrônica), PowerPoint (gerenciador de apresentações) e Access (gerenciador de banco de dados).

Estudo Dirigido de **Microsoft Office PowerPoint 2010**

Autor: André Luiz N. G. Manzano
Código: 2960 • 192 páginas • Formato: 17 x 24 cm • ISBN: 978-85-365-0296-0 • EAN: 9788536502960

A versão 2010 do PowerPoint proporciona mais criatividade e produtividade aos trabalhos desenvolvidos com essa ferramenta.
O livro apresenta de forma didática e objetiva as técnicas de oratória, conceitos de apresentação, etapas para criação de slides, formatação, alinhamentos, gráficos, aplicação de design e cores, padrões, indicação dos meios para obter ajuda, atalhos.
O conteúdo programático é útil a alunos e professores de instituições de ensino e também a profissionais da área.

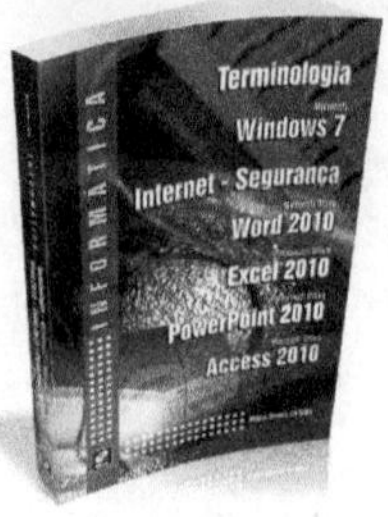

Informática - Terminologia - Microsoft **Windows 7** - Internet - Segurança - Microsoft Office **Word 2010** - Microsoft Office **Excel 2010** - Microsoft Office **PowerPoint 2010** - Microsoft Office **Access 2010**

Autor: Mário Gomes da Silva
Código: 3103 • 360 páginas • Formato: 17,5 x 24,5 cm • ISBN: 978-85-365-0310-3 • EAN: 9788536503103

Embasamento fundamental sobre o uso do computador com Windows 7 e o conjunto de aplicativos Office 2010 é encontrado nesta obra.
Apresenta a história do computador, unidades de armazenamento, periféricos, funcionalidades e tarefas básicas do Windows 7, conexão com Internet, navegação, e-mails e ferramentas de segurança. Destaca os principais recursos do Word 2010 para criação e formatação de textos, ortografia, impressão e revisão, rodapés e tabelas. Explora a criação de planilhas com Excel 2010, navegação, edição e manipulação de arquivos, operações básicas, cópias e formatação de dados, fórmulas, funções e gráficos.
Com o PowerPoint 2010 ensina como criar apresentações, estruturar tópicos, usar formas, animações, transição de slides e impressão. Mostra como criar banco de dados com Access 2010, terminologias, edição de tabelas, digitação de dados, consultas, formulários e relatórios. Traz uma série de exercícios de fixação que objetivam aprimorar o conhecimento transmitido na obra.

Informática - Conceitos e Aplicações

Autores: Marcelo Marçula e Pio Armando Benini Filho
Código: 0530 • 408 páginas • Formato: 17,5 x 24,5 cm • ISBN: 978-85-365-0053-9 • EAN: 9788536500539

Este livro é indicado como material de apoio aos cursos de Informática e disciplinas afins dos demais cursos. Pode ser utilizado por professores (como uma diretriz básica para a disciplina), alunos (fonte de pesquisa para os principais conceitos) e profissionais de todas as áreas, que necessitem adquirir conhecimentos sobre informática.
Aborda conceitos básicos de informática, características dos componentes que formam o hardware, definição e classificação dos softwares, redes, arquiteturas, infraestrutura e serviços de Internet, segurança de dados, autenticação, criptografia, antivírus e firewall.

Informática Fundamental - Introdução ao Processamento de Dados

Autor: William Pereira Alves
Código: 2724 • 224 páginas • Formato: 17,5 x 24,5 cm • ISBN: 978-85-365-0272-4 • EAN: 9788536502724

Muitas pessoas utilizam computadores no dia a dia sem ter a menor ideia de como eles e seus diversos componentes e periféricos trabalham. Pensando neste aspecto, o livro apresenta conceitos e fundamentos de um sistema computacional, explicando como funcionam monitores, impressoras, escâneres, leitores de CD/DVD etc.
Aborda os circuitos lógicos existentes em todos os processadores, como portas AND, OR e XOR, e estuda as bases numéricas e os tipos de memória mais utilizados em computação.
Divide-se em três partes, sendo a primeira referente à arquitetura dos computadores, a segunda sobre os periféricos e a terceira relacionada ao sistema operacional e softwares mais comuns.
Os capítulos possuem diversas questões para fixação do aprendizado.

Estudo Dirigido de **Informática Básica**

Autores: André Luiz N. G. Manzano e Maria Izabel N. G. Manzano
Código: 1284 • 256 páginas • Formato: 17 x 24 cm • ISBN: 978-85-365-0128-4 • EAN: 9788536501284

A sétima edição do livro foi revisada e ampliada, pois há grande preocupação de trazer informações mais atualizadas frente às novas tecnologias, além de muitas novidades.
A obra manteve sua estrutura original no que tange à história e sua cronologia, preservando a linguagem simples e acessível aos novos usuários da informática. Apresenta informações riquíssimas sobre novos recursos computacionais, como, por exemplo, as tecnologias Bluetooth e Wireless, possibilidades novas dentre muitos recursos oferecidos, além de contemplar um assunto muito importante, a segurança de dados, seja em uma simples página web ou em um inocente bate-papo em salas de chat ou, ainda, em mensagens instantâneas.